KB234683

올림픽의 언어를 읽다

올림픽의 언어를 읽다

야마네 치에, 박진희,
서윤순, 오쿠야마 요코,
오하시 준, 한이 지음

박진희 옮김

2011년 7월 일본 대학교육출판(大學敎育出版)에서 『올림픽 언어학 - 미디어의 담화 분석(オリンピックの言語學—メディアの談話分析)』이 출간되었다. 올림픽과 언어라는 학문적 대응은 이제까지 존재하지 않았다. 그런 점에서 이 책은 이 분야에 대한 첫 시도라 할 수 있을 것이다. 이 책이 한국 독자들에게도 읽히기를 바라는 마음에 한국어 번역 작업을 시도했다. 지금 생각해 보면 그것이 고생의 시작이었다.

번역이라는 작업은 참으로 고독하고 인내를 요하는 일이다. 혼자 방에 들어앉아 시간이 날 때마다 번역에 몰두했다. 물론 옮긴이가 원서의 일부를 집필한 저자이기도 하며, 또 다른 저자들과 직접 만나서 질문할 수 있었다는 것은 큰 행운이었다.

그러나 일본어를 한국어로 번역하다 보면(한국어를 일본어로 번역하는 일도 마찬가지지만) 아무래도 매끄럽지 못한 부분이 나온다. 번역은 기본적으로 원문을 충실히 그대로 번역하는 것이지만, 양 언어 사이의 문화 차이라든지 습관의 차이로 어색한 표현이 되는 경우도 있다. 또 기본적으로는 사전을 참고로 하지만, 이 문장에 딱 맞는, 적당한 표현을 찾기가 쉽지 않을 때가 있다. 그럴 경우에는 자신을 믿고 자신의 말로 번역하는 수밖에 없다. 그럼에도 불구하고 번역한 내용이 자연스러운 한국어 표현인지 의문이 생길 때면 또 잠을 설치게 된다.

자신과의 싸움이 된 이 책이 올림픽이나 언어를 전공으로 하는 분뿐만 아니라 세계 축제인 올림픽과 인간의 말에 관심을 가진 많은 분에게 널리 읽히기를 바란다.

마지막으로 원문을 한국어로 옮김에 있어서 아래와 같이 기술했음을 밝혀둔다.

1. 지명이나 인명은 국립국어원 외래어 표기법을 따랐다.

2. 원 예문이 영어인 경우 [영어→일본어→한국어] 번역 과정을 거쳤으나, 중간 과정 번역어인 일본어는 표기하지 않았다. 또 원 예문이 중국어인 경우 [중국어→일본어→한국어] 번역 과정을 거쳤으나, 중간 과정인 일본어는 표기하지 않았다.

3. 원래의 주(注)는 각주에 표시하고, 옮긴이의 주는 괄호에 넣어서 본문 중에 ※로 표시했다.

2013년 2월
옮긴이 박진희

4년에 한 번 열리는 스포츠축제 올림픽이 2012년에는 7월 27일부터 8월 12일까지 런던에서 개최되었다. 국제올림픽위원회(IOC)의 자크 로게 회장은 대회 마지막 날인 12일 기자회견을 열고 "약속한 대로, 선수를 위한 올림픽이 되었다. 44개의 세계기록, 117개의 올림픽기록이 나왔다(2012.8.13. 『아사히신문』 도쿄 본사판 석간)"고 칭송했다. 그러나 정말 그럴까? 영국은 개최국으로서의 위신을 걸고 선수 강화에 힘써 왔다. 그리고 금메달 29개로 세계 3위에 올라 체면을 유지했던 것이다. 이처럼 올림픽이 국가별 대항전이 된 이상, 거기에 '국가'의 그림자가 아른거린다는 것은 부인할 수 없다. 그리고 선수는 국가대표로서 4년에 한 번밖에 개최되지 않는 이 대회에 출전한다. 따라서 국가에 대한 특별한 마음가짐으로 경기장으로 향하게 된다.

이러한 국가를 생각하는 마음가짐(여기에서는 '내셔널리즘'이라고 한다)을 지금까지 언어학의 관점에서 분석·고찰한 것은 전무에 가깝다. 그리하여 베이징올림픽의 데이터를 바탕으로, 2009년에 멜버른에서 열린 IPrA 제10회 대회(10th International Pragmatics Conference)에서 본서의 저자 일부를 포함한 그룹이 패널 발표를

했다. 그리고 그 발표를 발전시켜, 2011년에 일본의 대학교육출판에서 『올림픽 언어학 − 미디어의 담화 분석』을 출간하였다. 이 저서에서 6명의 저자는 '내셔널리즘'이라는 용어를 키워드로 신문 · 비디오 인터뷰 · 블로그에서 나타난 베이징올림픽에 관련된 자료를 분석하고, 거기에서 표출하는 국가나 문화에 대해 고찰하여, 6편의 논문을 정리했다.

본서는 2011년 출간한 논문 중 4편과 2012년에 개최된 런던올림픽의 데이터를 분석 · 고찰한 논문(제2장), 한국에서 출판한 것으로 한일 비교한 논문(제3장)이 각각 1편씩 추가되어, 새로운 구성으로 짜였다. 각 논문의 개요는 게재 순서대로 다음과 같다.

제1장 "올림픽 기사를 통한 한일 비교 − 신문 제목을 중심으로 −(야마네 치에 · 박진희)"는 한국과 일본의 신문에서 제2차 세계대전 이후의 올림픽 기간 제목에 출현하는 빈도 높은 어휘, 특징적인 어휘를 통시적 · 양적으로 수집하고 분석함으로써, 양국의 사회 문화적 배경과 특징을 밝혔다. (이 글을 쓸 당시 저자명은 박점숙이었으나 2012년 박진희로 개명하였으므로, 박진희로 기입했다.)

제2장 "런던올림픽의 한일 신문 기사를 통한 고찰(야마네 치에 · 박진희)"은 한국과 일본의 신문에서 런던 올림픽 기간 제목에서 사용 빈도가 높은 어휘, 특징적인 어휘의 양적 분석, 양국의 국기인 유도 · 태권도, 상대국의 팀 · 선수, 동일본대지진 기사의 질적 분석을 실시함으로써, 제1장에 이어 양국의 사회 · 문화적 배경 및 특징을 밝혔다.

제3장 "'자국(自國)'과 '자기(自己)'를 나타내는 표현의 한일 양

어 비교 분석(서윤순·오쿠야마 요코)"은 2008년 베이징올림픽에서 한일의 TV 뉴스 보도(한국의 KBS <9시 뉴스> 일본의 NHK <아침 7시 뉴스>)에서 특히 아나운서와 리포터의 표현을 중심으로 '자국' 과 '자기'를 뜻하는 말이 어떻게 나타나는지를 비교 분석했다.

제4장 "올림픽 선수의 인터뷰 담화 분석 - 국기에 출전한 호주· 중국·한국·일본 선수의 비교를 중심으로 - (야마네 치에)"는 베이징 올림픽에서 국기(수영, 탁구, 태권도, 유도)에 출전한 호주·중국· 한국·일본 선수(감독·코치·강화위원장 포함)의 인터뷰 담화를 분석하고 그 유사점·차이점을 분명히 함으로써 담화에 표출되는 스포츠와 국가 의식, 각국 문화와의 관계에 대해 언급했다.

제5장 "사기를 높이기 위한 올림픽 담화 - 호주의 비디오 정형 인터뷰를 토대로 - (오하시 준)"는 베이징올림픽에 출전한 국가주 의적 경향이 강한 호주 대표 선수의 담화가, 사실은 올림픽위원회 가 준비한 질문 내용과 질문 형태에 강하게 영향을 받고 있다는 것 을, 사회적 정체성 이론, 그룹 간의 행동이라는 사회심리학적 틀에 서 분석했다.

제6장 "올림픽 슬로건으로 본 중국 사회의 빛과 그림자(한이)"는 다른 언어학 입장에서의 연구와는 약간 다르며, 매스미디어로부터 수집한 베이징올림픽 관련된 슬로건 용례를 자료로, 각각 배경에 대 한 분석을 추가하여 사상사(思想史)의 관점에서 중국 사회의 여러 문제를 규명하려고 시도했다.

2011년 간행한 전서(前著)에서 처음으로 실시한 일본어 본문에, 영어·한국어·중국어의 요지 번역 추가를 시도했고, 이번에는 한 국어 본문에, 영어·일본어·중국어 번역을 추가하는 형태로 발전했다. 전서는 서울특별시 지하철 신촌역 근처에 있는 국제교류기금 서울문화센터에서 열람 가능하다. 이 번역서가 전서와 병용되어 올림픽이나 언어학에 관심을 가진 많은 분에게 읽히기를 바라는 바이다.

2012년 11월 3일
저자 일동

| 목 차 | contents

올림픽 기사를 통한 한일 비교
- 신문 제목을 중심으로 -

야마네 치에 · 박진희

제1장
올림픽 기사를 통한 한일 비교
-신문 제목을 중심으로-

1. 들어가기

근대 올림픽의 아버지 쿠베르탱[1]은 1935년 8월 4일 독일에 초청되었을 당시의 라디오 연설에서 "모든 편협한 국민감정은 '성내평화(城內平和)'가 지배하지 않으면 안 된다. 바꾸어 말하자면, '단순한 국민감정'에 '임시휴가 여행'을 시키지 않으면 안 된다"라고 말했다. 이렇게 국민감정에 좌우되어 자국의 승리에만 도취하는 것이 아니라 '더 빨리, 더 높이, 더 강하게'라는 스포츠의 진수를 목표로 아마추어 선수가 서로 순수하게 경쟁하는 것을 목적으로 올림픽은 부활되었다. 그러나 지금은 프로선수도 참가할 수 있게 되어 각국은 자국의 위신을 높이기 위해 메달 획득에 물불을 가리지 않고 선수에 대한 보상금뿐만 아니라 평생 연금을 지급하기도 하

---

1) 칼 디무 편(1962). p.204 인용. 또한 쿠베르탱(クベルタン)은 일반적으로 쿠베르탱(クーベルタン)으로 표기된다.

고 트레이닝센터를 건설하여 선수 육성에 힘쓰는 등 국가 간의 경쟁의식을 높이고 있다. 그리고 올림픽 보도에 있어서도 '일본'과 같은 국가가 끊임없이 등장하고 이 매스미디어의 대대적인 보도가 애국심 강화에 한몫하고 있는 것 같다.

그러나 1988년, 1992년, 1996년 신문의 올림픽 관련 기사에 나타난 국가의식의 변용에 대해 컴퓨터 코딩(cording)을 사용한 나가요시(2006)는 88년에는 '국가'가 '국민'을 억압하는 대상으로 부정적으로 받아들여지고, 92년에는 '국가'가 국제무대에서 당당하게 활약하는 선수들에 의해서 상징되고, 96년이 되어서는 '국가'나 '일본'이라는 개념 자체의 사용빈도가 낮아지며 대신 일본인 선수가 가족과 팀 같은 친밀하고 작은 공동체의 지지 속에서 고난을 극복하는 모습이 그려지게 될 것이라고 분석했다. 그리고 그 결과로부터 국가가 공동 아이덴티티 기반으로서의 역할을 잃어가고 있는 가운데, 일본에서는 민족이나 인종이라는 개념이 리얼리티를 가지고 있지 않기 때문에, '가족'이나 '팀' 등 사라져가는 친밀한 공동체로의 회귀가 일어나고 있다고 주장하고 있다(p.87). 이 주장은 언어를 통해서 사회와 문화에 대해 생각하는 사회언어학의 입장에서 보아도 흥미롭다. 그러나 보는 바와 같이 나가요시와 유사한 연구가 이루어지지 않고 있기 때문에, 이 세 대회의 신문 기사만을 가지고 회귀가 일어나고 있다고 간단하게 결론지을 수 없다고 생각한다.

이 장에서는 이런 나가요시의 결론이 세 대회 이외의 데이터에서도 일치하는가, 일치하지 않는다면 어떤 어휘가 나타나는가, 그 결과 무엇을 말할 수 있는가, 또한 그것은 일본만의 것인가,에 대해

검증한다. 분석 자료는 나가요시와 마찬가지로 신문 기사를 이용하지만, 제목에 나타난 어휘에 초점을 맞춘다. 신문은 매스미디어 중에서도 영향력이 강하고, 신뢰성이 높은 매체이다. 그중에서도 제목은 '독자의 관심을 끄는 동시에 사건을 짧은 말로 요약하는 기능을 가지기 때문에, 어느 부분을 강조하고 다른 부분을 추상화하는 효과가 있다'[2]고 말할 수 있다. 따라서 독자의 심정을 고무하기 위하여 지면에서 가장 주력하고 있는 부분이며, 어휘를 중심으로 분석함으로써 나가요시의 결과와 비교도 가능하다고 생각한다. 또한 1988년부터 1996년의 세 대회뿐만 아니라, 제2차 세계대전 이후에 열린 14대회 하기 올림픽대회를 대상으로 함으로써 보다 통시적인 고찰을 시도한다. 더욱이 같은 동아시아 문화권에 속하고 언어에서도 유사점이 있는 한국[3]과 비교한다. 타 국가와의 비교를 통하여 올림픽의 국가의식이나 친밀한 공동체의식 또는 국민성이 부각되는 것이 아닐까라고 생각되기 때문이다.

즉, 이 장의 목적은 올림픽 신문 기사 제목에 등장하는 어휘를 통시적으로 대조하고 분석함으로써 한국과 일본의 사회적 · 문화적 배경 및 특성을 밝히는 것에 있으며, 구체적으로는 다음 두 가지로 정리한다.

1) 한국과 일본의 신문에 실린 올림픽 기사의 제목은 국민을 고무시키고 애국심을 높이기 위한 한 방법으로 국가의식을 표출하는 어휘가 많이 사용되고 있는가? 국가와 대조적인 가족과 같은

---

2) 에구치(2009). p.56 인용.

3) 한국어는 일본어와 같은 교착어이고 어순도 거의 같을 뿐만 아니라 어종도 일본어와 마찬가지로, 한자어, 고유어 · 외래어 · 혼종어로 분류된다.

친밀한 공동체에 관한 어휘의 사용 상황에는 어떤 경향이 나타나는가? 그 어휘 사용에는 양국의 사회 상황과 문화가 영향을 미치고 있는가?

2) 국가나 가족과 같은 공동체 이외의 어휘에는 어떤 경향이 나타나는가? 그 경향은 양국 국민성의 차이 등이 반영되는가?

신문 제목, 특히 어휘에 초점을 맞추고, 나아가 한일의 양적 데이터를 비교함으로써 새로운 지견을 얻을 수 있기를 기대한다.

2. 연구 방법

분석에 사용한 데이터 및 방법은 다음과 같다.

(1) 분석 데이터

한국과 일본에서 발행 부수가 많은 일반 신문인 『조선일보』, 『아사히신문』에서 1948년 런던올림픽을 제외한 제2차 세계대전 이후 하계올림픽 기간의 모든 제목을 수집하여 데이터로 사용했다. 제목에 대해서는 주 제목은 모두 수집했다. 그러나 부제목에 대해서는, 이 장의 목적과 관련된 국가·가족과 같은 어휘 이외의 제목 중에 수집하지 않은 부제목이 있다.4) 일본에 대해서는 일본인과 일

---

4) 『아사히신문』은 조간과 석간을, 『조선일보』는 URL의 기사를 자료로 사용했다. 『아사히신문』에 대해서는 멜버른대회와 도쿄대회에는 담당 기자 좌담회가 실려 있으며, 그 제목을 포함하였다(<표 1> '일본'에는 멜버른대회의 '일본 선수'가 1개, 도쿄대회 '일본'이 4개 포함되어 있다). 런던대회는 일본은 초청되지 않았고, 한국도 제목이 거의 없었기 때문에, 대상 자료에서 제외했다. 또한 한국에 대

본계 이외의 선수, 한국에 대해서는 한국인 및 재외한국인 이외의 선수를 대상으로 하지 않았기 때문에 그 제목은 제외했다. 분석에 이용한 자료의 시기와 개최지는 한국과 일본이 각각 다음과 같다.5) 또한 각 대회의 참가국, 지역 수, 종목 수, 양국의 메달 획득 수는 다음 <표 1>과 같다.

[일본]	[한국]
1952년 7월 19일~8월 3일 (헬싱키)	좌측과 동일
1956년 11월 22일~12월 8일 (멜버른)	좌측과 동일
1960년 8월 25일~9월 11일 (로마)	좌측과 동일
1964년 10월 10일~10월 25일 (도쿄)	좌측과 동일
1968년 10월 13일~10월 28일 (멕시코시티)	10월 12일~10월 27일
1972년 8월 26일~9월 12일 (뮌헨)	8월 26일~9월 11일
1976년 7월 17일~8월 2일 (몬트리올)	7월 17일~8월 1일
1984년 7월 29일~8월 14일 (로스앤젤레스)	7월 28일~8월 14일
1988년 9월 17일~10월 3일 (서울)	9월 17일~10월 2일
1992년 7월 26일~8월 10일 (바르셀로나)	7월 25일~8월 9일
1996년 7월 20일~8월 4일 (애틀랜타)	7월 19일~8월 4일
2000년 9월 15일~10월 1일 (시드니)	좌측과 동일
2004년 8월 13일~8월 30일 (아테네)	8월 13일~8월 29일
2008년 8월 6일~8월 25일 (베이징)	8월 6일~8월 24일

해서는 수집 가능한 1992년, 2000년, 2004년, 2008년만 부제목도 수집했다. 그러나 1992년에는, 모든 타이틀에 부제목이 있는 것이 아니라 약 반 정도만 있었다. 또한 1980년 모스크바대회는 한일 양국 모두 불참했다.

5) 한국의 날짜는 개최지의 개막식과 폐막식의 날짜이다. 일본의 날짜는 시차가 있을 경우, 개최지와 1일 늦은 날짜가 되었다. 또한 개막식에 앞서 예선 경기가 열린 경우 그 예선전 제목도 분석 자료에 포함했다. 따라서 한국과 일본의 날짜에 약간의 차이가 있다.

<표 1> 참가국·지역 수·종목 수·한일 메달 획득 수

연대	1952	1956	1960	1964	1968	1972	1976
개최지	헬싱키	멜버fms	로마	도쿄	멕시코시티	뮌헨	몬트리올
참가국	69	67	84	94	113	122	94
종목 수	149	145	150	163	172	195	198
메달 수 (일본)	9	19	18	29	25	29	25
금	1	4	4	16	11	13	9
은	6	10	7	5	7	8	6
동	2	5	7	8	7	8	10
메달 수 (한국)	2	2	0	3	2	1	6
금	0	0	0	0	0	0	1
은	0	1	0	2	1	1	1
동	2	1	0	1	1	0	4

연대	1984	1988	1992	1996	2000	2004	2008	
개최지	로스앤젤레스	서울	바르셀로나	애틀랜타	시드니	아테네	베이징	합계
참가국	140	160	172	197	200	202	204	
종목 수	221	237	257	271	300	301	302	
메달 수 (일본)	32	14	22	14	18	37	25	316
금	10	4	3	3	5	16	9	108
은	8	3	8	6	8	9	6	97
동	14	7	11	5	5	12	10	111
메달 수 (한국)	19	33	29	27	28	30	31	213
금	6	12	12	7	8	9	13	68
은	6	10	5	15	10	12	10	74
동	7	11	12	5	10	9	8	71

(2) 분석방법

　제목을 단어로 나누어 빈도가 높은 것, 이 장의 목적과 관련된 가족·지역 같은 공동체와 관련된 어휘로 범위를 좁혀서 수집했다. 어휘는 단순어를 원칙으로 하며, '놓치다(逃す)', '놓치다(逸す)'와 같이 의미는 같지만 표기가 다른 어휘, '지다(敗れる)', '지다(敗る)'와 같이 현대어형과 문어형은 서로 다른 어휘로 보았다. '기쁨(うれしさ)'과 같은 파생어는 '기쁘다(うれしい)'에 포함했다. 그러나 '이기다(勝つ)'에 대해서는 '~승리(~勝ち)', '떨어지다(落ちる)'에 대해서는 '~떨어짐(~落ち)'과 같은 예가 많았기 때문에 별도로 수집했다. 이 예는 다음과 같다.6) 또한, 수집한 어휘는 의미를 가진 내용어뿐이고 조사나 조동사 같은 기능어와, '두 번째(2回目)'와 같이 사용되는 접미사 '째(目)'에 대해서는 수집하지 않았다.

1) 단순어 예
① 일본어: 일본(日本), 금(金), 메달(メダル), 아버지(父)
② 한국어: 우리, 진출, 눈물

2) 복합어 예
① 일본어: 일본인(日本人), 일본신(日本新), 금메달(金メダル), 첫 입상(初入賞), 마구 공격하다(攻めまくる).
② 한국어: 우리 선수, 태극마크, 첫 메달, 울어 버리다, 돌아가다.

---

6) 한국어 예의 경우 ( )에 일본어 번역을 실었다. 또한 파생어의 '뿌리치다(振り切る)'는 '뿌리치다(振り切る)'와 '뿌리침(振り切り)'을 같은 어휘로 세웠다는 것을 의미한다. 다른 파생어도 마찬가지이다.

3) 파생어 예

① 일본어: 뿌리치다(뿌리침)[振り切る(振り切り)], 분하다(분함)
   [悔しい(悔しさ)].

② 한국어: 아쉽다(아쉬움).

3. 데이터 분석

이 장에서는 앞 장에서 설명한 방법으로 수집한 어휘 중 단순어
와 복합어는 핵심이 되는 단순어를 키워드로, 그 키워드에 복합어
와 동의어 등을 포함하여, 먼저 빈도순으로 20위까지의 경향을 살
펴보았다. 예를 들면 '일본(日本)'에 대해서는 '일본신(日本新)',
'일본비이키(日本びいき; ※일본을 좋아하여 일본을 응원하거나 원
조하는 사람들)', '수영 일본(水泳ニッポン)' 등 모두 '日本(일본)'
에 포함시키고, '금(金)', '금메달(金メダル)'은 '금(金)'에, '은(銀)',
'은메달(銀メダル)'은 '은(銀)'에, '동(銅)', '동메달(銅 メダル)'은
'동(銅)'에, '일장기(日の丸; ※히노마루(일본국기), 일장기로 통일
함)', '일장기(日章旗)'는 '일장기(日の丸)'에 포함시켰다.[7] 다음은

---

7) 종목은 대상으로 하지 않고 '남자', '여자'도 '남자 유도', '여자 체조'와 같이 종목명과 관계가 있기
   때문에 대상에서 제외했다. '1회전', '1승', '5위'로 사용되는 '회전', '승', '위'도 대상에서 제외했다. 또
   한 상위 20어휘는 본문에 적은 '일본', '금', '은', '동', '일장기(日の丸)' 이외는 다음과 같이 세고, 일본
   의 경우 '금', '은', '동'에 '금적(金的)', '은빛 인어(銀色人魚)', '동동(銅々)', 한국의 경우 '금', '은'을 '금
   빛 승전보', '금빛 레이스', '금빛 새벽', '금빛 피날레', '은빛 눈물', '은빛 연기'와 같은 비유 표현도 포
   함했다.
   ① '결승(決勝)': '결승 T(決勝T)'도 포함했다.
   ② '첫': '첫 입상', '첫 우승', '첫 메달' 등에 대해서는 '첫'과 '입상', '우승', '메달'을 각각 나누어 세었다.
   ③ '메달': '금메달', '은메달', '동메달'에 대해서는 '금', '은', '동'에 포함시켰다.
   ④ '예선(予選)': '예선 탈락(予選落ち)'에 대해서는 '예선(予選)', '떨어지다(落ちる)'를 각각 1개로 세었다.

가족과 지역·직장 등 공동체에 관한 어휘의 경향을 분석했다.8)

(1) 일본

1) 빈도에서 본 특징(〈표 2〉 참조)

① 국가와 관련된 어휘

상위 20어휘(실제로 20위가 두 개이기 때문에 21어휘) 합계 2,673개 중 '일본'에 관한 어휘가 645개, 24.1%로 전체의 4분의 1을 차지한다. 통시적으로 보더라도 1952년부터 2008년까지, 모든 대회에서 가장 많고, 사상 최대의 메달을 획득한 2004년 아테네대회에서는 80개에 이르고 있다. 또한 해를 거듭하면서 많아지는 경향이 보인다. 마찬가지로 종목 수도 꾸준히 증가하고 있는데, 그 중

---

⑤ '이기다(勝つ)': 복합어 '이겨나간다(勝ち進む)', '이긴 사람 이름 부르기(勝名乘り)', 파생어인 '~승리(~勝ち)', 활용어 '이겨서(勝って)', '이겼다(勝った)' 그 외 '이길 승산(勝ちっぷり)', '이길 수 없는(勝てぬ)' 등도 포함했다.
⑥ '진출': '결승 진출', '준결승 진출'은 '결승', '준결승'과 '진출'로 각각 나누어 세었다.
⑦ '눈물': '감격의 눈물', '기쁨의 눈물', '원통한 눈물'도 포함했다.
⑧ '놓치다(逃がす)': '놓치다(逃す)', '놓치다(逸す)'도 포함했다.
⑨ '꿈': '악몽'도 포함했다.
⑩ '패하다(敗れる)': '패하여(敗れて)' 등의 활용 형태도 포함했다.
⑪ '떨어지다(落ちる)': 파생어의 '떨어짐(~落ち)'도 포함했다. 그러나 '로스앤젤레스올림픽의 일본 히샤카쿠오치대회(飛車角落ち大會; ※강하고 주요한 팀이 빠진 대회)'에서도 '편류(低迷)'의 '落ち(떨어짐)', 체조에서 '낙하(떨어졌다)[落下(落ちた)]' 각각 1개는 제외하였다.
⑫ 한국어에는 '석패(惜敗)'에 해당하는 '석패', '분패'가 있는데 둘 다 포함했다.

8) 일본의 경우 특수한 예로서 시설에서 자란 선수가 있었기 때문에, '시설'을 '가족'에 포함시켰다. 또 형제 두 명이 올림픽에 출전한 경우, '미야케 오빠·형(三宅兄)'처럼 이름 대신 '형제'를 특정화하는 데 사용되는 '오빠·형', '남동생'에 대해서는 제외했다. '야마다 무스메(山田ムスメ)', '후쿠하라 아이 2명의 언니에게 은혜 갚기(福原愛 2人の姉へ恩返し)'를 비유적으로 사용하고 있는 것은 포함했다. 한국의 경우 '교포'에는 마찬가지로 재외한국인을 의미하는 '교민', '동포'를 '시민'에는 '주민', '동네'를 포함했다. 또한 '언니, 누나'의 경우 여동생은 '언니' 남동생은 '누나('누이' 포함)', '오빠, 형'의 경우 여동생은 '오빠' 남동생은 '형'이라고 부르고, '형제, 남매'의 경우, 남자끼리는 '형제', '오빠와 여동생의 남매', '누나와 남동생'의 '남매'를 사용하기 때문에 둘 다 포함했다.

가율 2배 이상의 비율로 사용되고, 2008년 베이징대회에서는 1952년 헬싱키대회의 약 3배에 '일본'이 제목에 등장한 것이다. 어휘 구성을 살펴보면, '일본'이 단독으로 사용되는 경우가 가장 많고, 637개 중 336개, 52.1%로 과반수를 차지한다. 이어 10개 이상인 것은 '일본신' 45개, '니혼제이(日本勢; ※일본팀)' 41개, '일본 여자' 29개, '일본 선수' 28개, '일본 남자' 20개이지만 모두 7% 이하이다.

　복합어 중 특징적인 것은 우선 '일본 유도', '일본 여자 마라톤', '도약 일본'과 같이 '일본' 전후에 경기 종목명 및 종목이 추측되는 어휘[도약, 페어, 에이트(※8)]가 추가되는 것이다. 유도와 같은 일본에 있어서 메달획득 가능성이 높은 종목이나, 축구와 같은 인기 종목과 결합하는 경우가 많지만, 보트 등 그다지 눈에 띄지 않는 종목과도 결합되어, 각 대회에서 항상 사용되고 있다. 비율은 '일본~'이 45개, '~일본'이 14개로 '일본~'의 비율이 높다. 다음으로 들 수 있는 것은, 복수를 나타내는 어휘이다. '니혼제이' 41개, '일본 선수단' 15개, '일본팀' 7개, '일본 단체' 2개, '일본 전원' 1개로 어휘가 다섯 개 사용되어 합계 66개에 이른다. '일본 선수단'은 개회식 제목으로 사용되는 경우가 많으며, 1952년 헬싱키대회, 1956년 멜버른대회의 '일본 선수단'은 모두 개회식 제목이다. 이와 반대로 '일본팀', '일본 단체'는 경기 종목과 결합되어 사용된다. '니혼제이'는 경기 종목과 결합하는 경우가 많지만, 1992년 바르셀로나대회, 1996년 애틀랜타대회 개회식 제목에도 사용되고 있다. '니혼제이'는 2004년 아테네대회에서 '100개의 금메달 니혼제이 행보'와 같이 일반적인 현상을 나타내는 것에도 이용 가능하기 때문에 사용 빈도가 높은 것이 아닐까. 셋째, 기록에 관한 어휘도 많이

보이고, '일본신' 45개, '일본 신기록' 2개, '일본 기록' 2개, '일본 타이' 2개로 어휘는 4개 사용되어 51개가 된다. 그중에서 문자 수가 가장 적은 '일본신'의 빈도가 높고, 연대에 관계없이 사용되고 있다. 특이한 것으로 1952년 헬싱키대회에서는 '독립 일본', '재미 일본인'이 있는데, 이것은 제2차 세계대전 후 일본이 처음으로 참가한 대회이며, 일본계 2세 4명이 수영에서 모두 입상하였기에 '개막식에 참석한 감상, 임원들이 말한다, 독립 일본에 큰 박수, 우리 선수단 행진도 훌륭하다(開會式に臨んでの感想 役員ら語る 獨立日本に大拍手 わが選手団の行進も立派)', '기뻐하는 재미 일본인, 2세 4명 나란히 입상(大喜びの在米日本人 ２世４名そろって入賞)'이라는 제목이 내걸렸기 때문이다.

또한 표기 및 언어 종류의 관점에서 본 특징으로 '일본(ニッポン)', '재팬(ジャパン)', 'JAPAN', '호시노 J(星野 J)'가 있다. 가타카나 표기로 적은 '일본(ニッポン)'은 비교적 이른 1964년 도쿄대회부터 사용되어 거의 매 대회 1~3개, 총 14개 보인다. 그리고 그 중 '체조 일본(体操ニッポン)' 4개, '유도 일본(柔道ニッポン)' 1개, '일본 유도(ニッポン柔道)' 1개, '수영 일본(水泳ニッポン)' 1개로 일본이 자신 있는 종목과 결합함으로써 제목을 강조하는 의미로 사용되고 있다고도 생각할 수 있다. 외래어를 가타카나 표기로 하는 '재팬(ジャパン)', 그냥 로마자 표기로 하는 'JAPAN', 'JAPAN'의 약어 'J'는 아주 새롭고, 베이징대회에서 처음 나타났다. 그러나 '재팬(ジャパン)', 'JAPAN'이 각각 1개밖에 사용되지 않은 데 비해 '호시노 J(星野 J)', '소리마치 J(反町J)', '야나기모토 J(柳本J)'는 모두 12개로 사용도가 높다. 특히 'J'는 단체 경기 중에서도 인기가

있고, 게다가 감독의 지휘가 승부를 좌우하는 야구, 축구, 배구에서 사용되고 있다. 메이지 이후 외래어가 늘었다고 하더라도, 그 비율은 전체의 10% 정도이고, 게다가 새로운 사물이나 개념을 나타내기 위해 만들어져 전문 용어로 사용되는 경우가 많았던 외래어를 국가명칭에까지 사용하기 시작한 것은, 알파벳 표기가 가타카나 표기보다 더욱더 지면상에서 눈에 띄게 되고, 단순화된 'J'가 인상이 강하기 때문이라고 생각되지만, 그래도 국가명칭까지 외래어화의 물결에 노출되어 있다는 것을 여기에서 엿볼 수 있다.9)

그 외, 나라와 관련된, 올림픽에서 빠뜨릴 수 없는 국기를 나타내는 어휘로, '일장기(日の丸)'가 17위에 랭크되어 있다. 그러나 '일장기(日の丸)'는 1976년 몬트리올대회를 마지막으로 전혀 사용되지 않고 있으며, '일장기(日章旗)'는 1956년 멜버른, 1960년 로마의 2개 대회에서 사용되고 있을 뿐이다.

또한 국가(國歌)인 '기미가요(君が代)'는 4개밖에 사용되지 않았고, 이것도 1952년 헬싱키에서 1960년 로마까지의 3개 대회에서 사용되었을 뿐이다. 그 외 1964년 도쿄대회에서 '패기, 대국 의식의 위험도(氣負い 大國意識への危險も)', 2004년 아테네대회에서 '국민 영예상 성대한 향연을(國民榮譽賞 大盤振る舞いを)'이라는 제목도 보인다. 특이한 것은 일본의 상징인 천황가에 대한 제목 '후루하시 컨디션을 염려하시는 나스의 황태자와 요시노미야 두 전하(古橋の不調をご心配 那須の皇太子、義宮兩殿下)'가 1952년

---

9) 외래어의 의의·역할, 외래어의 사용 비율에 대해서는 『새로운 '언어' 시리즈 6단어에 관한 문답―외래어 편―』(1997) 참조. 또 아사히신문 오사카 본사 고객사무실에 따르면, 일본의 국가 표기에 대해서는 '재팬', 'JAPAN' 같은 외래어 사용도 포함한 제목으로 이 말을 사용하지 않으면 안 된다는 신문사 입장으로서 정해진 것은 없다는 것이다.

헬싱키대회에 1개, '천황폐하 개회를 선언(天皇陛下 開會を宣言)'
이 1964년 도쿄대회에 1개 보였다.

　② 경기 과정 및 결과와 관련된 어휘

　올림픽 제목 성격상, 경기과정과 결과에 대한 어휘가 자주 등장
하는 것은 당연하고, 상위 21어휘 중 15어휘를 차지하며 총 1,670
개로, 62.5%에 이른다. 이 중 단적으로 결과와 결합하는 것이 '메
달', '우승', '입상'이고, '금' 231개, '은' 144개, '동' 189개, '메달'
147개, '입상' 81개, '우승' 43개로 압도적으로 메달에 관한 어휘가
많다. 또 '입상'이 모든 대회에서도 사용되고 있는 데 비해, '금'과
같은 의미를 갖는 '우승'은 1964년 도쿄대회 8개가 최고로, 1984년
LA대회 이후에는 거의 사용되지 않았다. 대신 1952년 헬싱키대회
에서 단 2개의 '금메달'을 사용한 '메달'그룹은 1972년 뮌헨대회부
터 증가하기 시작하여, 그 이후에는 자주 사용되고 있다. 이 어휘는
'금메달' 43개, '은메달' 13개, '동메달' 15개에 비해, '금' 188개,
'은' 131개, '동' 174개로 한자 1자 사용이 약 90%를 차지하고 있
다. 이것은 한자 1자가 강한 이미지를 주고, 또한 제목 성격상 간결
한 정리가 요구되기 때문에 글자 수가 적은 '금'을 선호하기 때문
일 것이다.

　다음으로 많은 어휘는 선수의 경기 과정을 나타내는 어휘로 '결
승' 205개, '준결승' 86개, '예선' 133개가 있다. 예선을 돌파했는가
하는 하위 수준을 나타내는 어휘와, 결승, 준결승과 같은 메달의 도
달 여부라는 상위 수준을 나타내는 어휘가 모두 출현하고 있다.
'진출'에 대해서는 100개 중 '결승(에) 진출', '결승에'를 합하여 48

개, '준결승(에) 진출' 18개, '결승T(에) 진출' 11개와 정점에 다다르는 '결승', '준결승'의 소원이 이루어졌다는 것을 나타내는 표현이 자주 사용하고 있다. 이러한 어휘는 대회 연도에 좌우되지 않고, 모든 대회에서 출현하고, 종목이 증가함에 따라 약간 빈도도 높아지는 경향이 있지만, '결승 진출은 힘들어(決勝進出は苦しく)', '일본 결승 진출 못 하고(日本決勝進出ならず)', '준결승 진출 절망적(準決勝進出は絶望的)'과 같이, 제목에 전반적으로 '결승', '준결승'에 다다르지 않았다는 것을 보여주는 어휘도 11개 보였다.

셋째, 승패에 관한 어휘에는 '이기다' 105개, '놓치다' 65개, '패배' 60개, '지다' 43개, '떨어지다' 38개가 있다. 이 중에 승리와 결합한 동사는 '이기다'뿐이다. 이 '이기다' 중에서 눈에 띄는 것은 '판정승(判定勝ち)', '폴 승리(フォール勝ち)' 등 승리의 방법에 대해 설명하고 있는 것으로 35개가 보인다. '떨어지다'에 대해서는 '예선 탈락' 26개, '준결승 졌다' 1개와 '예선'이라는 하위 레벨에서 패한 선수팀에 사용되는 경우가 많다. 또한 '떨어지다(落つ)'라는 문어형은 1952년 헬싱키대회, 1956년 멜버른대회에만 나타나고, 이후에는 '떨어지다', '～떨어짐(~落ち)'이 이용되고 있다. '놓치다(逃がす・逃す・逸す)'에 대해서는 '놓치다(逃がす)' 4개, '놓치다(逃す)' 43개, '놓치다(逸す)' 18개가 보였다. 1984년 로스앤젤레스대회 이전에는 '놓치다(逸す)' 16개가 다용되었고 '놓치다(逃す)' 43개는 모두 1984년 로스앤젤레스대회 이후에 사용된 것이다.

③ 심정과 관련된 어휘

올림픽은 4년에 한 번밖에 개최되지 않기 때문에, 출전하는 것도

승리하는 것도 쉽지 않다. 선수에게 있어서 다른 그 어떤 이상을 목표로 하는 대회이며, 올림픽에서의 승패는 인생의 중대사이며, 주위의 기대도 크다. 따라서 감정과 관련된 '눈물'이 70개, '꿈'이 58개, '기대'가 38개 보인다. 이 예는 '기쁨의 눈물(うれし涙)', '꿈 같은(夢のような)', '기대한대로(期待通り)'와 같은 참여하게 된 것, 승리를 거머쥔 것, 기대에 부응한 것에 대한 긍정적인 의미로 사용되고 있는 것(각 30개, 26개, 27개), '원통한 눈물(くやし涙)', '악몽의 배턴 낙하(惡夢のバトン落下)', '기대 저버림(期待外れ)'과 같은 패자가 된 것, 기대에 부응하지 못한 것에 대한 부정적인 의미로 사용되고 있는 것(각 31개, 24개, 11개), '성화에 눈물(聖火に涙)', '소녀의 꿈 추구(少女の夢追い求め)'와 같이 어느 쪽이라고도 말할 수 없는 것(각 9개, 8개)으로 나뉜다.

또한 올림픽이라는 큰 대회이기 때문에 첫 경기인 것, 처음으로 뭔가 이루어낸 것이 매우 큰 의미가 있기에 '첫'이 149개로 많이 사용되고 있다. '첫 경기'10) 48개를 시작으로 우승한 순간을 '첫사랑을 드디어 만났다(初戀の人にやっと會えた)'라고 비유적인 표현으로 보여주는 것까지 다양하다. 이 중 빈도가 높은 '첫 경기'에 대해서는 오래전부터 사용된 것은 아니고, 1972년 뮌헨대회 이후에 나타나고 있다.

---

10) '첫 경기(初戰)'는 경기 과정과 결과를 나타내는 단어로 간주되지만, '1회전'이 아니라 '첫 전투'라는 의미에 중점을 두고 심정과 관련된 어휘에 포함시켰다. '첫 우승', '첫 입상' 등의 합성어로 사용되고 있는 '처음'도 같은 이유로 포함했다.

순위	단어	1952 헬싱키	1956 멜버른	1960 로마	1964 도쿄	1968 멕시코 시티	1972 뮌헨	1976 몬트리올	1984 로스 앤젤레스
1	일본(日本)	22	27	28	45	48	32	35	41
2	금(金)	2	7	5	9	10	24	17	19
3	결승(決勝)	7	7	7	7	11	8	6	11
4	동(銅)		1	1	6	5	4	8	19
5	첫(初)	1	4	6	8	4	6	6	9
6	메달(メダル)		3	3	3	6	6	7	9
7	은(銀)		2	2	4	6	6	4	4
8	예선(予選)	1	14	3	3	7	3	2	11
9	이기다(勝つ)	6	12	7	9	8	9	5	6
10	진출(進出)	1	1	1	3	4	5	2	9
11	준결승(準決勝)	2	8		1	3	4	2	6
12	입상(入賞)	5	9	6	5	2	3	1	7
13	눈물(涙)	4	3			1	2	4	5
14	놓치다(逃がす)	1	5	5	2	1	1	1	6
15	패배(敗退)					1	1	1	1
16	꿈(夢)	1	1	1		2		2	6
17	우승(優勝)	7	7	7	8	4	5	1	
17	지다(敗れる)	3	8	4	4	3	3	3	1
17	일장기(日の丸)	6	14	5	10	5	2	1	
20	떨어지다(落ちる)	3	4	3		1		1	7
20	기대(期待)	4	5		1	2	1	6	5
	합계	76	142	94	128	134	125	115	182

<표 2-2> 빈출단어 베스트 20: 일본(2)

순위	단어	1988	1992	1996	2000	2004	2008	합계
		서울	바르셀로나	애틀랜타	시드니	아테네	베이징	
1	일본(日本)	48	58	59	53	80	69	645
2	금(金)	19	14	11	22	50	22	231
3	결승(決勝)	21	20	21	35	15	29	205
4	동(銅)	23	28	14	14	32	34	189
5	첫(初)	9	11	13	14	27	31	149
6	메달(メダル)	12	14	12	17	26	29	147
7	은(銀)	13	23	17	25	23	15	144
8	예선(予選)	14	11	16	22	12	14	133
9	이기다(勝つ)	9	9	4	7	8	6	105
10	진출(進出)	15	13	13	17	8	8	100
11	준결승(準決勝)	8	5	12	16	10	9	86
12	입상(入賞)	6	10	5	6	5	11	81
13	눈물(涙)	7	2	10	11	10	11	70
14	놓치다(逃がす)	4	4	5	4	11	15	65
15	패배(敗退)	5	6	8	8	18	11	60
16	꿈(夢)	4	5	2	15	13	6	58
17	우승(優勝)	1			2		1	43
17	지다(敗れる)	2	1	2	3	3	3	43
17	일장기(日の丸)							43
20	떨어지다(落ちる)	4	1	3	5	1	5	38
20	기대(期待)	5	4	2	1	2		38
	합계	229	239	229	297	354	329	2673

2) 공동체와 관련된 어휘(〈표 3〉 참조)

올림픽 출전은 인생의 일대 이벤트이기 때문에 선수뿐만 아니라 선수의 주위에 미치는 영향은 크다. 따라서 선수를 둘러싼 공동체에 관련된 다양한 어휘가 출현한다.

우선 가장 많은 것은 가족에 관한 어휘로 154개가 사용되고 있다. 그중에서 '아버지(아버지, 아빠; 父、父親、お父さん、おやじ、パパ)' 32개, '어머니(어머니, 엄마; 母、母親、ママ)' 26개로 빈도가 높고, '아이(아이, 아들, 장남, 딸, 장녀; 子、息子、長男、娘、長女)' 17개, '형제(형제, 형(님), 남동생; 兄弟、兄(さん)、弟)' 15개, '자매(자매, 언니, 여동생; 姉妹、姉、妹)' 10개, '아내(아내, 처, 부인; 妻、家內、夫人)' 9개, '부모(부모, 양친; 父母、兩親)' 9개 순이었다. '할아버지 선수(おじいさん選手)'처럼 선수 자신에게 사용되는 경우도 있다. 또한 가족 전체를 가리키는 '가족', '실가(實家)', '～가(家)', '～댁(宅)', '부재 가족(留守家族)', '유도 일가(柔道一家)'도 합하면 28개로 빈도는 높고, 90%에 해당하는 26개가 '가족과 딴 금(家族とつかんだ金)', '축하 손님으로 난리, 오노 선수의 집(お祝いの客で大騷ぎ 小野選手の實家)', '도야마에 처음으로, 미쓰쿠리 가문의 기쁨(富山に初めて 三栗家の喜び)'으로 승리와 관련된 제목에 사용되고 있다.

다음 선수의 고향에 관련된 어휘가 있다. '고향(地元; ※고향, 연고지, 출신지 등의 뜻을 가지나 이 장에서는 고향으로 통일함)', '고향(故鄕)', '시타마치(下町; ※시가지, 평민의 생활 주거지)'에서

‘하마나코(浜名湖)’, ‘아라카와(荒川)’, ‘아사쿠사(淺草)’와 같은 지
명까지 29개가 보인다. 그 밖에 ‘선배’, ‘모교’, ‘고쿠시칸대학(國士
舘大)’으로 출신 학교·재학 중인 학교에 관한 것이 13개, ‘직장’,
‘동료’, ‘근무처’라는 직장에 관한 것이 8개, ‘응원단’ 4개, ‘서포터’
2개와 다양한 그룹이 선수를 응원하고 있기 때문에 다양한 공동체
를 나타내는 어휘가 보인다. 이러한 공동체에 관한 어휘는 1964년
도쿄대회부터 1976년 몬트리올대회까지는 적지만, 그 이외의 대회
에서는 9개 이상 사용되어 총 212개에 이르고 있다.

<표 3-1> 공동체에 관한 어휘: 일본(1)

순위	단어	1952 헬싱키	1956 멜버른	1960 로마	1964 도쿄	1968 멕시코시티	1972 뮌헨	1976 몬트리올	1984 로스앤젤레스
1	아버지(父)	4	2					1	
2	고향(地元)	3	1	4					2
3	가족(家族)	4	2	11					2
4	어머니(母)	2	2	1					3
5	모교(母校)	1	2	1					
6	부모(両親)				1		1		1
6	아내(妻)		1	1					
8	직장(職場)	3	1						
9	딸(娘)					3			
10	아들(息子)								
11	형/오빠(兄)			1					
11	형제(兄弟)	1				2			
11	남동생(弟)	1							
11	누나/언니(姉)								
15	여동생(妹)								
15	남편(夫)								
15	아이(子)								
15	응원단(応援団)								
19	서 포 터 (サ ポ ー ター)								
19	우리의(我が)	2							
21	할아버지(祖父)								1
21	손자(孫)								1
21	자매(姉妹)								
21	부자/모녀(親子)								
21	처자(妻子)								
	합계	21	11	19	1	5	2	1	10

<표 3-2> 공동체에 관한 어휘: 일본(2)

순위	단어	1988 서울	1992 바르셀로나	1996 애틀랜타	2000 시드니	2004 아테네	2008 베이징	합계
1	아버지(父)	4	3	2	5	7	4	32
2	고향(地元)	1	1		1	10	6	29
3	가족(家族)	1	2	1	1	3		28
4	어머니(母)		2	4	4	4	4	26
5	모교(母校)			2	1		6	13
6	부모(両親)		1	1	1	2	1	9
6	아내(妻)	1		4		1	1	9
8	직장(職場)		1	2		1		8
9	딸(娘)			1	1		2	7
10	아들(息子)			2	1	1	2	6
11	형/오빠(兄)			1	2		1	5
11	형제(兄弟)			2				5
11	남동생(弟)			2	1		1	5
11	누나/언니(姉)		1			2	2	5
15	여동생(妹)					1	3	4
15	남편(夫)				1	2	1	4
15	아이(子)	1			1		2	4
15	응원단(応援団)	1		2	1			4
19	서포터(サポーター)				1		1	2
19	우리의(我が)							2
21	할아버지(祖父)							1
21	손자(孫)							1
21	자매(姉妹)						1	1
21	부자/모녀(親子)					1		1
21	처자(妻子)						1	1
	합계	9	11	26	22	35	39	212

(2) 한국

1) 빈도에서 본 특징(〈표 4〉 참조[11])

① 국가와 관련된 어휘

상위 20어휘의 총 1,685개 중, '한국'에 관한 것이 555개, 32.9%로 전체의 30%를 차지한다. 통시적으로 보면, 1952년 헬싱키대회에서 단 1개였던 것이, 2000년 시드니대회에서는 106개로 경이적인 성장을 보이고 있다. 1968년 멕시코시티대회에서 35개까지 성장하고, 1976년 몬트리올대회에서 8개로 급격히 감소하고 홈그라운드 서울에서 개최된 1988년에는 57개로 많이 사용되지만, 1992년 바르셀로나대회에는 부제목을 포함하여도 23개로 줄어드는 등 1996년까지 연도에 따라 차등이 보였다. 그러나 2000년 이후 3대회에서의 사용 빈도는 부제목을 포함한 경우도 있어서, 100 전후로 현저하게 사용되고 있는 것이 특징이다.

어휘의 구성을 살펴보면 '한국'이 단독으로 사용되는 경우가 가장 많은 555개 중 247개로 44.5%를 차지한다. 다음으로 눈에 띄는 것은 '한국 유도', '한국 남녀 배구', '한국 남자 농구', '한국 여자 양궁'과 같이 '한국', '한국 남녀', '한국 남자', '한국 여자' 뒤에 경기 명이 추가되는 것이 126개, 22.7% 사용되고 있다. 그중 많은 것은 인기 종목이나 메달 유망 종목과 결합하는 것으로 축구 23개, 양궁 16개, 배구 14개, 농구 10개가 보인다. 기타 10개 이상 사용된

---

11) 표 안의 어휘는 한국어를 먼저 적고, 일본어 번역을 나중에 적었다. 본문의 어휘와 표현은 일본어 번역을 먼저 적고, ( )에 한국어를 썼다. 또한 문장 중의 한국어는 처음 출연한 것만 적었다.

것은 '한국팀' 44개, '한국 선수단' 30개, '한국 선수' 14개이다.

영어 명칭을 사용한 '코리아'는 12개 있으며, 1960년 로마대회에서 이미 1개가 보이지만, 11개는 1984년 LA대회 이후이다. 한국에서도 외래어 사용의 증가가 문제되고 있고, 예를 들면 '의견'보다 '오피니언'의 사용이 눈에 띄게 되었다. 또한 '얄궂음(皮肉)'이 아니라 '아이러니'가, '마음(心)', '정신(精神)', '자세(姿勢)'가 아니라 '마인드'가 문어체나 구어체에서 자주 사용되고 있다. 이러한 현상을 우려하여, 국립국어원 사이트에는 '외국어 오·남용 방지' 코너까지 마련되어 있다. 그러나 제목의 경우 '코리아의 물결' 2개, '코리아 열광' 1개, '코리아의 함성' 1개, '코리아 파이팅' 1개와 같이 국민의 응원 자세에 대한 예가 눈에 띄고 긍정적인 이미지로 사용되고 있다는 특징이 있다. 또한 한국에서는 'KOREA'는 보이지 않으므로, 국가명칭의 로마자 표기화까지는 이르지 않았다는 걸 알 수 있다.

한국의 국기 중앙에 위치하는 '태극'의 사용은 28개, 그중 21개가 '태극기('태극 깃발' 1개 포함)', '한국 국기', '한국 태극기', '우리 국기'를 포함하면 31개가 된다. 이 예는 1968년 멕시코시티대회, 1992년 바르셀로나대회를 제외하고 1952년 헬싱키대회부터 매 대회에서 사용되고 있다.

그 외, '한국'에 포함되지만, '한국 국민', '한국 국민 영웅', '한국 체면'이라는 '한국'이 '국민', '체면'과 결합한 것도 각 1개 보인다. '애국가'도 6개 사용되고, '국민'이 4개, '국민들'이 2개로 단독 사용되고 있다.

② 경기 과정 및 결과와 관련된 어휘

경기 과정 및 결과와 관련된 어휘는 20어휘 중 14어휘를 차지하고 총 874개, 51.9%로 과반수를 상회한다. 14어휘 중 상위의 모두가 결과와 관련된 '금', '은', '메달', '동'이 독점하고 빈도수도 '금', '은', '동'의 순서로, 그중에 '금'이 874개 중 322개, 36.8%로 약 4%를 차지한다. '은'은 113개로 금의 3분의 1, '동'은 55개로 은의 2분의 1, '금'의 비율이 매우 높다. 또한 '금메달' 203개에 비해 '금' 119개, '은메달' 56개에 비해 '은' 57개, '동메달' 34개에 비해 '동' 21개와 '메달'을 추가한 복합어의 수가 많은 것이, 특히 '금메달'에서 눈에 띈다. 이것은 한국의 경우 '금메달'이라는 세 문자가 균형도 잡히고 보다 강렬하여 강한 이미지가 표출되기 때문이다.

'금'에 관해서는 '골드'라는 어휘도 9개 출현하며 '극적 역전승 양궁 골드…… 골드, 골드 역시 신궁', '8년 만의 퍼펙트 골드'의 용례도 있다. '실버', '브론즈'가 보이지 않는 것만으로, 금메달이 특별한 것임을 알 수 있다. 더욱이 '금메달'에 대한 끝없는 집념은 금메달을 획득하지 못한 1964년 도쿄대회, 1968년 멕시코대회, 1972년 뮌헨대회에서도 '꼭 금메달을', '금메달 안고 가야겠다', '금메달 노리는 얼굴들'이라는 제목이 나타나 첫 금메달을 획득한 1976년 몬트리올대회에서는 '금메달엔 상금 5천만 원', '3천만의 기원 꼭 금을', '금메달 목에 걸리자 이 메달을 조국에……'와 같은 대대적인 제목이 등장한다. 그 외, 영광의 기록인 '연패'가 25개, '금'에 필적하는 '우승'도 24개 보인다.

다음으로 선수의 경기 과정을 나타내는 어휘에는, '진출' 41개,

'결승' 36개가 있다. '진출'에 대해서는 '4강 진출' 10개, '결승 진출' 3개, '준결승 진출' 3개로 상위 진출을 나타내는 표현이 절반을 차지한다. 이 표현은 1952년 헬싱키대회부터 1960년 로마대회까지 전혀 보이지 않았지만, 그 이후에는 모든 대회에서 나타나고 있다.

셋째, 승패에 관한 어휘에 대해서는 승리를 의식한 어휘로, '승리' 21개, '확보'12) 20개, 패배를 의식한 어휘로는 '탈락' 39개, '석패(惜敗)' 28개 출현한다. 전자 41개, 후자 67개로 패배에 관한 예가 많지만, 그중 '석패' 28개는 '아쉬운 패배'를 의미하므로 '참패(慘敗)'나 '패배(敗北)'와 비교하면 패배를 다소 긍정적으로 보고 있다고 말할 수 있을 것이다.

이상의 예로부터 상위의 성적을 칭찬하는 의식이 강하다는 것을 간파할 수 있다. 한편 '오늘 첫 출전', '내일 복싱 출전'과 같이, 일본어에서는 '출장(出場)'에 해당하는 '출전'13)의 빈도도 높다. 올림픽에 참가한다는 것은 그 자체가 얼마나 훌륭한 일인가를 느끼고 있는지 알 수 있는 어휘이다.

---

12) '확보'는 '은 확보', '메달 확보'처럼, 특히 메달을 획득했을 때 사용된다.

13) '출전'은 주로 스포츠나 콩쿠르 등 경기에 출전했을 때 사용되는 용어이다.

③ 심정과 관련된 어휘

심정과 관련된 어휘로 '첫' 108개, '기대' 27개, '눈물' 24개가 있다. '첫'은 4위에 랭크될 정도로 자주 사용된다. 그리고 여기에서도 '첫 금' 14개, '첫 금메달' 8개, '첫 메달' 7개로 승리와 관계있는 경우에 사용되고 있다. 11개 보이는 '사상 첫'에 대해서도 '사상 첫 금메달', '사상 첫 은'과 같이 역시 승리와 깊은 관련이 있는 메달과 결합되어 사용되는 경우가 많다. '기대', '눈물'은 일본과 같이 긍정적 의미와 부정적 의미의 양면에서 사용되고 있으며, 긍정적으로 사용되는 것은 '기대 종목', '메달 기대', '기쁨의 눈물바다', '감격의 눈물'이 있고, 부정적으로 사용되는 것으로 '기대 이하', '기대 저버리다', '눈물의 기권', '인니[14] 벽에 눈물' 등이 있다. 이 중 '눈물'은 긍정적으로 사용되는 경우가 14개, 부정적으로 사용되는 경우가 10개로 긍정적인 사용이 부정적인 사용을 약간 상회하는 정도이다. 반면 '기대'는 부정적인 의미로 사용되는 경우가 5개로 매우 적다.

---

14) 인니는 인도네시아를 말한다.

<표 4-1> 빈출단어 베스트20: 한국(1)

순위	단어	1952 헬싱키	1956 멜버른	1960 로마	1964 도쿄	1968 멕시코 시티	1972 뮌헨	1976 몬트리올	1984 로스 앤젤레스
1	한국	1	7	16	27	35	28	8	25
2	금				6	5	2	7	21
3	은		1		2	3	4	4	5
4	첫	1	2	6	1	3	4	5	10
5	메달				2	6		4	7
6	우리	1	7	5	4	1	3		4
7	동				2	2	1	6	3
8	진출				4	1	4	3	2
9	탈락					3	9	4	5
10	결승		1		2	1	1	1	3
11	출전	1	2		4	2	3	1	2
12	태극	1	1		2	1		1	2
12	석패		4	2	3	1	1	2	
14	기대		1		3	2	1	1	2
15	연패								2
16	눈물		1			2	1		2
16	우승		1		1		1	1	
18	예선	2	2			1	1		2
19	승리				3	3		1	1
20	확보					3		2	2
	합계	7	30	29	66	75	64	51	100

<표 4-2> 빈출단어 베스트20: 한국(2)

순위	단어	1988 서울	1992 바르셀로나	1996 애틀랜타	2000 시드니	2004 아테네	2008 베이징	합계
1	한국	57	23	40	106	89	93	555
2	금	21	27	40	68	66	59	322
3	은	2	6	23	15	25	23	113
4	첫	12	6	15	8	21	14	108
5	메달	2	5	13	22	17	17	95
6	우리	12	10	1	9	7	5	69
7	동	3	2	3	12	10	11	55
8	진출	2	2	10	+6	3	4	41
9	탈락	2	1	7	2	3	3	39
10	결승	2	2	4	6	7	6	36
11	출전	1	1	2	2	7	4	32
12	태극	3	3	5	2	1	6	28
12	석패	8		1	2		4	28
14	기대	1		13	2		1	27
15	연패	1	3	4	1	7	7	25
16	눈물			3	7		8	24
16	우승	1	2	8	2	3	4	24
18	예선			4		4	7	23
19	승리			1	4	1	7	21
20	확보	1	3	3	1	3	2	20
	합계	131	96	200	277	274	285	1685

2) 공동체와 관련된 어휘(〈표 5〉참조)

'나(私)'나 '우리(我々, 我ら)'를 의미하는 '우리'는 공동체를 나타내는 특징적인 용어이다. '우리'는 빈출 단어 6위에 랭크되어 있으며, 1976년 몬트리올대회를 제외하고 매 대회에 보이며 총 69개 사용되고 있다. 이 중 '나(私)'를 의미하는 '우리'는 "장하다…….우리 아들." 은메달리스트 張銀景 선수 어머니, 남원서 첫 낭보…… "우리 아들 장하다", "우리 봉주15) 어디 갔어?"의 3개밖에 없고, 다른 사람은 모두 '우리(我々)'를 의미하는 '우리'이다. 이 중 3개 이상 나타나는 것은 '우리 선수단' 10개, '우리나라' 5개, '우리 선수' 5개, '우리 문화' 3개이다. 또한 1988년 서울대회 때 '우리가 치른 올림픽', '우리도 세계도 놀랐다', '백 년 잔치 우리가 해야'와 같은 표현도 보인다. 이것으로 '우리'는 한국 국가라는 매우 큰 공동체와 결부되어 있는 어휘라고 할 수 있다.

다음으로 눈에 띄는 것은 가족에 관한 어휘로 총 78개에 이르고 '우리'보다 많다. 그중에서도 '가족(들)', '어머니(어머니, 엄마, 모친)', '아버지(아버지, 아빠, 부친)', '딸', '아들', '누나, 언니'는 모두 9~13개로 상위를 차지한다.

그 외, 한국 국내뿐만 아니라 국외에서 응원하고 있는 공동체를 나타내는 '재외한국인(교민·교포·동포)' 14개도 특징적이고, '교민들 함성', '천여 교포 감격의 눈물', 'LA 교민들 응원'등, 그 열광적인 표현이 눈에 띈다. (※한국인) 2세에 대한 제목도 2개 보이고,

---

15) 봉주는 인명이다.

1984년 로스앤젤레스대회의 '한국인이란 것 가슴 깊이 느꼈어요', 'LA 코리아 플라자 안내원…… 교포 2세의 뭉클한 조국애', 1988년 서울대회의 '재소(재소련) 교포 2세 뮤지컬 아리랑……에 감격'이 있다. 역시 한국 국외에 거주하는 사람들의 모습을 다루고 있지만, 이러한 내용은 '우리 재외 한국인', '우리 2세'라는 합성어가 아닌 '우리'의 범주에 포함되지 않는 것을 엿볼 수 있다.

메달리스트 등의 출신지에 관한 지명16)도 12개 출현하는데, '경기도 하남시 덕풍 1동……'과 같이 주소까지 자세히 기록된 것이 3개 출현한 것은 흥미롭다. '시민 1,000여 명 응원', '온 동네가 은철이17) 만세' 등, '주민 · 시민'도 8개 사용되었으며, ①에서 말한 '한국 국민(들)'도 8개 사용되고 있다. 또한, '선배', '후배'는 '손기정 씨, 후배 찾아 수건 돌리며 격려', '출전권 양보한 김제경 선배 고마워'의 예를 볼 수 있지만, 모두 학교나 직장 선후배가 아닌 연상 · 연하의 선수에게 사용한 것이다.

___

16) 지명에 관해서는 일본과 같이 '고향(地元)'에 포함시켰다. 그러나 한국어 번역은 '고향(故鄕)'으로 했다.
17) 은철이는 인명이다.

<표 5-1> 공동체에 관한 어휘: 한국(1)

순위	단어	1952	1956	1960	1964	1968	1972	1976	1984
		헬싱키	멜버른	로마	도쿄	멕시코 시티	뮌헨	몬트리올	로스 앤젤레스
1	우리	1	7	5	4	1	3		4
2	교민				1	3	3	2	2
3	가족				1	1			
4	고향					1			1
5	어머니					1		2	1
6	딸								
7	아버지				3			1	
7	아들				3			1	1
7	누나/언니					1			
10	시민							1	
10	국민								
12	부모님								
12	형/오빠								
12	형제/남매								
15	남편								
15	모자				1				
15	약혼녀						2		
15	교포2세						1		1
19	아우								
19	손자								
19	선배								
19	후배								1
	합계	1	7	5	13	8	9	7	11

<표 5-2> 공동체에 관한 어휘: 한국(2)

순위	단어	1988	1992	1996	2000	2004	2008	합계
		서울	바르셀로나	애틀랜타	시드니	아테네	베이징	
1	우리	12	10	1	9	7	5	69
2	교민	1		1	1			14
3	가족		4	4	3			13
4	고향		4	1	3	1	1	12
5	어머니		3	2	2			11
6	딸	1	3	1	1	2	2	10
7	아버지			2	1		2	10
7	아들		1	1	2			9
7	누나/언니		1		2	2	3	9
10	시민	1	2	2	1		1	8
10	국민	4					4	8
12	부모님		3					3
12	형/오빠				1		2	3
12	형제/남매				1		2	3
15	남편				2			2
15	모자			1				2
15	약혼녀							2
15	교포2세							2
19	아우					1		1
19	손자				1			1
19	선배				1			1
19	후배							1
	합계	19	31	16	31	13	22	193

4. 고찰(〈그래프 1 ~ 3〉 참조)

　이 장에서는 앞 장의 분석을, 국가 의식을 표출하는 어휘, 친밀한 공동체에 관한 어휘, 빈출하는 어휘의 특징에 대해 고찰한다.

　첫째, 국가 의식을 표출하는 어휘에 대해서는 일본·한국 모두 '일본', '한국'이라는 국가 명칭을 포함하는 어휘가 각각 645개와 555개, '가족'이나 '지역'과 같은 친밀한 공동체에 대한 어휘가 각각 212개와 124개('우리'는 제외)와 국가를 포함하는 어휘가 각각 3~4.5배로 많이 사용되고 있다. 통시적으로 보더라도 약간의 증감은 있지만, '일본'은 1952년 헬싱키대회가 22개, 2008년 베이징대회가 69개, '한국'은 1개, 93개로 해를 거듭할 때마다 사용 횟수가 증가하고 있다. 나가요시(2006)와는 데이터 및 데이터 분석 방법이 다르지만 신문 제목의 빈도로 보면, 국가로부터 친밀한 공동체로의 회귀가 일어나고 있다고 결론지을 수는 없다.

　그러나 나가요시의 지적은 다른 데이터를 분석한 이 장에서도 해당되는 곳이 있다. 그것은 '일장기(日の丸)·일장기(日章旗)'라는 국가를 상징하는 국기에 관한 어휘로, 1976년 몬트리올대회 이후 전혀 출현하지 않게 된 것이다. '태극기'가 쉬지 않고 거의 매번 사용되고 있는 한국에 비해, 이 결과는 주목할 만한 것이라고 할 수 있을 것이다. 해외에 나가 보면 다문화 국가인 미국, 호주는 물론이고, 중국·한국에서도 국기가 눈에 띈다. 대학교와 중학교·고등학교와 같은 교육 기관에서는 국가에 관한 특별한 날이 아니더라도 학교에 국기가 게양되어 있어서, 학생들은 교실 칠판 위에 걸려 있는 국기를 언제나 바라보게 된다. 다시 말해서 싫든 좋든 날마다 국기와 접하게 되는 것이다. 또한 도시에서도 다양한 장소에서 국기를 볼 수 있기 때문에 '아, 이 나라에 왔구나'라는 것을 실감한다. 그러나 일본에서는 1999년에 일장기(日の丸·일본 국기)·기미가요(君が代·일본 국가)가 국기(國旗)·국가화(國歌化)되었음에도 불구하고 2000년 시드니대회 이후에도 일장기는 제목으로는 쓰이지 않았다. 후키우라(2010)에서도 인용된 것(p.189)과 같이, 1994년 8월 11일자 『아사히신문』은 1992년 프랑스 알베르빌에서 열린 동계올림픽 스키 단체 복합 경기에서 우승한 하기와라 겐지 선수의 담화를 싣고 물론 일장기도 실었지만 독자의 눈을 고정시키는 제목에는 싣지 않았다. 일장기는 전쟁의 어두운 이미지가 따라다닌다고 하더라도, 후키우라가 "현대사회는 일본에서도, 세계에서도, 다양한 가치관의 '개성' 존중이 중요시되는 시대이다. 그리고 각국은 다 함께 풍부한 공동시장을 창출하고 보편적인 가치를 창조·발견하면서 연대를 강화하고 인류 공통의 과제에 도전하는 것을 필요로 하고 있는 상황이다. 국기와 국가에 경의를 표하며 이를 존중하는 것은 그간의 완벽한 균형을 위한 하나의 수단으로서 '역사라는 원숙한 어른'이 생각해낸 사회적 지혜가 아닐까(p.23)"라고 말했듯이 국기를 상징하는 말이 조금은 사용되어도 좋지 않을까. 적어도 '일장기'가 출현하지 않음으로 인해 국가를 상징하는 기호의 하나가 제목에서 사라졌다고 할 수 있다.

둘째, 가족과 같은 친밀한 공동체에 관한 어휘는 일본의 경우 1952년 헬싱키대회부터 1960년 로마대회까지는 21개, 11개, 19개 보이지만, 1964년 도쿄대회부터 1976년 몬트리올대회까지는 1개,

5개, 2개, 1개로 격감하고 1984년 로스앤젤레스대회 이후 다시 증가세로 돌아선다. 1960년까지 이른바 전쟁 전의 대가족의 자취가 있는 시기에는 친밀한 공동체가 확실히 존재하고 있었기 때문에 사용 횟수도 많고, 1964년 고도 경제성장 한가운데에서 가족을 돌보지 못했던 시대에는 적고, 버블시대가 붕괴되고 핵가족화나 저출산, 가족이나 지역과 같은 지역 사회가 다시 중시된 1992년 바르셀로나대회 시기에서는 항상 10개 이상 출현하는 것처럼 친밀한 공동체에 대한 어휘 빈도는 일본 사회 상황을 반영하고 있다고 할 수 있다. 그것은 나가요시가 말하는 친밀한 공동체로의 회귀라고 하기보다는 친밀한 공동체의 부활이라고 불러야 할지도 모른다.

한편 한국의 경우, 1952년 헬싱키대회부터 1960년 멜버른대회까지 모두 '우리'를 제외하고 전혀 사용되지 않았다. 즉, 가족과 같은 친밀한 공동체에 관한 어휘는 전혀 볼 수 없다는 것이다. 또한 1970년대부터 1980년대까지 연평균 8.3 ～ 8.5%의 성장률[18]을 기록한 고도 경제 성장기에도 극단적인 감소는 보이지 않아, 친밀한 공동체 의식은 나라의 사회 정세에 좌우되지 않는다는 것을 알 수 있다.

그런데 여기서 주목할 만한 '우리'의 존재에 대해 언급하고자 한다. '우리'는 한국에서 인간관계의 구조를 논의하는 데 매우 흥미로운 어휘이기 때문에 지금까지 문헌에서도 자주 다루어져 다음과 같이 지적되고 있다. 먼저 후루타(1995)는 "'나(自分)' 중심으로 혈연관계가 엷어짐에 따라 외연(外緣)으로 확대해나가는 '우리'이며

외래의 '이론(理論)'에 따라 자기를 정당화하고 '도덕 지향성(道德 志向性)'을 가지고 '남(타인)'을 쏘는 타세포에 대한 방어 단위이다 (p.167)"라고 말했다. 다음으로 오구라(1998)는 "<우리>의 범위는 신축성이다. 여기에 <우리>의 전략적인 힘이 있다. <우리>의 가장 자주 사용되는 외연(外緣)은 '한국인'이다. '우리 한국인은……', '우리는 문화 국민', '우리 경제는……' 등으로 쓰인다. 화자가 누 군가에게 말을 할 때, 대화하는 두 사람만으로 <우리>는 성립된다. 이것이 <우리>의 최소 단위이다. 최대 단위는 현재 '지구 시민'에 까지 확산할 수 있다. <우리>는 한국인이 고향처럼 안식을 느낄 수 있는 마음의 공동체이다. 또한 그것은 한국의 민족주의와 강한 관 계를 가진다(p.37)"라고 <우리>의 사용 범위에 대해 지적하고 있 다. 또한 고하리(1999)는 '이(理)'와 '기(氣)'는 주자학의 용어에 뿌 리내린 '우리'와 '남'을, "한국인의 사회 구조에 내부로부터 자신, 가족, 혈족, 지연과 학연의 지인, 일반 지인의 동심원상에 퍼지는 <우리(われわれ)>가 있다. 그 외연(外緣)은 남(타인)이다. 우리끼리 는 우리 공동체를 형성하고, 그 안에서는 예의나 전통적인 구속력 을 갖는 윤리 도덕이 엄격하게 존중된다. 그러나 '남'과의 사이에 는 이러한 구속적인 쌍무 관계는 없고, 인간관계 자체가 존재하지 않는다고 할 수 있다(p.191)"라고 설명하고 있다.

그리하여 여기에서 '우리'는 자신이 존재하는 공동체와 공동체 가 아닌 것을 분리하는 지점에서 일본 문화를 논할 때 자주 오르내 리는 '내집단(內集団)'과 '외집단(外集団)' 같은 집단의 분류 및 대 인 관계에 관련한 의식이나 규범을 의미하는 안과 밖에서의 '안(ウ チ)'에 유사하다고 할 수 있다.19) 그러나 3. (2) 2)에서 제시한 바와

같이, 국가까지 포함되는 것으로부터, '안'보다 범위가 넓고, 동포 의식을 강하게 밝히는 어휘인 것으로 생각된다. 서윤순·오쿠야마 요코(2009)는 2008년 베이징올림픽의 텔레비전 뉴스 보도에서 한 일 비교를 하여, '한국 선수단'과 같은 표현을 하지 않고, 굳이 '우리 선수단'을 사용함으로써, 화자와 청자가 선수단과 같은 편에 속한다는 동일감이나 일체감, 유대감을 강조하고 동속이라는 친밀감과 같은 것들을 자아내고 있다고 고찰했다(p.30).

본문의 3. (2) 2)에서 언급한 '우리 선수단', '우리나라', '우리 선수', '우리 문화'도 서윤순·오쿠야마 요코의 지적대로 '한국(이라는)'으로 대체되는 것이며, 3. (2) 1) ①에서 언급했듯이 '한국팀', '한국 선수단'이라는 집단을 나타내는 어휘도 보인다. 그러나 '우리'를 사용함으로써 동포 의식이 명확하게 나타나, 결속력을 높이는 데 가장 좋은 어휘인 것으로부터, 통시적으로 보아도 제목에 있어서 '우리'가 많이 사용되는 것이라 할 수 있을 것이다. 한편 일본에서는 3. (1) 1) ①에서 분석한 대로 '니혼제이', '일본 선수단'과 같은 용어는 볼 수 있지만, '우리'에 해당하는 '우리(我が)', '우리들(我ら)', '우리들(私たち)'에는 동포 의식이 희박하기 때문에 그 사용은 1952년 헬싱키대회 '우리 선수단(我が選手団)', '우리나라(我が國)'에 그치고 더 이상 사용되지 않는다. 한편, 일본에서 많이 보인 모교나 직장에 관한 어휘는 한국에서는 전무하다. 이것도 응원하는 공동체를 일본과 같이 작은 그룹으로 세분화하는 것이 아니라 '우리'라는 동포 의식으로 한데 묶기 위한 것이 아닌가 생각된다.

---

19) 후루타 외(2001). 『이문화 커뮤니케이션 키워드 '새로운 자료'』. p.152 참조.

셋째, 위의 어휘 외에 빈출 어휘의 특징에 대해 살펴보자. 우선 경기 결과에 대한 단어를 빈도순으로 나열하면, 일본은 '금', '동', '메달', '은', '입상', '우승'순이고, 한국은 '금', '은', '메달', '동', '연패', '우승'순이 된다. 또한 '금', '은', '동'의 출현 수는 일본이 '금' 231개, '은' 144개, '동' 189개인 반면, 한국은 '금' 322개, '은' 113개, '동' 55개이다. 한국에는 상위어로 '입상'이 보이지 않는 것, 또한 '금'의 출현 수가 '은', '동'에 비해 돌출되어 있는 것, '연패'가 상위어에 포함되어 있는 것으로부터 정상에 서는 어휘의 비율이 일본에 비해 매우 높은 것을 간파할 수 있다. 특히 메달 통산 획득 수는 일본이 '금' 108, '은' 97, '동' 111개고, 한국이 '금' 68, '은' 74, '동' 71개인 것으로부터 한국 신문의 제목에 '금'이 얼마나 많은지 분명히 알 수 있다. 오구라(1998)는 한국 사회는 성선설(性善說)이라고 설명하고 성선설은 '끝없는 상승 지향의 철학(p.41)'이며, "무엇이든지 '수석', '톱(トップ)'은 칭찬받고, 반대로 '수석', '상위'가 아니면 '그냥 사람'이 된다. 2위, 3위가 평가되는 것은 있을 수 없다(p.43)"라고 설명했다. 한국 드라마에도 상승 지향이 강한 인물이 잘 그려지지만, 조희철(2006)에서도 "드라마의 테마로서 빠뜨릴 수 없는 빈부의 차이는 한국인 일반이 관심을 가지고 있기 때문이지요. 한국 사람은 다른 나라보다 훨씬 더 상승 지향이 강한 민족입니다. 현재의 생활에 별로 만족하지 않고 더 높은 곳을 목표로 최선을 다합니다(p.37)"라고 지적하고 있다. 이 장의 분석 결과에도 이 상승 지향이 여실히 나타나고 있다고 할 수 있을 것이다. 한편 일본 문화에는 '나온 말뚝은 정을 맞는다(出る杭は打たれる)', '횡렬 의식(橫並び意識)'이 뿌리 깊게 박혀 있고,

그 의식이 정점에 서 있는 어휘만을 돌출화시키지 않는 것이 한 요인이라고 볼 수 있다.

　다음 승패에 대한 어휘에 관해서는, 일본은 '승리'에 대한 용어는 '이기다(勝つ)'뿐이다. 반면 '지다'에 관한 단어는 '패배하다(敗れる)', '놓치다(逃がす)', '패배(敗退)', '떨어지다(落ちる)'로 어휘 네 개가 출현한다. 이에 비해 한국은 '승리'에 대한 용어는 '승리', '확보', '패배'에 관한 어휘는 '탈락', '참패'로 모두 두 어휘씩 출현한다. 게다가 일본은 한자어보다는 부드러운 표현인 고유어(和語)를 사용하는 반면, 한국은 고유어가 아니라 한자어를 사용함으로써 승패를 보다 명료하고 간결하게 표현하고 있다. 또한 일본에 대해서는 '첫', '눈물', '꿈', '기대'라는 감정과 관련 어휘의 비율이 '첫', '눈물', '기대'밖에 출현하지 않는 한국보다 높다. 여기에서 감정보다 승패, 특히 승리를 중시하고 그것을 한자어를 사용하여 제목에 올리는 것으로, 점점 독자의 관심을 끌고, 빠르게 이끌어나가는 것에 중점을 두는 한국과, 고유어의 심정적인 어휘를 이용하여 부드럽게 독자의 마음에 호소하려고 하는 일본이라는 차이를 간파할 수 있다. 이로써 강인한 한국, 유연한 일본이라고도 말할 수 있을까.

　다른 특징으로, 자주 사용되는 어휘가 포함된 제목 전체를 살펴보면, 제목이 긍정적인 의미를 가지는 것과 부정적인 의미를 가지는 것으로 분류되는 것을 알 수 있다. 예를 들면 제목 전체에서 '금메달을 땄다'가 되는지 '따지 못했다'가 되는지, '예상대로 활약했다'가 되는지 '기대를 저버렸다'가 되는지라는 것이다. 이러한 관점에서 부정적인 의미를 가진 제목의 비율을 비교하여 정리한 것이

<그래프 3>이다.[20]

　따라서 일본은 특히 '금', '메달', '우승', '예선', '진출', '첫', '기대'로 한국보다 부정적인 의미의 제목이 약 10% 이상 많은 것을 간파할 수 있다. '금', '우승', '진출', '기대'와 같이, 어휘 자체의 의미는 플러스이지만 제목 전체가 되면 부정적인 의미가 되는 비율도 높은 것이다. 즉, 한국에서는 긍정적인 의미의 어휘를 이용한 제목은 그냥 단순히 긍정적 의미로 해석 가능하지만, 일본에서는 제목 전체를 읽지 않으면, 플러스인지 마이너스인지를 확인할 수 없다는 것이다. 그리고 일본의 제목은 비록 어휘의 의미가 플러스라도 그 어휘의 의미를 부정하고 마이너스적인 사고로 덮어버린 것이 많다는 것이다. 이것은 약간 과장되게 말하면, 일본과 한국의 국민성의 차이로 이어진다. 앞에서 오구라(1998)는 한국은 낙천적인 사회라고 기술했다(p.32, p.41). 단순하게 긍정적인 것은 긍정적·플러스적인 사고로 나아가자는 낙천적인 한국에 비해, 무슨 일이든지 바로 비관적으로 파악해버리는 경향이 있는 일본 사회의 특징이, 이 장에서 분석한 올림픽 제목에도 나타나 있다고 볼 수 있다.

---

20) 빈출단어 각 합계 수와 빈출단어를 포함하는 제목이 부정적인 의미를 갖는 수의 비율을 냈다. 예를 들어 일본의 '금' 합계 231개 중 부정적 의미를 갖는 것은 35개가 있기 때문에 비율은 15.2%가 된다.

<그래프 1> 한일의 국가의식

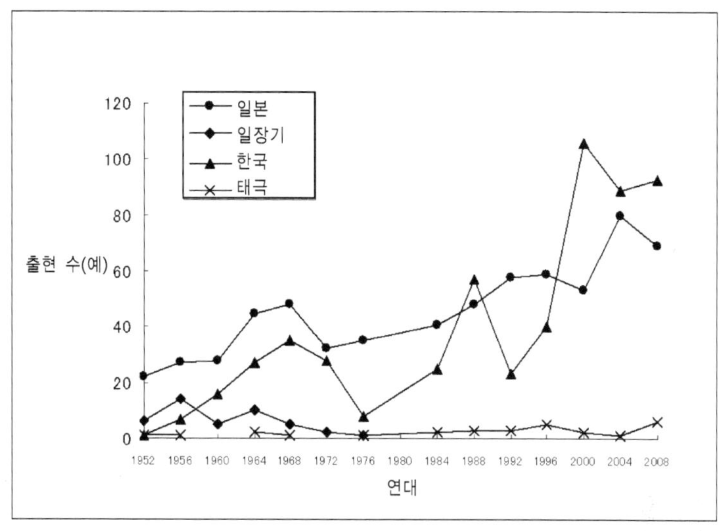

<그래프 2> 한일의 공동체의식

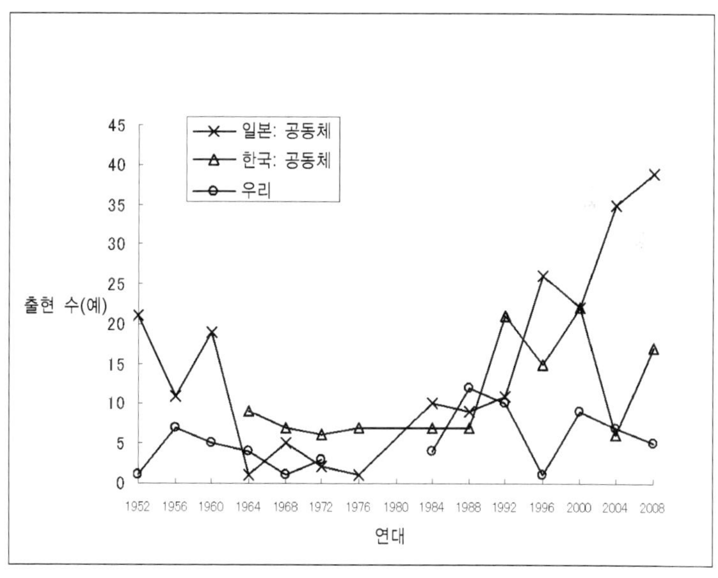

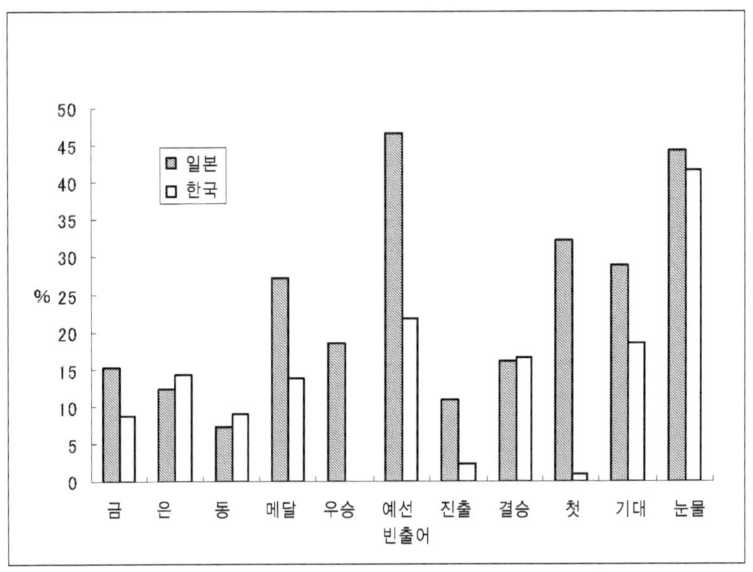

5. 정리와 향후 과제

이 장에서는 제2차 세계대전 이후 한일올림픽 신문 기사의 제목, 그중에서도 빈출 어휘, 공동체에 대한 어휘를 통시적으로 분석하고 비교하여, 양국의 국가 의식, 공동체 의식, 국민성의 차이를 엿볼 수 있었다. 그 결과는 다음 3가지로 정리할 수 있다.

① 한일 양국 모두 신문의 제목으로부터 국가에서 가족처럼 친밀한 공동체로의 회귀 같은 현상은 보이지 않고, 오히려 최근에는 '일본', '한국'을 포함한 어휘를 다용하는 것으로써, 국가의 존재를

어필하고 있는 것을 간파할 수 있었다. 그러나 한국은 두 대회를 제외하고 국가의 상징인 국기 '태극기'가 제목에 나타나는 데 비해, 일본에서는 '일장기'가 1976년을 기점으로 제목에서 사라지고, 제목에서는 '일장기'라는 어휘가 국가의 상징으로서의 기능을 잃고 있는 것을 엿볼 수 있었다.

② 한일의 친밀한 공동체 의식에 대해서는, 일본은 사회 상황과 함께 고도 경제 성장기에는 '가족'과 같은 공동체에 관한 어휘가 적지만, 한국의 어휘 사용에 관해서는 사회 상황과의 관련은 보이지 않는 것으로 밝혀졌다. 또한 일본은 가족에 관한 어휘 이외에 '모교'나 '직장'과 같은 작은 공동체에 관한 어휘가 출현하는데 비해, 한국에서는 이 어휘들은 보이지 않고, 동포 의식을 강하게 표출하고, 때로는 국가까지 포함하는 '우리'라는 특징적인 어휘의 출현이 눈에 띄었다.

③ 일본에서는 빈출 어휘 중, 패배에 관한 어휘가 많고, 언어 자체가 긍정적인 의미를 담고 있어도 제목 전체가 패배와 같은 부정적인 의미가 되는 비율이 한국보다 높았다. 한편 한국에서는 '금'과 같이 최상위를 나타내는 어휘, 승리에 관한 어휘의 비율이 높았다. 이 결과는 상승 지향이 강하고 낙천적인 한국 사회 국민성과, 횡렬 의식(橫並び意識)이 강하고, 사물을 비관적으로 파악하기 쉬운 일본 사회나 국민성이 나타나고 있다고 할 수 있다.

향후의 과제로는 고찰의 마지막에서 언급한 것처럼 제목이라는 담화 전체의 분석을 적극 추진해나가는 것을 들 수 있다. 어휘와 어휘의 연결뿐만 아니라 여러 문장으로 이루어져 있는 제목에 있어서 그들의 관계를 살펴보는 것으로, 제목이 어떤 어휘에 초점을 맞추고 있는지, 제목이 무엇을 말하려고 하는지가 더 명확해질 것으로 보이기 때문이다. 또한 서윤순·오쿠야마 요코(2009)가 실시한 TV 뉴스 보도 프로그램의 분석에 있어서는, 출현한 '우리'의 약 절반이 '우리나라'이지만, 이 장에서 분석한 신문 기사의 제목은 69개 중 단 5개밖에 출현하지 않았다. 이것은 구어와 문어의 차이인지, 신문 제목의 특징인지, 아니면 다른 요소의 영향을 받은 것인지에 대해서도 검토하고 싶다. 더욱이 올림픽에서 국기에 관한 어휘가 신문 제목, 칼럼, 인터뷰 등에서 어떻게 사용되고, 그것이 각각의 장면에서 어떤 역할을 하는지에 대해서, 동계올림픽이나 하계올림픽 기간의 다른 기사도 포함하여 분석해 보고 싶다.

참 고 문 헌

문화청 편(1997). 『신 '언어' 시리즈 6단어에 관한 문답집 – 외래어 편 – 』.
　　　도쿄: 대장성 인쇄국(大藏省 印刷局).

칼 디무 편(1962). 『피에르 쿠베르탱 올림픽의 회상(오시마 가마요시
　　　역)』. 도쿄: 베이스볼 매거진사(ベースボール・マガジン社).

조희철(2006). 『무작정 싫은 한국』. 도쿄: 그래프사(グラフ社).

e-Gov(이가부 전자정부 종합창구) <http://law.e-gov.go.jp/cgi-bin/
　　　strsearch.cgi> (2011년 1월 3일).

에구치 마리코(2009). 「인쇄 미디어의 언어 표현」. 『시리즈 아사쿠라
　　　<원어의 가능성> 7 원어와 미디어 정치』. 도쿄: 아사쿠라서점
　　　(朝倉書店). pp.49-69.

후키우라 다다마사(2010). 『알아두고 싶은 '일장기(日の丸)' 이야기』.
　　　가쿠켄신서 072. 도쿄: 가쿠켄 출판(學研パブリッシング).

후루타 아카쓰키・이시이 사토시・아베 료이치・히라이 가즈히로・
　　　구메 아키모토(2001). 『이문화 커뮤니케이션 키워드 '신판'』.
　　　도쿄: 유히카쿠(有斐閣).

요시다 히로시(1995). 『조선 민족을 해독』. 치쿠마 신쇼 021. 도쿄:
　　　치쿠마 서점(筑摩書房).

고하리 스스무(1999). 『한국과 한국인』. 헤본사 신서 024. 도쿄: 헤본사
　　　(平凡社).

국립국어원 <http://www.korean.go.kr> (2011년 1월 7일).

Koreabrand.net <http://www.koreabrand.net/jp/know/know_index.do>
　　　(2011년 1월 3일).

나가요시 기쿠코(2006). 「올림픽 관련 기사에서 볼 수 있는 국가의식

의 변용」.『연보 인간 과학(年報人間科學)』 제27권. pp.87-105.

일본 올림픽위원회 <http://www.joc.or.jp/index.html> (2010년 11월 27일).

일본 올림픽위원회 감수(1994).『근대 올림픽 100년의 발자취』. 도쿄: 베이스볼 매거진사(ベースボール・マガジン社).

Official website of the Olympic Movement <http://www.olympic.org/athletes> (2010년 11월 27일).

오구라 기조(1998).『한국은 하나의 철학이다』. 고단샤 현대신서 1430. 도쿄: 고단샤(講談社).

시가키 미쓰히로(2001). '국기 푸에르토리코(Puerto Rico)와 미국의 nation을 둘러싼 기호론.'토드 홀든(Todd Holden)'. 아베 히로시 편.『기호 읽기-언어 문화 사회-』. 센다이: 도호쿠대학 출판회(東北大學出版會).

서윤순·오쿠야마 요코(2009).「한일 '자국'과 '자기'를 나타내는 표현에 관한 고찰-2008년 베이징올림픽의 TV 뉴스 보도를 중심으로-」.『일본어 문학』 제42집. pp.23-48.

대한체육회 <http://www.sports.or.kr/index.jsp> (2010년 4월 30일).

데이터

일본
『아사히신문』 축쇄판(복각판). 1952년 7월, 8월.
『아사히신문』 축쇄판. 1956년 11월, 12월/1960년 8월, 9월/1964년 10월/1968년 10월/1972년 8월, 9월/1976년 7월, 8월/1984년 7월, 8월/1988년 9월, 10월/1992년 7월, 8월/1996년 7월, 8월/2000년 9월, 10월/2004년 8월/2008년 8월

한국
『조선일보』 <http://srchdb1.chosun.com/pdf/i_service/> (2010년 6월 30일).

1948년 7월, 8월/1952년 7월, 8월/1956년 11월, 12월/1960년
8월, 9월/1964년 10월/1968년 10월/1972년 8월, 9월/1976년 7
월, 8월/1984년 7월, 8월/1988년 9월, 10월/1992년 7월, 8월
/1996년 7월, 8월/2000년 9월, 10월/2004년 8월/2008년 8월

Comparing Japanese and Korean Newspaper Headlines during the Olympics

Chie Yamane-Yoshinaga · Jinny Park-Craig

This study analyzes and compares Japanese and Korean newspaper headlines, particularly characteristic words frequently used in headlines during post-Second World War Olympics. The following are the three purposes of the study: Olympics in recent times appear to have transformed into a competition between nations rather than a festival of peace. To determine if this is the case, the study analyzes whether the headlines use words related to the consciousness of the nation, such as the name of the country or its national flags. If not, it analyzes the relevance of using other words related to small and intimate communities, which express the essence of a family. Further, it analyzes whether these words relate to the social and cultural backgrounds of these two countries.

The results of the analysis are as follows:

1. It is clear that the headlines of both countries repeat the appeal to the existence of the nation by using 'Japan' and 'Korea' more often than they use

words that convey the feeling of small and intimate communities like family. However, while the word '*hinomaru*'(Japanese national flag) disappeared after 1976 corresponding word '*taikyokuki*'(Korean national flag) survived even during the last Olympics, which was held in 2008. This phenomenon shows that '*hinomaru*'s' role as the symbol of the Japanese nation is no longer prevalent in Japanese headlines.

2. As regards words representing a small and intimate community, their use was relevant to the social situation in Japan, although it was not so in the case of Korea. Moreover, Japan uses the words of small communities differently, such as '*bokoo*'(school graduated from) and '*shokuba*'(place of work), where as Korea uses '*uri*'(we, our group, our nation) to express deep patriotism.

3. Japanese newspaper headlines use more words having more negative connotation than those used in Korean newspapers. The ratio of negative meanings in Japanese headlines is higher as compared to that in Korean headlines although the words themselves have positive meanings. On the contrary, the percentage of words indicating top ranks such as gold or victory is higher in Korean headlines as compared with Japanese headlines. These results indicate that the Koreans are inclined to be more optimistic in character, whereas the Japanese are pessimistic.

オリンピック記事における日韓比較
－新聞の見出しをもとに－

山根智恵・朴珍希

　本稿は、語彙分析を通して日韓の社会的・文化的背景を明らかにするという目的の下に、日韓の新聞における、第2次世界大戦以降のオリンピック会期中の見出しに出現する頻度の高い語彙、特徴的な語彙を、通時的・量的に収集し、分析した。分析の観点は、①昨今のオリンピックは、国家間競争の観を帯びてきているが、見出しにはその国家意識を表出する語彙が多用されるのか。国家と対照的な家族・職場といった親密な共同体に関する語彙の使用状況にはどのような傾向が見られるのか、②国家や家族といった共同体以外の語彙にはどのような傾向が見られるのか、の2点で、その結果から両国の社会的・文化的背景との関わりについて考察した。

　考察から得られた知見は以下の3点である。

　1．日韓双方とも、新聞の見出しからは、国家から家族のような親密な共同体への回帰といった現象は見られず、むしろ近年においては「日本」「韓国」を含む語彙を多用することで、国家の存在をアピールしていることが見て取れた。ただし、韓国では2大会を除き、国家の象徴である国旗「太極旗」が見出しに現れるのに比べ、日本では「日の丸」が1976年を境に見出しから消滅しており、見

出しの中では「日の丸」という語が国家のシンボルとして
の機能を失っていることが窺えた。
　２．日韓の親密な共同体意識については、日本は社会
状況と連動し、高度経済成長期には「家族」のような共同
体に関する語彙が少ないが、韓国の語彙使用に関して
は、社会状況との関連は見られないことが明らかとなっ
た。また日本は家族に関する語彙以外に、「母校」や「職
場」といった小さな共同体に関する語彙が出現するが、
韓国ではそれらは見られず、同胞意識を強く表出し、時
には国家までを含む「ウリ」という特徴的な語の出現が目
立った。
　３．日本では、頻出語彙のうち、敗北に関する語彙が
多く、語そのものが肯定的な意味を含んでいても、見出
し全体では敗北のような否定的な意味となる割合が韓国
より高かった。一方韓国では、「金」のように最高位を示
す語彙、勝利に関する語彙の割合が高かった。この結果
には、上昇志向が強く、楽天的な韓国の社会や国民性、
横並び意識が強く、物事を悲観的にとらえやすい日本の
社会や国民性が現れていると言える。

关于奥运会报道的日韩比较研究
—以报刊的标题为中心—

山根智惠 · 朴珍希

　　本文试图通过词汇分析来阐明日韩两国的社会、文化背景，尽量搜集战后日韩两国有关历届奥运会的报刊标题进行研究，重点分析使用频度较高、具有特色的词汇的用法。研究课题如下：第一、历年的奥运会都存在着国与国相互竞争的倾向，两国的报刊标题是否使用了很多这种表露国家意识的用语？反之，有关家庭、单位等结成密切的人际关系共同体的词汇使用状况如何？第二、除了国家、家庭等共同体以外的词汇使用状况如何？本文围绕这两方面的问题，从两国的社会、文化背景方面来加以考察，得出了以下三个结论。

　　一、日韩双方的报刊标题均未出现由"国家"回归"家庭"等人际关系共同体的倾向。近几年，使用"日本"、"韩国"字眼的标题反而增多，使人明显感到是在为国家做宣传。但也有不同之处。韩国除了两届大会以外，报刊的标题都使用了作为国家象征的国旗——"太极旗"；而日本的报刊自1976年以后，在标题中就不再使用"太阳旗"了。可见"太阳旗"一词已经失去了作为国家象征的功能。

　　二、关于密切的人际关系共同体意识，随着日本社会进入经济高速成长期，有关"家庭"等共同体的词汇的使用频度逐渐减少；而在韩国方面，并不存在类似现象。除了有尖家庭的词汇之外，"母校"、"单位"等表现小规模共同体的词汇也会出现于日本的报刊。但在韩国，则不存在类似现象，引人注目的是"乌利"一词的用法，它多用来表示同胞意识，有时也包含国家的意思在内。

　　三、在日本方面，使用频度较高的词汇当中，有不少表现失败的用语。即使该用语本身具有肯定的意味，但整个标题却成为表示失败等否定性的意思。这种用法远远多于韩国。韩国的报刊则更多地使用"金牌"等表现力争上游、以及表示胜利等意思的词汇。我们可以从这一结果看出两国社会、以及国民性的不同之处：韩国人积极乐观、力争出人头地；而日本人则是喜欢互相攀比、为人处事容易陷入悲观情绪。

런던올림픽의 한일 신문 기사를 통한 고찰

야마네 치에 · 박진희

제2장
런던올림픽의 한일 신문 기사를 통한 고찰

1. 들어가기

올해도 4년에 한 번 열리는 스포츠 축제 올림픽이 런던에서 개최되었다. 7월 27일 오후 9시에 시작된 이 행사는 8월 12일 밤 역사상 최초로 한 도시에서 세 번째 개최라는 대역을 무사히 완수하고 폐막되었다. 이번 대회는 중국이 국가의 위신을 걸고 개최한 지난 베이징대회와는 달리 "올림픽의 주역, 국가에서 사람에게"[1], "선수를 위한 올림픽이었다"[2]라는 제목이 눈에 띄었지만, 과연 지금까지의 올림픽 보도와 비교하여, 올림픽 기간의 언론 보도에 변화가 있었던 것일까.

이 장에서는 야마네 치에 · 박진희(2011)[3]의 후편으로서 먼저 미

---

1) 2012년 7월 28일자. 『아사히 신문』 도쿄 본사판 조간. 유럽 총국장 · 사와무라 와타루.

2) 2012년 8월 13일자. 『아사히 신문』 도쿄 본사판 석간. IOC 회장의 코멘트 기사 제목에 의함.

3) 본서 제1장 일본어 버전이다.

디어의 신문 제목을 계속해서 주목한다. 그리고 양국의 신문 제목에 등장하는 빈출 단어, 공동체와 관련된 단어를 분석하고 베이징대회까지의 데이터와 비교한다. 다음으로 양국 신문 기사에 초점을 맞추어, 국기4)인 유도와 태권도, 또한 양국의 신문 기사5)에 보이는 상대국 신문 기사를 비교한다. 마지막으로 동일본대지진과 올림픽 기사의 관계에 대해 다룬다. 이러한 비교를 통해 올림픽이라는 내셔널리즘이 나타나기 쉬운 행사에 있어서 언어 사용과 그 배후에 나타나는 양국의 사회·문화에 대해 고찰한다.

2. 연구방법

야마네 치에·박진희(2011)와 같이, 『아사히신문』, 『조선일보』로부터 올림픽에 참가한 자국 선수에 관련된 제목을 수집했다. 『아사히신문』은 2012년 7월 26일부터 8월 14일까지 『조선일보』는 7월 27일부터 8월 14일까지이다. 그리고 그 기간에 수집된 데이터를 분석했다. 런던대회 참가국과 종목 수는 베이징대회 때와 같은 204개국, 302종목이다. 또한, 일본의 메달 수는 금 7개, 은 14개, 동 17개 총 38개로 사상 최대이며, 세계 6위였다. 한국의 메달 수는 금 13개, 은 8개, 동 7개 총 28개로 세계 9위이며, 금메달 숫자로는 세계 5위였다.

---

4) 일본에서는 유도에 대해 '오이에게이[お家芸; 대대로 그 가문에 전해지는 전문적인 기예. 그 사람이 가장 잘하는 것. 특기. 18번(다이지린)].' 한국에서는 태권도에 대해 '국기(國技)'가 사용되지만 여기에서는 야마네(2011)의 '국기'의 정의(그 나라에서 시작된 전통 스포츠)를 사용하고 있다. 더불어 야마네(2011)는 본서 제4장 일본어 버전이다.

5) 이 장의 신문 '기사'에는 '제목'을 포함하지 않는 경우와 포함한 경우 모두를 의미한다.

3. 데이터 분석

이 장에서는 먼저 야마네 치에·박진희(2011)에서 분석한 빈출 단어, 공동체에 대한 어휘에서 양국의 런던대회에서의 경향을 신문 제목을 통해 분석한다. 다음으로 제목뿐만 아니라 전체 기사 내용으로부터 양국의 국기(유도·태권도)와, 상대국의 기사에 대해 분석하고, 동일본대지진과 올림픽 기사의 관계에 대해 언급한다. 더욱이 제목 분석 내용은, 런던대회의 한일 비교뿐만 아니라, 1952년 헬싱키대회부터 2008년 베이징대회까지의 데이터도 비교하였기 때문에, 이 논문을 읽는 과정에서 야마네 치에·박진희(2011)를 참조하기 바란다.

(1) 제목의 특징

이곳에서는 야마네 치에·박진희(2011)의 제목에 출현한 베스트 20까지의 빈출 단어 및 가족이나 고향과 같은 선수의 공동체와 관련된 어휘를 살펴본다.

1) 빈출 단어(〈표 1〉 참조)

① 일본

국가를 나타내는 '일본'을 뜻하는 어휘의 총수는 63개로, 2008년 베이징대회 69개, 2004년 아테네대회 80개를 밑돌았지만, 역대 3위

이다. 특징으로는 '일본' 단독 사용이 39개, 61.9%로 베이징대회 이전 대회의 평균 52.1%에 비해 높은 것과, 표기에 대해서는 '일본(ニッポン)', '재팬(ジャパン)', 'JAPAN'은 전무하고, 'J'도 '세키즈카J(關塚J)'(축구), '사쿠라 J(さくらJ)'(하키) 2개, '페어리 J(フェアリーJ)'(리듬체조) 3개에 멈췄다는 것을 들 수 있다. 반면 경기의 결과를 나타내는 '은(銀)', '동(銅)', '메달'은 메달 획득 총수가 38개로 역대 최고를 기록했고, 은(銀)과 동(銅)의 숫자도 역대 최고였기 때문에 '은' 36개, '동' 47개, '메달' 43개로, 빈도도 역대 최고를 기록했다. '금(金)'에 대해서도 획득 수는 7개로 적었지만, 유일하게 유도 금메달을 획득한 마쓰모토 가오루 선수의 활약이 눈부셨던 것과, 레슬링의 요시다 사오리, 이초 가오루 두 선수의 우승 등 34개로, 이것도 아테네대회에 이어 역대 2위였다. 상위 진출 선수가 많았기 때문에 '결승', '준결승', '이기다(勝つ)'가 증가하고, '입상'이 감소한 것과, '패배(敗北)'를 나타내는 단어 중에는 한자어의 '패배(敗退)'이 돌출하고 더 나아가 고유어(和語)의 '떨어지다(落ちる)', '패배하다(敗水る)'도 증가한 가운데, '놓치다(逃がす)'만 감소한 것도 흥미로운 결과이다.

또 감정과 관련된 '첫', '눈물', '꿈', '기대'는, 베이징대회에 비해 '꿈'이 6개에서 11개로 늘었지만, '첫'이 31개에서 24개로, '눈물'이 11개에서 4개로 크게 감소하고, '기대'에 이르러서는 전무하다.

여기에서 빈도로 본 어휘의 특징은, 총수가 412개로 가장 많았던 아테네대회를 웃도는 결과가 된 것과 역대 최고 메달 획득 수에 따라, 경기 결과에 대한 어휘의 증가가 두드러지는 결과가 된 것을 들 수 있다.

② 한국

국가를 나타내는 '한국'을 뜻하는 어휘의 총수는 50개로, 2000년, 2004년, 2008년의 3개 대회에서 각 100개 전후였던 총수가 절반으로 급감했다. 또 '한국' 단독 사용이 과거 대회에서는 30% 정도인 것에 비해 29개로 약 60%로 급증한 것도 특징이다. 그러나 다음으로 많은 것은 '한국 축구', '한국 복싱'과 같은 '한국' 다음에 경기 종목이 추가되는 것에 대해서는 11개, 22.0%로 베이징대회까지의 비율 22.7%로 거의 변화가 없다. 표기에 관해서는, 'KOREA'는 없고 '코리아'가 2개, '코리안'이 1개에 그쳤다. 그중 2개는 '[팀 코리아](북과 남)로 출전한다면', '프런티어 코리안'으로 '코리아'의 앞 단어도 영어인 것이 특징이다.

다음 경기 결과를 나타내는 '금', '은', '동'은 금메달이 예상했던 10개보다 많은 13개였음에도 불구하고 금 43개, 은 11개, 동 8개로 모두 과거 3대회를 밑돌고 있다. 그러나 '메달' 20개, '결승' 12개, '출전' 9개, '연패' 8개, '진출' 7개는 지난 두 대회를 웃돌고 있고, 그중 '결승', '출전', '연패'는 사상 최대이다. 종합 성적으로는 베이징대회를 밑돌았으나, 목표로 한 금메달 10개를 웃도는 성적이었음이 이 숫자로 나타난 것으로 보인다. 그러나 '메달'은 '메달 놓쳐', '노메달' 같은 부정적인 의미로 사용된 것도 4개 있다.

다음으로 심정과 관련한 '첫', '눈물', '기대'에 대해서는 '눈물', '기대' 모두 3개에 그쳤지만, '첫'은 33개로 과거 최고이며, 게다가 지금까지 최다였던 2004년 아테네대회 21개의 1.5배 이상을 기록했다. 그것은 사격에서 진종오 선수와 김장미 선수, 체조에서 양학선 선수가 처음 금메달을 딴 것, 태권도에서 황경선 선수가 처음으로 2

연패를 달성한 것, 리듬체조에서 손연재 선수가 처음으로 결승에 진출한 것 등 쾌거가 계속된 것이 큰 이유라고 생각된다.

<표 1> 빈출단어(1952~2008년까지 비교)

순위	일본	1952~2008	런던	한국	1952~2008	런던
1	일본(日本)	645	63	한국	555	50
2	금(金)	231	34	금	322	43
3	결승(決勝)	205	33	은	113	11
4	동(銅)	189	47	첫	108	33
5	첫(初)	149	24	메달	95	20
6	메달(メダル)	147	43	우리	69	4
7	은(銀)	144	36	동	55	8
8	예선(予選)	133	24	진출	41	7
9	이기다(勝つ)	105	13	탈락	39	3
10	진출(進出)	100	10	결승	36	12
11	준결승(準決勝)	86	17	출전	32	9
12	입상(入賞)	81	8	태극	28	1
13	눈물(涙)	70	4	석패	28	0
14	놓치다(逃がす)	65	7	기대	27	3
15	패배(敗退)	60	24	연패	25	8
16	꿈(夢)	58	11	눈물	24	3
17	우승(優勝)	43	1	우승	24	1
17	지다(敗れる)	43	5	예선	23	4
17	일장기(日の丸)	43	0	승리	21	3
20	떨어지다(落ちる)	38	8	확보	20	1
20	기대(期待)	38	0			
	합계	2673	412		1685	224

여기에서 빈도로 본 어휘의 특징은, 총 224개로 과거 세 대회를 밑돌았지만, 금메달에서는 세계 5위, 메달 획득 수는 세계 9위라는 좋은 성적으로, 또 그것을 지지한 첫 쾌거가 많았기 때문에, 심정을 나타내는 '첫'의 증가가 두드러진 결과로 보인다.

2) 공동체와 관련된 어휘(〈표 2〉 참조)

① 일본

공동체에 관한 어휘는 다양하고 풍부하다. 그러므로 먼저 베이징까지의 역대 대회에 자주 나타난 어휘의 런던대회에 관한 상황을 언급하고, 다음으로 <표 2> 이외의 공동체와 관련된 어휘의 동향을 본다.

베이징대회까지 가장 많았던 '아버지'는, 런던대회에서도 메달을 딴 레슬링, 역도, 또한 트램펄린 선수가 아버지의 지도를 받았기 때문에, 6개로 가장 많았다. 이에 비해 '어머니'도 5개로 거의 같은 숫자이지만 주로 서포트 역할로 쓰였다. 이외에도 형제, 자매로 올림픽에 출전한(본 대회와 지난 대회 모두 포함) 선수가 여럿 있으며, 형제자매에 관한 어휘가 총 9개 보였다. 한편 '가족'은 2개에 그쳤으며, 선수와의 관계를 '가족'이라는 한 집단으로 파악하는 것이 아니라, '아버지', '어머니', '형제자매'와 같은 개인과의 관계로 나타나는 경향이, 특히 1996년 애틀랜타대회 이후에 현저하다.

이에 대해 '고향(地元; ※고향, 연고지, 출신지라는 의미를 가지나 이 장에서는 고향으로 통일함)', '모교'라는 가족 이외의 집단을 나타내는 어휘가 2004년 아테네대회부터 증가하고 있으며, 이번 대회에서도 '고향'이 6개, '모교'가 5개 보였다. '직장(職場)'6)이 오래간만에 3개 출현하고, <표 2>에서 언급된 어휘를 제외하고는 '동료'가 3개 보였다. 단체 팀의 멤버를 가리키는 것까지 합하면 '동료'도 5개 출현했다.

그 외에는 '선생님(先生)' 2개, '스승(師)' 2개, '은사(恩師)' 1개로 자신을 키워준 지도자에 관한 어휘가 5개 나온다. 현재 일본에는 학급 붕괴 등 교육 현장의 문제가 지적되는 경우가 많지만, 스포츠의 세계에서는 여전히 '스승'(師)의 존재는 크고, 또 올림픽 선수가 되어 좋은 스승을 만났다는 것을 이 숫자에서 엿볼 수 있다.

또한 총수는 베이징대회의 39개를 웃도는 41개에 달해 사상 최고를 기록했다. 2004년 아테네대회부터 빈도가 높아지고 있는 경향은, 런던대회에서도 마찬가지였다.

② 한국

빈출 단어 수는 지난 베이징대회와 비교하여 61개 감소했지만, 공동체에 대한 어휘는 19개로 1992년 바르셀로나대회, 2000년 시드니대회의 31개, 베이징대회 22개보다 적지만 1988년 서울대회와 같은 수로, 역대 세 번째로 많다. 그러나 과거의 대회까지 단연히 돋보였던 '우리'는 "아직 우리는 최고를 보여주지 못했다(축구)", "우리의 발은 당신의 손보다 빠르다(펜싱)", "너랑 장모님, 우리 딸 덕이야(복싱)", "'우리 측' 우발적 해프닝일 뿐(축구)"의 4개에 불

---

6) "직장"은 선수가 소속된 회사도 포함한다.

과하다. 이를 대신하듯이 지금까지 9개밖에 출현하지 않았던 '아버지'가 이번 대회에서만 7개로 매우 많이 나타나고 있다. 지금까지는 11개로 '어머니' 쪽이 훨씬 많았지만, 런던대회에서는 '어머니'는 3개로 '아버지'의 대약진을 볼 수 있다.

또 지금까지 많았던 '재외 한국인', '가족', '고향', '시민', '국민'이 모습을 감추고 있다. 가장 많았던 것은, 지금까지 베스트 20에 올라오지 않았던 '감독'으로, "김을용 총감독 선정 회생", "선수를 믿는 감독"등, 이번 대회에서는 11개 출현했다.

여기에서, '우리', '가족', '고향', '시민', '국민'이라는 집단 공동체를 나타내는 어휘가 이번 대회에서 '우리' 이외에는 모습을 보이지 않고, '우리'의 빈도도 적은 결과를 보였다.

<표 2> 공동체에 관한 어휘(1952~2008년까지 비교)

순위	일본	1952~2008	런던	한국	1952~2008	런던
1	아버지(父)	32	6	우리	69	4
2	고향(地元)	29	6	교민	14	0
3	가족(家族)	28	2	가족	13	0
4	어머니(母)	26	5	고향	12	0
5	모교(母校)	13	5	어머니	11	3
6	부모(両親)	9	0	딸	10	1
6	아내(妻)	9	0	아버지	10	7
8	직장(職場)	8	3	아들	9	1
9	딸(娘)	7	1	누나/언니	9	0
10	아들(息子)	6	0	시민	8	0
11	형/오빠(兄)	5	2	국민	8	0
11	형제(兄弟)	5	2	부모님	3	1
11	남동생(弟)	5	1	형/오빠	3	0
11	누나/언니(姉)	5	4	형제/남매	3	0
15	여동생(妹)	4	0	남편	2	0
15	남편(夫)	4	1	모자	2	0
15	아이(子)	4	0	약혼녀	2	1
15	응원단(応援団)	4	0	교포2세	2	0
19	서포터(サポーター)	2	1	아우	1	0
19	우리의(我が)	2	0	손자	1	0
21	할아버지(祖父)	1	0	선배	1	0
21	손자(孫)	1	0	후배	1	1
21	자매(姉妹)	1	1			
21	부자/모녀(親子)	1	0			
21	처자(妻子)	1	1			
	합계	212	41		193	19

(2) 국기에 관한 기사의 비교: 유도와 태권도

여기서는 양국이 발상지이기 때문에 특별한 의미로 거론되지만, 이번 대회에서는 성적이 저조했던 유도와 태권도의 기사에 대해 분석한다.

① 유도

유도가 올림픽 종목으로 채택된 동경대회부터 일본 남자는 매번 금메달을 따왔다. 발상국으로서 금메달을 따는 것이 지상 명령이며, 또한 그것이 암시적인 과제로 받아들여지고 있어서 그 부담은 큰 것이었다.[7]

이번 남녀 7체급에 출전하여, 남자는 처음으로 금메달 제로, 여자도 금메달 1개로, 예상했던 메달 수 10개를 뒤집고 7개에 그치고 말았다. 특히 남자 유도에서 첫 금메달 제로라는 결과가 보이기 시작한 8월 3일에는 '남자 유도 더 이상 질 수 없다. 오늘 최중량급 금메달에 마지막 찬스'라는 제목과 '유도가 정식 경기가 된 1964년 도쿄올림픽 이후, 지금까지 지켜온 금메달을 처음으로 못 따는 사태가 되겠다'라는 기사, 그리고 '일본 남자 유도는 계속 금을 따왔다'며 과거의 대회에서 딴 금메달 표까지 일면에 내세워서, 위기감을 부추기는 결과가 되었다.

더욱이 금메달 제로가 확정된 4일에는 "오이에게이(お家芸; ※ 대대로 그 가문에 전해지는 전문적인 기예)' 이제 옛날 일 유도 남

---

7) 본서 제4장 참조.

자 첫 금메달 제로 순위제도 대응 늦어 세계 수준 높아졌다'라는 제목과 '올림픽에서 계속 따온 유도 일본 남자 금메달 맥이 3일, 끊어졌다. 일본 유도계는 큰 충격을 받았지만, 그 서두는 이미 시작되었다', 'AP통신의 마리아 첸 기자는 "일본은 이미 특별하지 않을지도 모른다. 각 나라의 유도 스타일이 확립되고, 유도는 국제적인 스포츠가 되었다"고 말했다'는 기사, 그리고 유도 남자의 금·은·동메달 획득의 세계 분포 표와 획득 메달 수 1위부터 5위의 국가와, 그 국가의 금·은·동메달 획득 수와 함께 보여주고 있다. 또한 석간에서는 '23의 국가·지역 메달 획득 유도 모든 계급 끝났다'라는 제목과 함께, 런던 올림픽 유도의 남녀 금메달리스트의 체급별·성명·국가가 표로 정리되어 있다.

로스앤젤레스대회 금메달리스트 야마시타 야스히로가 8월 1일 칼럼에서 '전체 수준이 높아져 많은 나라가 메달을 딸 수 있게 되었다', 8월 4일의 칼럼에서는 '많은 선수가 힘껏 싸웠지만 실력이 부족했다. 대회 전부터 "남자는 금 제로도 있을 수 있다"라고 했지만, 그대로 결과로 나타났다. 겸허하게 받아들이지 않으면 안 된다. 금메달 3개로 분발한 러시아는 두 번째, 세 번째의 선수층도 두텁고 젊은 선수도 성장하고 있다. 두 체급을 제압한 한국은 진 체급도 실력 있는 선수가 즐비하다. 일본은 앞으로 상당히 노력하지 않으면 점점 더 어려워질 것이다'라고 객관적으로 비평하고 있지만, 그 이외의 지면에는 위와 같이 남자 유도가 금메달을 따지 못한 충격을 대대적으로 다루고 있다.

그러면 개별 결과에 대해서, 제목은 어떻게 다루어지고 또 압력을 느끼면서 경기에 임한 선수들은, 자신의 결과를 어떻게 받아들이고 있는 것일까. 다음은 선수별로 제목과 인터뷰 담화를 설명한다.

예 1) 히라오카(남자 60 kg급, 은메달 7.29)[8]

[히라오카, 집대성의 은. '이것밖에 없다' 갈고닦은 업어치기]

[가슴을 펴자, 은이다. 어머니 · 처자 짊어지고 임한 경기장]

　· 너무 쉽게 생각했다. 던지는 각도라든가 더 생각했더라면

　· 왜 못 이긴 걸까. 졌을 때 그렇게 생각했다.

　· 베이징에서 진 후 다음 올림픽만을 생각해 왔다. 내가 금을
따서 후배에게 연결해 주었어야만 했는데, 그것을 못 해서 분하다.

예 2) 후쿠미(여자 48 kg급, 노메달 7.29)

[후쿠미, 비원 못 이루다]

[멀어진 금. '이것이 올림픽' 입술 깨물었다]

　· 평생 아쉬움이 남는 경기라고 생각한다.

　· 이것이 올림픽이라고 생각합니다. 결과를 내지 못해 정말 분
합니다.

예 3) 에비누마(남자 66 kg급, 동메달 7.30)

[에비누마, 역경에서 진가. '하루로 바뀔 수 있다' 가르침 가슴에]

[세상 떠난 스승에게 바치는 '동' 에비누마, 참고 기다린 한판승]

[동의 에비누마, 자신의 경기 못 펼쳐. 남자 66 kg급]

---

8) 예 1~14, 19~23은 선수 이름, ( )에 선수의 체급 또는 종목명, 메달 획득의 유무, 기사 게재 날짜,
　[　]에 제목, '·' 뒤에 기사 발췌순으로 적고 있고, 예 23~28은 종목명, ( )에 기사 게재 날짜,
　[　]에 제목, '·' 뒤에 기사 발췌순으로 적고 있다. 또 예 15~18의 ( )에는 날짜를 기록하고 있다.

· 판정이 번복되는 등 여러 차례 해프닝이 있어서, 그렇지만 경기장 응원단의 응원 덕분에 딴 동메달입니다.

· 금메달만 목표로 해왔기 때문에, (※이걸로는) 안 된다고 생각합니다.

· 감독과 함께 싸워

예 4) 나카무라(여자 52kg급, 노메달 7.30)

[나카무라, 숙적에 첫 경기 패배]

[나카무라, 눈물 삼킨 4년]

· 아직 자신의 실력이 부족하다고 생각했다.

예 5) 나카야(남자 73kg급, 은메달 7.31, 8.1)

[나카야, 조르기(寝技) 기술의 산물. 갈고닦은 발차기(立ち技). 만능형에 도약]

[나카야, '은' 어머니와 함께 땄다. '다음에는 꼭' 꿈은 끝나지 않았다.]

[은의 나카야, 시선은 다음으로]

· 결승은 상대에게 유효를 뺏기고 나서, 아직 1분 반 정도 경기가 있었는데 끝까지 공격하지 못하고 따라잡지 못했다. 몹시 후회가 되는 경기가 됐다.

· 금메달을 가져가는 것을 목표로 하고 있었기 때문에 이 색의 메달은 별로 기쁘지 않다. 다음에 참고가 될 수 있도록 노력하고 싶다.

· 몹시 후회가 되는 경기이다. 금메달밖에 꿈꾸지 않았기 때문에

· 아주 분했지만, 하룻밤 자고 나서, 자신의 실력으로는 아직

은메달밖에 따지 못한다는 것을 실감했다.

· 지고 또 지더라도 응원해주는 사람9)

· 어머니는 신이라는 생각이 들었다(※언제나 나를 믿어주고 자신감에 찬 어머니 덕분에 은메달을 땄다).

예 6) 마쓰모토(여자 57kg급, 금메달 7.31, 8.1)

[마쓰모토, 금. 일본팀 처음, 멈추지 않는 맹렬한 공격. 정점]

[마쓰모토, 야생의 예리한 기술, 궁지에 몰린 일본 유도 구했다]

[마쓰모토, '금' 잘했다. 야수가 찌르는 눈빛, 마지막에 보인 눈물. 모교·환호 폭발]

[마쓰모토, 자신에게 다짐한 금. 정신력은 절대 지지 않아. 마지막 1초까지 싸워]

[금메달, '24년 모든 응축' 마쓰모토가 회견]

[연장전 금에 후배 감격. 유도·마쓰모토 선수의 모교 데이쿄대 좋은 선배, 활약 예감. 견실함 주효]

[이키토 미야비(※멋있고 우아한, 동경 스카이트리의 라이트업된 모습), 트리도 축복]

· 혼자서 딴 금메달 아니라고 이긴 순간에 생각했다. 일본 최초의 금은 기쁩니다. 1등이라는 것은

· 두 명(후쿠미, 나카무라)이 응원해주어서, 그 몫까지 최선을 다하려고 했다.

· 1등은 좋아하니까 기쁩니다.

---

9) 어머니에 대한 찬사이다.

· 세계 선수권과 다르게 올림픽은 대표가 한 사람. 연단에서 들은 국가는 지금까지와 전혀 달랐다.

· 일본 유도다운 한판승이 되지 않았지만, 체력이 따라주어서 계속 끝까지 싸웠다. 금메달을 따기 위해 걸어왔기 때문에 기뻐서 나도 모르게 눈물이 복받쳐 왔다.

· 빅 파르페가 먹고 싶지만, 선수촌에는 없다.

· 과자나 아이스크림을 좋아하는데, 금지령이 나 있었다. 그것을 참는 것이 괴로웠다.

예 7) 나카이(남자 81 kg급, 노메달 8.1)

[나카이, 메달 놓치다]

· 선배들이 여기까지 메달을 따왔는데. 자신도 전통을 지키고 싶었다. 정말 메달을 따고 싶었다.

예 8) 우에노(여자 63 kg급, 동메달 8.1)

[우에노, 포기하지 않아. 동]

[우에노, 언니를 따라가다]

[우에노, 새 출발하여. 동]

· 올림픽은 신선한 느낌이었다. 끝나고 보니 즐거웠다.

· 믿음직한 언니가 있어 좋은 본보기가 되었다. 좋은 환경 속에 있었습니다.

· (※마음이) 홀가분해졌습니다.

예 9) 니시야마(남자 90kg급, 동메달 8.2)

[니시야마, 판정에 굴하지 않은 의지]

· 모든 경기 이기고 싶었다. 만족한 경기가 아니라도 좋으니까 이기고 싶었다.

예 10) 다치모토(여자 70kg급, 노메달 8.2)

[다치모토, 메달 놓치다]

· 아까운 역전패였다.

예 11) 아나이(남자 100kg급, 노메달 8.3)

[남자 유도 더 이상 질 수 없다. 오늘 최중량급 금메달에 마지막 찬스. 아나이, 2회전에서 패배]

[아나이, 에이스로서의 압력]

· 이것이 승부라고 생각한다. 응원해준 사람들에게 감사합니다 라는 마음과 이기지 못해 죄송합니다라고 말하고 싶은 심정입니다.

· 조르기도 확실히 연습해 왔다. 그러나 인내가 부족했다.

예 12) 오가타(여자 78kg급, 노메달 8.3)

[오가타, 2회전 패배]

· 아주 번쩍거리는 곳에서 (※가슴이) 두근거렸다. 열심히 하자 고 생각했다.

· 뺏고 빼앗기는 사이에, 평소보다 자신다움이 부족했다.

· 적극적인 유도를 더 추구하고 싶다.

예 13) 가미카와(남자 100㎏ 이상 급, 노메달 8.4)

[가미카와, 집념 어디로]

· 어쨌든 금메달을 따고 싶었다.

예 14) 스기모토(여자 78kg 이상 급, 은메달 8.4)

[스기모토, 상처투성이의 훈장. ‘부상은 의미가 있다’]

[스기모토, 결승 공격 못 하고]

· 금메달을 목표로 했기 때문에 분하다. 마음껏 공격했으면 좋았을 것을

· 조금 쉬고 나서 오키나와에 가고 싶다.

출전 선수 14명의 결과는, 금메달 1명, 은메달 3명, 동메달 3명, 노메달이 7명이다. 제목은 메달을 놓친 7명의 선수는 ‘비원 못 이루다’, ‘첫 경기 패배’, ‘메달 놓치다’처럼 결과를 받아들인 문구가 사용되고 있다. 반대로 메달을 딴 선수에 관해서는 금메달을 획득한 마쓰모토 선수에 ‘궁지에 몰린 일본 유도 구했다’라는 최대의 찬사는 두고, 그것이 금메달이 아니어도 ‘가슴을 펴자’, ‘역경에서 진가’, ‘만능형에 도약’, ‘포기하지 않아서 동’, ‘판정에 굴하지 않은 의지’처럼 긍정적인 제목이다. 그러나 은메달 스기모토 선수, 동메달 에비누마 선수는 ‘결승 공격 못 하고’, ‘자신의 경기 못 펼쳐’같이 부정적인 제목도 출현하고 있다.

한편, 선수의 인터뷰 담화는, 금메달을 획득한 마쓰모토 선수의 “일본 최초의 금은 기쁩니다”, “1등은 좋아하니까 기쁩니다”, “빅 파르페가 먹고 싶다”는 솔직한 기쁨의 표출과 여유 있는 장난기의

담화를 제외하고, "왜 못 이긴 걸까", "평생 후회가 남는다", "아직 자신의 실력이 부족하다고 생각했다", "금메달만 목표로 해왔기 때문에, (※이걸로는) 안 된다고 생각합니다", "금메달을 가져가는 것을 목표로 하고 있었기 때문에 이 색의 메달은 별로 기쁘지 않다", "정말 메달을 따고 싶었다", "모든 경기 이기고 싶었다", "'이기지 못해 죄송합니다'라고 말하고 싶은 심정입니다", "어쨌든 금메달을 따고 싶었다", "금을 목표로 했기 때문에 분하다"와 같이 메달을 획득하여도 획득하지 못해도, 패자의 변명임이 분명하다. 특히 남자 선수 모두가 승패에 집착한 발언을 하여, 일본의 남자 유도 선수가 짊어진 숙명을 느끼게 한다.

이 경향은 야마네(2011)의 베이징올림픽 인터뷰 담화와 같지만, 거기서 언급된 또 다른 경향, 가족이나 신세를 진 사람에 대한 감사의 뜻의 표출도 마찬가지이다. 14명의 선수 중 6명의 선수에게서 "경기장 응원단의 응원 덕분에 딴 동메달입니다", "감독과 함께 싸워", "어머니는 신이라는 생각이 들었다", "혼자서 딴 금메달 아니라고 이긴 순간에 생각했다", "믿음직한 언니가 있어 좋은 본보기가 되었다. 좋은 환경에 있었습니다", "응원해준 사람들에게 감사합니다라는 마음과 이기지 못해 죄송합니다라고 말하고 싶은 심정입니다"의 담화가 보이기 때문이다. 또 하나의 경향인 '한판승에 대한 집념'에 대해서도 '참고 기다린 한판승'이라는 제목, "일본 유도다운 한판승이 되지 않았지만, 체력이 따라주어서 계속 끝까지 싸웠다"라는 마쓰모토 선수의 담화에서, 각국 선수의 수준이 높아져 간편하게 한판승을 이루기 어려워진 지금의 대회에서조차도 전통의 '한판승'이라는 말이 살아 숨 쉬고 있다는 것을 엿볼 수 있다.

② 태권도

지난 베이징대회에서는, 출전한 4명의 선수 모두가 금메달을 딴 한국이지만, 국제화가 진행됨에 따라 유도와 마찬가지로 세계 각지에서 강호 선수가 출현하게 되었다. 그 결과 이번 대회에서는 금메달, 은메달 각각 1개를 획득하는 데 그치고, 나머지 두 체급에서는 메달 획득에 실패했다. 이 국제화의 모습을 신문에서는 다음과 같이 전하고 있다.

예 15) 한국 태권도는 2008베이징올림픽에서 금메달 4개를 휩쓸었다. 런던에서도 4년 전의 영광 재현을 노리지만 현실적인 목표는 2~3개로 잡고 있다. 세계적으로 전력 평준화가 뚜렷해지면서 종주국인 한국의 위상이 예전 같지 않기 때문이다(8월 8일).

예 16) 2008년 베이징올림픽에서 한국은 태권도 4개 체급(전체 8체급)에 선수를 내보내 모두 금메달을 땄다. 그러나 이번 올림픽에선 첫 주자였던 이대훈(20 · 용인대)이 아쉽게 은메달에 그쳤다. 한국이 태권도 종주국의 자존심을 지키고 베이징대회(금 13 · 은 10 · 동 8개)를 뛰어넘는 역대 최고 성적을 올리느냐는 차동민 · 이인종의 발끝에 달렸다(8월 11일).

예 17) 종주국 한국이 호령하던 태권도에서 외국 선수들의 선전이 눈에 띈다(8월 11일).

예 18) 태권도가 정식 종목으로 채택된 2000년 시드니올림픽 이후 올림픽 태권도에서 금메달을 딴 국가가 점차 늘며 태권도의 '세계 평준화'는 점점 빨라지고 있다. 런던올림픽 태권도 경기 이틀째인 10일까지 나온 네 개의 금메달이 중국, 스페인, 영국, 터키에 돌아갔다. 2008년 베이징올림픽 당시 총 8개 금메달을 한국(4개) · 멕시코(2) · 중국(1) · 이란(1) 등 주로 아시아에서 나눠 가진 것과 비교하면 유럽의 약진이 눈에 띈다(8월 11일).

이런 가운데 올림픽 정식 종목으로 채택된 것은 2000년 시드니 대회부터로, 유도 1964년에 비해 상당히 느린 태권도는 이번 패배를 개별 선수의 패배로 보고, 국기(國技)의 궁지(窮地)로 인식하는 표현은 눈에 띄지 않는다. 또 이 원인으로, 베이징대회 금메달리스트를 키운 문원제 한국체대 교수가 영국팀 코치에 취임하는 것 같은, 최근 어느 나라에도 존재하는 코치의 해외 유출이, 오히려 태권도의 세계 보급에 따른 당연한 결과로 받아들여진 감이 있다.

국기의 궁지라는 의식이 유도에 비해 얕은 배경에는 또 다른 이유가 있다. 그것은 올림픽 비대화의 검토를 위해 행해지는 종목 감축 대상에, 태권도가 거론되고 있었다는 것이다. 이 '올림픽 퇴출설'에 시달린 세계태권도연맹은 '대대적인 혁신'에 나서 채점 방식의 변경, 전자방어구 및 비디오판독 도입을 단행했다. 예를 들어, 채점 방식은 공격을 차별화하고 2점의 머리 공격에 최대 4점(기본 3점에 회전 공격 시 1점 추가)까지 준다는 것이었다. 더욱이 10초 동안 공격이 없으면 감점하는 '10초 룰'도 도입했다. 이렇게 함으로써 긴장감이 넘치고 또한 정확한 판정도 할 수 있게 된 것으로, 존속 가능성이 높아졌다고 할 수 있지만, 이 '생존'의 위기 쪽이 국기의 궁지보다 더 심각해진 셈이다.

그러면 선수에 관한 제목과 인터뷰 기사는 어떤 것이 있을까. 다음 예를 보기로 하자.

예 19) 이태훈(남자 58kg급, 은메달 8.8, 8.10)

[체중조절 실패……. 울어버린 태권V; 그랜드슬램 노려 한 체급 낮춘 이대훈, 은메달]

· 금메달은 물론 박진감 넘치는 경기로 사람들에게 태권도의 재미를 알리고 싶다(8.8).

· 스페인 선수가 나보다 잘했다.

· 나도 열심히 훈련한다고 했는데 은메달에 그친 걸 보면 흘린 땀이 부족했던 것 같다. 더 독하게 준비해서 4년 뒤엔 반드시 시상대 맨 위에 서겠다.

예 20) 차동민(남자 80kg 이상 급, 노메달 8.8, 8.11)

[태권도 평준화됐다지만……. 이 발에 종주국 자존심 건다; 오늘 예선, 내일 결승……. 차동민 2연패 도전, 서른 살 이인종 첫 출전]

· "베이징올림픽 당시 결승전이 야구 결승과 겹쳐 금메달 따는 장면을 가족도 TV로 못 봤다"며 "이번엔 차동민의 이름을 확실히 알리겠다"(8.8).

· 이번에는 내가 주인공

예 21) 이인정(여자 67kg 이상 급, 노메달 8.8, 8.11)

[태권도 평준화 됐다지만……. 이 발에 종주국 자존심 건다; 오늘

예선, 내일 결승……. 차동민 2연패 도전, 서른 살 이인종 첫 출전]

· 이번엔 반드시 금메달을 목에 걸고 돌아오겠다(8.8).

· 서른 잔치, 이제 시작

· 짝사랑하는 '교회 오빠'가 있는데, 올림픽에서 금메달을 따고 당당히 프러포즈할 것

· 사랑과 금메달을 모두 잡고 싶다.

예 22) 황경선(여자 67kg급, 금메달 8.13)

· '기록의 태권V' 황경선 올림픽 첫 2연패; 한국 태권도 유일한 금메달……. "투병 중인 어머니께 바친다."

· 26년 동안 자식들만 바라본 어머니께 금메달을 바친다. 한국에 돌아가면 부모님 모시고 제주도 여행을 가고 싶다.

여기부터는 신세를 진 가족에게 감사의 뜻이나, 금메달에 대한 강한 결의, 다음 대회에서의 리벤지 등, 일본의 유도 선수와 다르지 않은 마음가짐을 이야기하는 것을 알 수 있다.

(3) 상대국에서 본 한국과 일본

런던대회에서는 국적을 변경한 선수나 양국의 대결 등으로 서로 상대 나라에 대한 기사가 눈에 띄었다. 여기서는 그 기사에 출현한 '한국'과 '일본'에 대해 다룬다.

① 일본의 기사에 출현한 '한국'

여기에서는 여자 양궁(예 22), 남자 유도(예 23), 남자 축구(예 24), 여자 배구(예 25)의 네 종목을 본다.

먼저 국적을 변경하고, 일본 여자 양궁계에 처음으로 메달을 따게 한 주인공이 된 하야카와 선수가 거론되고 있다. 그러나 올림픽의 경우 다른 대회와 달리, 국가 대표로 출전하기 때문에 활약해주면 국적을 변경하여 자국민이 된 나라에서는 칭찬을 받지만 반대인 입장인 나라에서는 비난의 대상이 되며, 또 활약을 제대로 못하면 변경한 국가에서 비판을 받는 것으로 연결된다. 개인으로서의 경기 결과뿐만 아니라 '일본'과 '한국'의 양국을 의식하지 않을 수 없는 어려움을 다음 문구로부터 엿볼 수 있다.

다음으로 남자 유도에서는, 판정을 둘러싼 문제와 한국 선수의 활약이라는 시점에서 거론되고 있다. 이번 대회에서는 유도 이외에도 오심에 시달렸던 한국이지만, 조준호 선수와 에비누마 선수의 경기에서 깃발 판정이 번복된 전대미문의 판정이 나왔다. 이에 대해 신문 기사에서는 최종 판정뿐만 아니라, 이전의 판정도 함께 다루고 있다. 그리고 에비누마 선수가 승자가 된 판정에 만족하는 것이 아니라, 심판위원의 문제점을 지적한 객관적인 의견도 실려 있다. 또 한국 유도의 부활에 대해, 일본의 한심함과는 대조적으로 그 훌륭함을 칭송하고 있다.

셋째, 남자 축구는, 3위 결정전과 한국팀의 코치인 이케다 씨에 대해 언급하고 있다. 그리고 이케다 피지컬 코치의 존재가 중요했다는 것, 또 J리그에 재적 중인 한국 선수의 존재가 승리에 크게 공헌한 것으로 거론되고 있는 점은 다소 생색내는 것으로 들린다. 그러나 한국이 일본보다 국제화 대응에 뛰어나다는 것은 솔직하게 평가하고 있다. 병역 면제라는 한국의 특수 사정도 지적되고 있지만, 그것에 대해 부정적인 표현보다는 양국의 활약이 국가를 넘어 아시아 축구의 미래로 이어지는 기대가 담긴 내용이다.

마지막으로, 같은 동메달을 다툰 여자 배구에 대해서도 거론하고 있지만, 3위를 차지했음에도 불구하고, 남자 축구보다 기사의 분량은 적다. 다만 만만치 않은 한국의 실력에 대해서는 언급하고 있다.

예 23) 하야카와 렌(여자 양궁 단체 동메달 7.30, 8.3, 8.14)

[리더 하야카와 동, 은의 화살 쏜다. 한국에서 국적 변경. '다음은 언니와 함께 금']

[두 나라의 틈새 마음 흔들린 양궁 하야카와]

· 이날은 준결승에서 2명의 모국인 한국과 맞붙었다. "특별한 생각은 없다"라고 말했지만, 실력을 다 발휘하지 못했다. "마음속에 동요가 있었다"고 생각한다.

· 자매의 올림픽 출전과 타도 한국과 금메달. 그런 꿈은 4년 후까지 계속된다.

· '국적을 바꾼 선수'라고 보도될 때마다, 너무 심한 비판이 들렸다. 한국 SNS[10])에는 '국가를 버렸다'라고 쓰여 있고 일본의 게시판에는 '한국으로 돌아가라'라고 쓰여 있다. 한편으로는 많은 축복을 받았다. 한국 고향 친구로부터, 대학 친구로부터, 직장 동료로부터. 신카이 씨는 개인전 경기 전에 격려해주었다. "괜찮아. 렌은

---

10) SNS는 소셜 네트워킹 서비스의 약자로, 소셜 네트워크를 인터넷상에서 부여하는 서비스이다. 대표적인 것으로, mixi(믹시)와 facebook(페이스북)이 있다.

일본사람이니까."

· 경기 후에 "일본에 양궁를 널리 알리고 한국과 좋은 승부가 되게끔 하고 싶다. 제가 이끌어 나가겠습니다"라고 말했다.

· 하야카와는 올 시즌 부진이 계속되고 있었지만, 가니에는 믿고 있었다. "렌이라면 괜찮을 것이라고 생각했습니다."

예 24) 남자 유도(7.30, 8.2, 8.4, 8.9)

[에비누마, 동. 유도 66kg 준준결승 깃발 판정 번복되다]

[오심 올림픽. 화난 한국 수영·유도……. 불리한 판정 속출]

· 조준호(한국)와의 준준결승에서 주심과 부심 3명에 의한 깃발 판정에서 패한 것이 되었지만, 심판위원의 지적으로 재판정을 하게 되어, 결과가 뒤집히는 전대미문의 사태가 벌어졌다.

· 이번에는 심판위원이 에비누마 선수의 '유효'를 취소하고 더욱이 깃발 판정으로 다시 한 번 취소를 요구한 것이다.

· 국제유도연맹 바르코스 심판위원장은, "'유효'는 우리의 책임 하에 취소시켰다. 우리(심판위원)는 전원이 흰색(에비누마)이 우세하다고 판단했다"고 말했다.

· 전 일본 유도연맹의 요시무라 가즈로 강화위원장은 "심판위원이 경기 전체를 멈추게 하고 지적하는 것이 너무 많다. 상대 쪽 깃발이 오르는 것 자체가 원래 이상하다"고 말했다.

· 가장 가까이에서 보고 있는 주심, 부심 2명 전원이 '유효'라고 판단한 것이니까, 취소할 필요는 전혀 없었다. …… 심판위원은 주로 3명으로 두 경기의 경기장을 체크하고 있다. 연장까지 8분 동안 계속 감시하기는 어렵다. 문제가 된 경기, 초반은 한국 선수가

압도적으로 공격했다. 3대 0 여부와 상관없이 전체적으로 판단하
면, 한국 선수의 깃발을 올리는 판정도 있을 수 있을 것이다(오카
다 히로타카 전 일본 유도연맹 심판부위원장, 바르셀로나 올림픽
동메달리스트).

　·　2체급을 제압한 한국은 진 체급도 실력 있는 선수가 즐비하
다(야마시타 야스히로).

　·　남자 90kg급의 기자회견에서 한국 기자가, 동메달의 니시야
마 선수에게 "일본이 메달을 독점하지 못한 것에 대해 어떻게 생각
하느냐"고 질문하자, 니시야마 선수는 "요즘 일본 유도는 약하다는
말을 듣는다. 너무 분하다"고 대답했다.

　·　81kg급의 김재범(한국)은 2008년 베이징대회 결승에서 패한
비쇼프(독일)에게 설욕을 했다.

예 25) 남자 축구(8.10, 8.11, 8.12)

[동메달 걸고 새벽에 한국전]

[남자, 전선(前線)의 접전이 열쇠. 내일 새벽, 한국과 3위 결정전.
나가이 부상이 영향. 역전은 지극히 어렵다]

[전우 그리고 라이벌. 한국 대표 5명이 J리그 소속. 남자 한일전]

[한국 대표, 일본인이 지탱해. 남자 축구. 이케다 코치. 일본과 큰
무대에서 싸울 수 있는 것은 행복하다]

[축구, 한국에 패해 4위. 남자 한 발 남기고 넘을 수 없는 벽, 분
함을 가슴에]

[아시아로서 자랑스럽다]

[메달 한국 비원]

· 한국에는 20세 이하 월드컵 출전권을 건 경기에서, 4년 전과, 2년 전 연속으로 패했다. 기요타케는 "한일전은 특별한 경기다. 이겨서 일본이 강하다는 것을 보여주고 싶다"고 설욕을 다짐했다.

· 한일 선수들은 J리그의 클럽에서 함께 싸우는 동료이기도 하다. 한국 선수는 일본과 같은 해외에서 플레이를 원해, 일본은 가장 가까운 이적 처이다. 한국 대표를 이끄는 홍명보 감독도 J1 가시와 등에서 활약한 한국인 J리가의 개척자이다. "일본에 대해서는 잘 알고 있다. 팀에 J리가가 많은 것도 도움이 된다"고 말했다. 일본 대표팀 주장 DF 요시다 마야 선수는 "한국 선수에게는 (메달 획득에 의한) 병역 면제도 달려 있다. 틀림없이 힘든 경기가 될 것"이라고 말했다.

· 첫 메달 획득을 기뻐하며, 태극기를 내걸고 피치를 뛰어다니는 한국 선수들. 일본 선수들이 주저앉아 있는 가운데 주장을 맡은 DF 요시다 마야 선수는 마지막까지 굴욕적인 장면을 지켜보았다. "이것이 현실이다. 마음속에 깊이 새겨두었다. 축구를 그만 두는 날까지 오늘 일은 잊을 수 없다."

· 한국이 선제골을 넣으면 단번에 "대-한-민-국!(대한민국)"이 울려 퍼진다. 환희로 들끓는 한국 응원단. "올림픽 4강에 한국과 일본이 출전한 것 자체가 아시아 축구에 있어서 대단히 훌륭한 것이다. 사실은 결승전에서 만나고 싶었다."

· 코리아타운으로 알려진 도쿄 신오쿠보. 한국 요리점 '도마토리'는 한일 양 국민을 합쳐 약 30명의 응원단이 몰려들었다. 전반 38분의 한국 선제골에는 "앗싸(만세)"라며 승리의 포즈.

· 한국의 기세를 드높이는 선제골을 빼앗은 선수는 27세의 에

이스 FW 박주영이었다.

· 오버 에이지 팀에서 올림픽에 참가한 것은, 클럽에서 필수적인 전력이 아닌 것에 대한 반항이다. 그런 굴욕을 긍정적인 실력으로 바꿨다. 추가 득점도 독일에서 활약하는 MF 구자철. "한국인에게는 중요한 경기였다. 첫 메달리스트가 된 것을 자랑스럽게 생각한다."

· 한국 축구의 황금시대를 만드는 꿈을 선수들이 실현해주었다. 병역 면제는 선수 개인뿐만 아니라 한국 축구계의 미래에 있어서도 좋은 일일 것이다(한국: 홍명보 감독의 담화).

· 차이가 나는 것은 국제 경험의 차이. 대표팀이 출전하는 U20W배 등의 국제 대회뿐만 아니라 유럽에서의 플레이 경험도 한국이 많다(전 일본 대표 주장 미야모토 쓰네하루 칼럼).

· 한국의 수준을 높이는 일에 최선을 다하는 것이 일본의 수준을 높이는 일과 연결된다고 믿고 해왔다(이케다 코치의 담화).

예 26) 여자 배구(8.11, 8.12)

[3위 결정전 '집대성' 배구 여자, 오늘 밤 한국과 대전]

[28년 만에 메달에 도전, 오늘 동메달 걸고 한국전]

[사코다 폭발, 한국에 완승. '응원 덕분이다' 23득점]

· 마나베 감독은 한국에 대해, "확실히 강하다. 김연경이라는 세계 제일의 선수도 있다." 최근 10경기는 9승 1패이지만 그 1패가 5월에 있었던 올림픽 티켓을 건 최종 예선이었다. 김연경에게 34점을 빼앗겨 1대 3으로 완패했다. 일본의 승리에 대해 마나베 감독은 "한 사람 한 사람을 비교하면 일본은 열등하지만, 배구는 팀 스포

츠이다. 끈질기고, 꾸준한 전개를 펼치고 싶다"고 말했다.

· 한국 배구계에서 "백 년에 1명 나올 귀재"라고 말하는 것처럼 약진의 원동력이 되고 있다. 동료였던 세터 다케시타는 "점점 수준이 높아지고 있다"고 경계한다.

· 일본이 한국을 꺾고 28년 만에 동메달을 획득하자, 역사적인 순간을 지켜본 관객석으로부터 큰 환성이 터져 나왔다. …… "동메달을 따는 순간을 볼 수 있어서 감동했다. 한국에 패한 남자 축구의 설욕도 완수할 수 있었다."

② 한국 기사에 출현한 '일본'

여기에서는, 양궁(예 26), 남자 유도(예 27), 남자 축구(예 28)의 3종목을 본다.

먼저, 한국에서 지금까지 효자 종목으로 꼽히는 양궁에 대한 일본의 대약진에 대해, 남자는 '완전 제압'이라는 제목으로 "한국 강하다"의 이미지를 심는 데 성공했다. 한편 여자의 귀화 선수 엄혜련에 대해서는 단체와 개인도 한국이 금메달을 획득한 것 때문인지, "자발적인 양궁을 하면서 즐기고 있다"며 한국과 대조적인 일본의 분위기를 비판하지 않고 전하고 있다.

다음으로 남자 유도는, 판정 문제에 대해서는 일본의 팬이나 에비누마 선수의 표현에 부정적인 뉘앙스가 느껴지지만, 일본 언론들도 판정에 의문을 제기한 것과, 결국 조준호 선수도 에비누마 선수와 같은 동메달이었기 때문에, 그 목소리는 심한 것은 아니다. 또 나카야 선수와 니시야마 선수의 이름이 세계 랭킹과 함께 제목이나 기사에 나오고 있는 것도 흥미롭다.

마지막으로 남자 축구는, 인기 종목인 만큼, 매우 많은 페이지를 할애하여 상세한 기사가 게재되어 있다. 거기에는 일본 네티즌11)이 쓴 '한국이 이겼다. 최악이다'라는 기사, 같은 숙소에서의 긴장 상태를 전하는 기사가 있지만, 같은 아시아팀의 약진, 영원한 라이벌인 일본, 최근 일본의 만만치 않은 역량, 일본팀의 파워에 대한 찬사, 홍 감독이 가시와 레이소루에서 배운 것, 이케다 코치가 4강 진출에 공헌한 것 등, 일본에 대한 긍정적인 기사도 눈에 띄었다. 물론 병역 면제에 대해서도 언급하고 있다.

예 27) 양궁(7.31, 8.4)

["한국에서 귀화 엄혜련, 日 양궁 새 역사 썼다"]

[31세 맏형의 힘……. 오진혁의 활, 7대 1로 일본 완벽 제압; 양궁 남자 개인 金 명중……. 올림픽 대표 2번 탈락 후 술로 시름 달래다 장영술 총감독 손잡고 부활]

· 일본 언론은 동메달 획득 소식을 '양궁의 새로운 역사를 썼다'며 대대적으로 보도했다. 일본 언론들은 특히 첫 메달을 안기는 데 결정적인 공헌을 한 일본팀의 주장에 주목했다. 그는 다름 아닌 한국에서 귀화한 엄혜련(일본명 하야카와 렌)이다. 일본팀의 주장을 맡고 있는 엄혜련은 한국 실업팀 선수로 있다가 어머니가 일본인과 재혼하면서 지난 2009년 일본에 귀화했다. 엄혜련은 일본 언론과의 인터뷰에서 "일본 여자 양궁 사상 첫 메달이라는 역사를 만들어 기쁘다"면서도 "아직 더 올라가야 한다"고 금메달에 대한 욕

---

11) 네티즌은 네트워크 시민(network citizen)을 말하는 것으로, 인터넷 등 정보 네트워크를 사용하는 사람을 말한다.

심을 숨기지 않았다. 그는 "한국에서는 4위를 하면 도대체 무엇을 했느냐며 핀잔을 듣지만, 일본에서는 축하를 받는다"며 "일본에서 스파르타식 훈련이 아닌 자발적인 양궁을 하며 즐기고 있다"고도 했다.

· 양궁 남자 개인결승 최종 점수는 7대 1, 5번 시드로 결승에 오른 일본 후루카와 다카하루를 제친 오진혁의 금메달이었다.

예 28) 남자 유도(7.30, 7.31, 8.2)

[日 언론도 '바보 삼총사 유도 심판'; 조준호 · 日 에비누마 8강 전……. 심판위원장, 주심 · 부심 부른 뒤 앞섰던 판정 거꾸로 뒤집 어. '비디오 판독 도입 후 처음']

[스타일 바꾼 왕기춘 오늘 출격; 업어치기로 쉴 새 없이 공 격……. 수비 중심의 되치기서 변신, 세계 2위 나카야가 경쟁자]

· 조준호가 런던올림픽 남자 유도 66kg급 동메달을 땄다. 하지만 4강 진출 문턱에서 이해할 수 없는 판정 번복으로 패자전으로 밀려 금메달을 노릴 기회를 놓쳤다. 수영 박태환의 석연찮은 실격 논란에 이어 이틀 연속 런던올림픽에서 한국 선수단의 수난이 이어졌다.

· 경기장을 메운 일본 팬들의 야유 속에 에비누마는 불만 섞인 표정으로 경기장을 떠나지 않았다. 이때 스페인 출신인 IJF(국제유 도연맹) 후안 카를로스 바르코스 심판위원장이 주심과 부심을 불 렀다. 심판위원회의 한 위원이 판정에 문제가 있다고 위원장에게 건의했고, 이를 위원장이 수락한 것이다. 비디오 판독을 마친 뒤 에 비누마의 우세를 인정하면서 판정이 완전히 거꾸로 뒤집혔다. 이번 엔 정훈 감독과 대한유도회 임원들이 항의했지만 결과는 번복되지

않았다.

· 일본 언론도 속보를 통해 '심판위원장의 반대로 앞선 판정이 뒤집히는 이례적인 전개가 일어났다(스포니치)', '모두에게 뒷맛 나쁜 판정(일간 스포츠)'이라고 전했다. 일본의 교도통신 역시 '<바보 삼총사(The Three Stooges)> 영화를 패러디한 것처럼 3명의 심판이 잠깐의 회의를 마치고 처음 내린 판정을 번복했다'고 비꼬았다.

· "도둑맞은 심정이었죠." "처음엔 너무 당황해서 정신이 없었지만 감독님이 다음 경기를 얘기하시더라고요. 동메달을 딸 기회가 남아 있었으니까요. 아픈 오른팔을 보며 이를 악물었습니다."

· 조준호는 에비누마와 경기하면서 업어치기를 시도하다 '뚝' 하는 소리를 들었다. 오른쪽 팔꿈치 인대가 끊어지는 소리였다. 패자부활전으로 내려간 조준호는 오른쪽 팔꿈치를 테이프로 칭칭 감은 채 뛰었다. 그는 스페인의 스고이 우리아르테와 맞붙은 동메달 결정전에서 왼팔로 버티다 또 한 번 판정까지 갔지만 결국 동메달을 땄다. 일본의 에비누마도 준결승에서 패한 이후 동메달 결정전에서 동메달을 목에 걸었다.

· 왕기춘의 가장 강력한 경쟁자는 세계 랭킹 2위 나카야 리키(23 · 일본)다.

· 이번 대회에선 니시야마 마사시(일본, 세계 3위)와의 8강전, 티아구 카밀로(브라질, 세계 8위)와의 준결승에서도 업어치기로 절반을 따냈다.

예 29) 남자 축구(8.6, 8.9, 8.10, 8.13)

[홍명보 감독을 쇼군 모시듯 하는 일본인; 체력 담당 이케다 코

치, J리그 선수 시절 인연 맺어……]

[눈싸움도 질 수 없어……. 韓日 호텔서도 기 싸움; 같은 숙소 한국 3층, 일본 5층……. 韓日 코칭스태프 4층 사용]

[일본 킬러(박주영) 對 축구장의 볼트(50m를 5초 8에 뛰는 나가이)……. 대한해협이 들끓는다; 내일 새벽 3시 45분 숙명의 한일전……. 관전 포인트]

[일본 킬러, 골로 말하다; 박주영 수비 넷 제치고 첫 골]

['삿포로 참사' 1년 만에, 골로 갚다; 캡틴 구자철, 쐐기 골 마무리]

· 런던올림픽 남자 축구는 오는 8일 한국-브라질, 일본-멕시코의 4강 대결로 좁혀졌다. 유럽팀이 모조리 메달권에서 탈락한 가운데 아시아 두 팀이 돌풍을 일으키는 양상이다.

· 준결승에서 한국과 일본이 나란히 승리를 거둘 경우 결승전은 한일(韓日)전이 된다. 올림픽 축구 결승에 아시아팀이 진출한 전례는 없다. 아시아 축구의 역대 올림픽 최고 성적은 일본의 1968년 멕시코올림픽 동메달이다. 하지만 이번 대회에서 한국과 일본은 잇달아 강호를 제압하며 상승세를 타고 있어 '아시아의 반란'이 실현될 가능성도 없지 않다.

· 일본은 8강전에서 이집트를 상대해 3대 0으로 쾌승하면서 팀 분위기가 최고조에 올라 있다. 일본은 공격과 수비 모두 짜임새가 돋보인다.

· 일본에선 멕시코올림픽 이후 축구 대표팀이 44년 만에 올림픽 4강에 진출하자 열광적인 응원을 보내고 있다. 유도 남자에서 사상 처음으로 '노 골드'에 그치는 등 선수단 전체가 금메달 두 개

에 그치고 있기 때문에 축구에 큰 기대를 거는 분위기다.

· 일본 네티즌들은 자국 축구팀의 선전과 함께 한국 남자 대표팀의 영국 격파에 다소 복잡한 반응을 보였다. '한국은 일본이랑 싸우면 30% 정도 능력치가 상승한다', '차라리 결승에서 브라질이랑 붙는 게 더 낫다', '우와, 한국이 이겼다. 최악이다' 같은 글들을 올렸다.

· 주장 구자철은 "한일전의 중요성은 어떤 말로도 표현이 안 된다"며 "모든 힘을 쏟아붓겠다"고 말했다.

· 최근 한국 축구가 일본에 약한 모습을 보인 것도 이번 한일전이 더욱 관심을 끄는 이유다. 한국이 패한 두 경기에 모두 뛰었던 기성용은 "일본과 맞붙어 부담이 크지만 이기면 금메달을 딴 것처럼 기쁠 것 같다"고 말했다.

· 한국 수비수 김영권은 "일본은 개인보다 팀이 뛰어나다"고 말했다.

· 한국 선수단은 3층, 일본은 5층에 짐을 풀었지만 한국과 일본 코칭스태프 숙소가 모두 4층에 배정되면서 묘한 긴장감이 형성되고 있다. 대한축구협회 관계자는 "마치 휴전선을 사이에 두고 대치한 듯한 분위기"라고 전했다. 양 팀 선수단은 호텔 내에서 자주 마주치지만 좀처럼 눈인사도 건네지 않는다.

· 특히 일본은 한국 대표팀의 정보력에 경계심을 갖고 있는 것으로 알려졌다. J리그에서 선수생활을 한 홍명보 감독을 비롯해 일본인 피지컬 코치 이케다 세이고, 최근까지 J리그에서 선수생활을 한 김보경(카디프 시티) · 김영권(광저우), 현재 J리그 소속인 황석호(히로시마) · 백성동[주빌로(Jubilo) 이와타] · 정우영[교토 상가(Sanga)] 등이 일본 선수단에 대해 속속들이 알고 있기 때문이다.

· 역사에 남을 축구 한일(韓日)전이 눈앞에 다가왔다. 영원한 라이벌 한국과 일본이 동메달을 놓고 3~4위전을 펼친다.

· 그(홍명보)는 선수 시절 일본에 강했다. 자신이 뛴 한일전에선 한 번도 패하지 않았다. J리그에서 활약하며 일본 축구를 누구보다 잘 알고 있다.

· 2002한일월드컵에서 4강을 달성하며 세계를 놀라게 한 한국 축구가 10년 뒤 2012런던올림픽에서 사상 처음으로 메달을 따내며 또 한 번의 전기(轉機)를 맞았다.

· 김보경(카디프 시티)과 김영권(광저우) 등 최근까지 일본 J리그에서 뛰었던 선수나 황석호(히로시마)와 백성동(주빌로 이와타) 등 현재 J리그에서 활약하는 선수들은 일본과의 3~4위전 대결에서 위력을 보였다.

· 박주영의 런던올림픽은 해피엔딩이었다. 지난 6월 병역 회피 논란에 대한 기자회견을 열 당시 "박주영이 군대에 안 가면 내가 대신 간다"는 뼈 있는 농담으로 든든한 방패가 되어준 스승에 박주영은 일본전 결승골로 보답했다.

· 홍 감독은 이번 대회에서 고비마다 카리스마 넘치는 한마디로 선수들의 마음을 휘어잡았다. 일본 J리그 가시와 레이솔에서 주장을 할 당시 감독의 지시로 매 경기 시작 전 '5분 스피치'를 해야 했던 것이 큰 도움이 됐다.

· 이케다 코치는 한국 올림픽팀 4강 진출의 숨은 공신으로 꼽히는 인물이다. 직책은 선수들의 체력 관리를 담당하는 피지컬 코치이지만 전술적인 부분뿐만 아니라 선수들의 심리 상담역까지 자처한다.

(4) 동일본대지진과 올림픽

　지난 베이징대회부터 이번 런던대회까지 양국에 관련된 가장 큰 사건은 일본의 동일본대지진이다. 여기에서는 이 미증유의 재해가 축제인 올림픽의 기사와 어떻게 관련되어 있는지를 살펴본다. 지진과 관련하여 거론된 선수는 10명이다. 그 중에서 고향이 피해 지역인 선수가 6명 있다. 펜싱의 센다 선수(①), 탁구의 후쿠하라 선수(②), 경륜의 와타나베 선수(③), 레슬링 이초 선수(④), 오하라 선수(⑤), 축구의 이와시미즈 선수(⑥)이다. 다음으로 피해 지역을 방문한 선수가 2명 있다. 레슬링의 요시다 선수(⑦)와 육상의 무로후시 선수(⑧)이다. 또 소속팀이 재해에 관련된 축구의 사메지마 선수(⑨), 그리고 피해 지역 사람들을 위해 자선 경기를 한 인도네시아 히다야토 선수(⑩)가 있다. 이 선수들의 머리글과 인터뷰 기사는 다음과 같다.

　① [쓰나미로 세상을 떠난 친구에게](7.28)[12]
　· 자신이 할 수 있는 것은 펜싱밖에 없다.
　· 메달을 따서, 재해지의 사람들에게 밝은 뉴스를 전하고 싶다.
[산리쿠의 검사(劍士) 센다, 세상을 떠난 친구에게 바치는 메달](8.6)
　· 친구의 어머니: 피해 지역 사람들이 지해를 잊은 채 경기에 푹 빠졌다고 생각한다.

---

12) ①에서 ⑩까지의 번호는 전술의 선수명 뒤의 번호와 일치한다. 즉, ①은 센다 선수에 관련된 제목과 기사라는 것이다. 또 번호 다음에 [ ]는 제목, '·'는 제목 기사, ( ) 안은 그 제목과 기사가 게재된 날짜를 나타내고 있다. 또한 날짜에는 조간·석간의 기재가 있는 편이 이해하기 쉽다고 생각되는 것에는 따로 적고 있다.

② [아이 스마일, 다음에는 꼭. 재해지의 희망, 파워로](8.1)

· 쇼크로 눈물이 멈추지 않았다.

· 반드시 센다이에 메달을 가져가고 싶다.

③ [돌아갈 수 없는 고향, 염원을 싣고 달린다](8.8 조간)

· 모두에게 용기를 주는 레이스를 하겠다.

[후타바 마을에서 도전, 와타나베 아쉬운 11위](8.8 석간)

· 후쿠시마 사람들의 염원을 싣고 달리고 싶다.

· 메달을 따서 지진 때 도움을 준 나라들에 감사의 말을 전하고 싶었다.

④ ⑤ [모두 고향 재해 당해. 획득 '좋았다'](8.10)

· 두 사람이 같은 날 금메달을 따는 모습을 보여줄 수 있어서 좋았다.

⑥ [나데시코, 동북지방의 영혼과 함께. DF 이와시미즈](8.10)

· 동북지방의 여러분에게, 잊은 적은 없습니다. 메달을 가지고 여러분을 만나러 가겠습니다. 기다려 주십시오. 모두 함께 전전하자! 동북지방의 영혼아!

· 나도 항상 같이 있다는 의미를 담고 싶었다.

⑦ [재해지에 '금'을](7.28)

· 터밖에 안 남은 집이 있기도 하고, 방파제가 없어져 버리기도 하고. 눈물이 날 것 같았다.

⑧ [무로후시, 피해 지역과의 약속](8.6 조간)

· 모두에게 용기를 얻었다.

[무로후시, 동북지방의 응원을 파워로](8.6 석간)

· 오늘의 목표는 메달을 따는 것. 많은 분의 응원, 지지를 받으며 임해왔기 때문에, 좋았다.

⑨ [나데시코, 열심히. 겨울철을 잊지 못한다. 왕자 킥오프](7.26)

· 동일본대지진의 영향으로 DF 사메지마 아야 선수가 소속해 있던 도쿄 전력 여자 축구부 '마리제(マリーゼ)'는 쉬기로 했다.

⑩ [일본을 위한 자선 경기. 인도네시아 히다야토](8.8)

· 일본과 인도네시아는 가깝다. 할 수 있는 일은 작은 것일지 모르지만, 도움이 되려고 생각했다.

· 피해를 입은 분들의 생활이 조금이나마 나아지기를 기도하고 있다.

대회는 7월 28일부터 8월 13일까지 17일이었지만, 위 기사의 날짜로부터 약 3분의 1이 된 날에 지진과 관련된 제목과 기사가 출현한 것을 알 수 있다. 지진이 일어난 후 여러 유명인이 피해 지역을 방문하거나 각지에서 모금을 하기도 했지만, 선수들도 그 활동에 적극적으로 참여했다. 친척 집이 떠내려가고, 친구를 잃은 슬픔과, 그런 가운데 자신만 경기를 계속 해도 되는가라는 갈등을 안고, 살아남은 자신이 선수로서 할 수 있는 것은 어쨌든 메달을 따는 것이라고 결심하고, 그것을 실행한 모습을 위의 말에서 엿볼 수 있다.

사실, 위 10명 중 3명이 금메달, 4명이 은메달, 1명이 동메달을 획득했다. 이것은 또한, 이 대참사 속에서도 열심히 사는 사람들이 선수들의 마음의 버팀목이 되고, 그것이 선수들에게 큰 힘이 되어주어 메달 획득에 기여했다고 할 수 있다.

또, 지진이 일어났을 때 세계 각국으로부터 많은 도움을 받았지만, 그 대표적인 형태로서, 지진피해국인 인도네시아의 스포츠 영웅으로 아테네대회 금메달리스트인 히다야토 선수의 기사가 실려 있다. 인도네시아의 다른 올림픽 메달리스트와 함께 일본에 와서, 아직도 때때로 지진이 발생하는 동북지방 등을 돌며 자선 경기를 하고 또 센다이에서 쓰나미의 피해를 둘러보았다. 런던대회에서 메달에는 미치지 못했지만, 그의 행동을 사진과 국기를 첨부하여 게재하고 있다.

5. 고찰

그렇다면 런던대회에서는 국가 의식, 양국의 사회나 문화적 배경이 어떤 방식으로 기사와 관련되어 있는 것일까. 그것은 베이징대회까지의 경향과 유사한 것일까. 그렇지 않으면 변화가 일어나고 있는 것일까.

먼저 한국에서는 국가의 출현 빈도가 반감하고 '우리'의 출현 횟수도 줄었다. 태권도에서 2체급 노메달이라는 결과에 대해서도 비판 기사는 없다. 일본에 귀화한 엄혜련 선수의 활약에 대해서도 긍정적이다. 유도의 판정 문제도 과장하여 쓰는 것이 아니라, 한일전에 대해서도 일부 부정적인 기사가 보이기는 하지만, 일본 축구의 실력을 인정하고 나아가 아시아 축구의 약진으로 이어질 한일의 활약을 긍정적으로 파악하고 있다. 이것은 금메달 숫자에서 일본을 능가한 것뿐만 아니라 세계 5위라는 빛나는 성적이라는 것, 양궁에서는 단체와 개인 모두 한국이 금메달이었다는 것, 유도에서는 결과적으로 양자 모두 동메달이었다는 것, 축구에서는 숙명의 한일전에서 승리를 거둔 것, 태권도가 올림픽 종목으로서 존속할 조짐이 보인다는 것 등, 긍정적인 재료가 뒷받침된 결과라고 할 수 있다. 즉, 올림픽에서 1988년 서울대회 이후 메달 획득 수도 항상 30 전후로 증가하여 세계에서 주목받는 국가가 되었지만, 이번 대회에서도 기대에 어긋나지 않는 성적을 유지한 것에 대한 자신감과 여유가 제목이나 기사가 되어 표출되는 것 같다. 한편, 국기도 메달을 따지 않으면 잊혀버리고, 기사로도 쓰이지 않는다는 것, 금메달을 획득한 선수의 제목과 기사가 다른 메달에 비해 압도적으로 많으며 상위 지상주의 인 것에는 변함이 없다.13) 같은 한일전에서 3위를 다툰 여자 배구에 관한 기사가 눈에 띄지 않는 것도 그 결과라 할 수 있다. 또 병역 문제가 항상 따라다니는 것도 한국만의 일이다.

이에 비해 일본에서는, 여전히 '일본'을 제목으로 내건 것이 많고 금메달 제로로 끝난 국기ㆍ유도에 대해서는 신문 지면과 선수를 내세운 비장감이 넘치고 있다. 국적 변경의 하야카와 선수에 대해서도 한국의 신문이 한국 이름과 일본 이름을 모두 게재하고 있는 반면,

---

13) 본서 제1장 참조.

일본 신문은 한국 이름은 언급하지 않고, 격려의 말로 "렌은 일본사람이니까"를 채택했다. 이로써 런던대회에서도 개인보다 국가를 고집하고 있는 일본의 모습이 보인다.

또한 공동체에 관해서는, '고향', '모교', '직장' 등 귀속 그룹과의 관계는 여전히 강하고, 이 공동체가 거의 보이지 않고, '우리'마저도 감소한 한국과는 대조적이다. 더욱이 금메달 선수뿐만 아니라 은메달, 동메달 선수, 또 패자도 거론한 일본 기사의 모습은 선수에게 친화적이다 또는 부드럽다고도 할 수 있다. 그러나 이 친화성(優しさ), 부드러움(甘さ)은 승리 지상주의를 초월한 스포츠의 본질을 생각하게 해준다. 동북대지진의 피해 지역 사람들에게 용기를 주려고 최선을 다하는 선수들의 속마음 표출하기 때문이다. 각각의 경기에서 최선을 다하는 것이 마음에 상처를 입은 사람들에게 위안이 되는 것을, 그리고 선수에게 응원이 되는 것을, 지진 관련 기사는 보여주고 있는 것은 아닐까.

6. 정리와 향후의 과제

야마네 치에·박진희의 「올림픽 기사의 한일 비교 – 신문의 표제를 바탕으로 – 」(2011)를 집필하고 1년 이상이 지났다. 그리고 지난 베이징대회로부터는 4년이 흘러 일본에서는 지진이 있었으며, 또 찾아온 올림픽도 끝났다. 이 런던대회와 이전까지의 대회를 비교해 보면 유사점도 있고 차이점도 있다. 이장의 서두에서 언급했듯이,

IOC 회장은 "선수를 위한 올림픽이었다"라고 매듭짓고 있고, 기사에도 그런 면이 보이지만, 역시 국가를 떠나서는 말할 수 없는 면도 보인다. 그러나 선수나 코치가 국경을 넘어 활약하게 된 것은 틀림없는 사실이며, 이장에서 다룬 기사를 보아도 명백하다. 앞으로도 올림픽 기사를 고찰함으로써 국가·지역·공동체·개인이 어떤 방식으로 올림픽에 관련되어 가는지를 살펴보고 싶다.

참 고 문 헌

이치카와 유이치 편집(2012).『주간 아사히 증간 런던올림픽 총집편』.
　　아사히신문 출판.
야마네 치에 · 박진희(2011).「올림픽 기사를 통한 한일 비교 - 신문의 제
　　목을 중심으로 - 」.『올림픽 언어학』. 대학교육출판(본서 제1장).
야마네 치에(2011).「올림픽 선수의 인터뷰 담화 분석 - 국기에 출전
　　한 호주 · 중국 · 한국 · 일본 선수의 비교를 중심으로 - 」.『올
　　림픽 언어학』. 대학교육출판(본서 제4장).

데이터

일본
『아사히 신문』축쇄판. 2012년 7월, 8월.

한국
『조선일보』. <http://srchdb1.chosun.com/pdf/i_service/?gnb_sub> 2012년
　　7월 27일~8월 14일.

Japanese and Korean Newspaper Articles during the London Olympics: A Comparison of Discourse

Chie Yamane-Yoshinaga, Jinny Park-Craig

This paper aims to clarify language use springing from social & cultural backgrounds in Korea and Japan using a discourse analysis of newspaper articles on the London Olympics. The purposes of the study are as follows: Olympics in recent times appear to have transformed into a competition between nations rather than a festival of peace. To determine if this is the case, the study analyzes whether the headlines use words related to the consciousness of the nation, such as the name of the country. If not, it analyzes the relevance of using other words related to small and intimate communities, which express the essence of a family. Further, it analyzes articles about the national sports, Judo and Taekwondo, similar articles in both nations' newspapers relating to the consciousness of the nation, and articles about the Great East Japan Earthquake, which relate to the athletes. The results of the analysis are as follows:

1. Korean articles show a big difference in the consciousness of the nation between past Olympics and the London Olympics. Both the number of times 'Korea' was named and the number of occurrences of 'uri' (we, our group, our nation), decreased. Articles do not severely criticize defeats in Taekwondo, or wayward judgments in Judo. They also praise the Japanese national soccer team and make a positive description of the activities of an archery athlete naturalized from Korea to Japan. These results indicate the self-confidence and thoughtfulness of Korea. This may be attributed to the glory of acquiring 13 gold medals, making them 'top five in the world'.

2. On the contrary, Japan still uses the name of the nation in the headlines. In articles and interview discourses of male athletes, it also struggles with the defeat of not having won any gold medals in the national sport, 'Judo'. Japan is still struggling with the concept of 'the nation'.

3. 'Victory is best', on the one hand, in Korea and tenderness toward the loser, on the other hand, in Japan are attitudes which have remained unchanged when comparing the present Olympics with those in the past. Japanese athletes in particular show an attitude of 'tenderness' toward the sufferers of the Great East Japan Earthquake. It can be seen here and there in the articles. The time to rethink the assertion that 'being top is best' may come to us.

ロンドンオリンピックの日韓新聞記事における一考察

山根智恵・朴珍希

本稿は、談話分析を通して、オリンピックというナショナリズムが現れやすい祭典における言語使用と、その背後に現れる日韓の社会的・文化的背景を明らかにするという目的の下に、日韓の新聞におけるロンドン大会の記事を収集し、分析した。分析の観点は、①昨今のオリンピックは、国家間競争の観を帯びてきているが、見出しにはその国家意識を表出する語彙が多用されるのか。国家と対照的な家族・職場といった親密な共同体に関する語彙の使用状況にはどのような傾向が見られるのか、②国技はナショナリズムの高揚に一役買うが、日韓の国技である柔道・テコンドーの記事にはどのような傾向が見られるのか、③日韓の新聞記事に双方の国はどのように報じられているのか、④東北大震災とオリンピックはどのように関わっているのか、の４点である。①、②については、山根・朴（2011）、山根(2011)とも比較しながら分析・考察を進めた。

考察から得られた知見は以下の３点である。

1. 北京大会までとロンドン大会の相違は、韓国に大きく見られた。国名の出現頻度が半減し、同胞意識を強く表出する「ウリ」の出現数も減少したという点である。

さらに国技であるテコンドーの惨敗や柔道における日本に有利な判定についても目立って批判的な記事が見られず、韓国から日本に国籍変更したアーチェリー選手の活躍や、日本男子サッカーの力についても肯定的な記事が多かった。これは、金メダル数において世界5位という、期待に違わぬ成績が保てたことへの自信と余裕の表れであると推察される。

　2．日本では、相変わらず「日本」を見出しとして掲げ、金メダルゼロに終わった男子柔道については、選手のインタビュー記事のみならず、紙面全体に悲壮感が溢れていた。依然として国家にこだわっている日本の姿が浮かび上がる結果となった。

　3．勝者の記事が圧倒的に多く、トップ至上主義の韓国と、敗者にも紙面を割く、敗者にも優しい日本という北京大会までの分析傾向は、今大会も変化なかった。これは、日本社会の甘さにも通じるところだが、一方この甘さは勝利至上主義を超えたスポーツの本質を考えさせてもくれる。東日本大震災の被災地の人たちを勇気づけようと立ち上がるアスリートの姿は、心を砕かれた人々の支えとして、記事の随所に見ることができる。

关于日韩媒体伦敦奥运会报道的研究

山根智惠・朴珍希

　本文的目的在于通过谈话分析，研究在容易产生民族主义情绪的奥运会中的词语使用、以及与此相关的日韩两国的社会文化背景。为此，搜集了大量的日韩两国有关伦敦奥运会的报刊文章，并从以下角度加以分析。一、近年的奥运会比赛多带有国家之间相互竞争的因素，报刊的标题是否使用了表露国家意识的词语？表现与国家意识相对立的家庭、工作单位等亲密关系共同体的词语使用具有哪些倾向？二、国技比赛有助于刺激民族感情，有关柔道、跆拳道等日韩国技的报道具有哪些倾向？三、日韩报刊是如何报道对方国家的？四、东日本大地震与奥运会报道的关系。本文的研究由山根智惠、朴珍希两人共同负责。

通过分析研究，本文得出以下三点结论：

　一、与北京奥运会报道相比较，韩国媒体的报道倾向出现了明显的变化。国名、以及表现同胞意识的"乌利"一词的使用频度大为减少。对于韩国国技跆拳道比赛的失利、柔道比赛中做出的对日本选手有利的裁判结果，韩国媒体没有作过多的指责。而在另一方面，对于加入了日本国籍的洋弓运动员所取得的优异成绩、以及日本男子足球队的实力，则多予以赞赏。这表明韩国媒体产生了一种自信心和宽容心。因为韩国队不负众望，获得了金牌总数世界第五这一优异成绩。

二、日本报刊仍然在标题中使用"日本"一词。对于男子柔道选手未能获得金牌一事，不仅是采访选手的报道，连整个版面都充满了悲壮感。可以说日本媒体仍然拘泥于国家意识。

三、韩国媒体侧重于报道胜者，具有"金牌至上"的倾向；而日本的媒体则是同情败者，对于比赛失利的运动员也给予一部分版面。日韩媒体在北京奥运会之前就具有的这种倾向，在这次伦敦奥运会上没有太大的变化。这是因为日本社会本来就具有一种"同情弱者"的价值观念，正是这种价值观念可以使人们超越"金牌至上"的风气，思考体育运动的本质。在有关报道中，我们随处可以看到运动员鼓励地震灾区居民的感人形象，他们成了受灾群众的心灵支柱。

제3장 ‘자국(自國)’과 ‘자기(自己)’를 나타내는 표현의 한일 양어 비교 분석

서윤순 · 오쿠야마 요코

제3장
'자국(自國)'과 '자기(自己)'를 나타내는 표현의 한일 양어 비교 분석

1. 들어가기

2008년 베이징올림픽에서 한국은 7위라는 기대 이상의 좋은 성적을 거둔 반면, 일본은 기대 이하의 8위라는 결과로 끝났지만, 결과는 어떻든 한일 모두 연일 올림픽에 관련된 수많은 뉴스가 보도되었다. 필자는 TV 뉴스 보도(한국의 KBS와 일본의 NHK)를 녹화하여 문자화하고 아나운서와 리포터, 선수 및 감독, 가족, 일반 시민, 그 외로 나누어 분석했지만, 이 장에서는 양적으로 가장 많았던 아나운서와 리포터의 표현에 초점을 맞추어 고찰한다.

올림픽 개최 기간은, 나라에 따라 정도의 차이는 있지만 국가의 위신을 걸고 국가에 대한 의식을 고취시키기 위한 것 같은 보도가 평소보다 많아진다. 완전히 동일한 시기에 동일한 목적의식을 가지고 보도된 뉴스에 있어서, 높은 빈도로 나타난 '자국(自國)'을 나타

내는 것으로 보이는 표현 및 자국과 대조적인 '자기(自己)'를 나타내
는 표현을 한일 간 비교 분석하여 고찰한다.

2. 연구 방법

(1) 연구 목적

한국과 일본의 올림픽 뉴스 보도에 주목하여 서로 어떤 공통점
과 차이점이 나타나는가, 또 각각 어떤 경향이 있는가, 그리고 나아
가 '자국(自國)'과 '자기(自己)'라는 것을 두 언어에서는 어떻게 파
악되고 있는가에 대해 탐구하기로 한다.

(2) 조사 자료

베이징올림픽 기간에 보도된 한국과 일본에서의 뉴스를 조사 자
료로 채택하였다. 기간은 각각 2008년 8월 8일부터 24일까지이다.

- 한국어 자료: KBS <9시 뉴스>
- 일본어 자료: NHK <7시 뉴스>

이와 같이 한국과 일본을 대표하는 국영 방송인 KBS와 NHK의
뉴스 중에서도 가장 시청률이 높은 시간대에 방송되는 뉴스를 조

사 대상 자료로 하였다.

한국의 KBS <9시 뉴스>는 방송 후 인터넷상에 그날의 뉴스 동영상과 대본이 공개되므로 우선 전체 뉴스 중에서 올림픽에 관련된 것만을 발췌했다. 그리고 동영상 및 녹화된 뉴스를 보면서 다른 부분은 원본에 수정을 더해, 실제로 방송된 내용과 동일하게 되도록 자료를 꾸몄다.

일본 NHK의 <NHK 뉴스 오하요닛폰(おはようにっぽん)>은 한국의 KBS처럼 야간 방송이 아니라, 아침 7시에 방송되는 것을 사용했다. 물론, 밤(7시)에도 뉴스가 방송되지만, 그 시간대에는 경기가 아직 끝나지 않은 경우가 많아 경기 도중에 중계 형태로 뉴스가 진행되거나 인터뷰가 거의 없는 경우가 많았기 때문에, 아침 시간대가 적당하다고 판단하여 그것을 녹화하였다. 한국 측과는 달리 뉴스의 동영상이나 원고가 방송국 홈페이지에 공개되어 있지 않고 유료 사이트에서만 동영상 및 원본이 공개되어 있어, 이 장에서는 필자가 녹화한 것을 보면서 문자화하였고, 이 문자화한 것을 조사 자료로 하였다.

(3) 분석 방법

문자화한 한국과 일본의 뉴스를 읽고 양국 언어의 뉴스 표현 중에서 공통되는 말이나 다용되는 어휘, 특징적인 어휘를 키워드로 발췌하고, 그리고 그 키워드의 빈도나 출현 위치, 그 어휘에 '자국(自國)' 또는 '자기(自己)'와 관련하여 어떤 의미가 담겨 있는지를 분석한다. 따라서 한국어와 일본어의 뉴스의 표현에 대해 비교 분석하고 각 경향을 형성하는 사회적 배경에 대해서도 고찰한다.

3. 분석 결과와 고찰

전술한 바와 같이, 한국과 일본의 올림픽 뉴스 보도에 주목하고 양쪽의 아나운서나 리포터의 표현에 몇 개의 특징이 있는 표현을 찾아냈다. 이들은 크게 세 가지로 좁혀진다. 첫째는 한국어의 '우리'로, '우리(我々, 我ら, 私たち)'에 대응한다. 둘째는 '한국(대한민국 포함)'과 '일본(にっぽん)'에서 양쪽 모두 '자국(自國)'을 나타내는 말이다. 그리고 셋째는 '자신(自身)'과 '자신(自分)'이며, 양 언어에 있어서 '자기(自己)'를 나타내는 말로 판단된다.

이하에서는 위의 세 순서에 따라 분석과 고찰을 진행한다.

(1) 국가를 나타내는 '우리', '한국', '일본(にっぽん)'의 사용 방법

'우리'는 한국 『국어사전』에서는 다음과 같이 설명되어 있다.

우리 [대명사]

1. 말하는 이가 자기와 듣는 이, 또는 자기와 듣는 이를 포함한 여러 사람을 가리키는 일인칭대명사

우리가 나아갈 길

우리와 경쟁률이 제일 높다.

2. 말하는 이가 자기보다 높지 아니한 사람을 상대하여 자기를
포함한 여러 사람을 가리키는 일인칭대명사

우리 먼저 나간다.

언젠가 자네가 우리 부부를 초대한 적이 있었지

3. (일부 명사 앞에 쓰여) 말하는 이가 자기보다 높지 아니한 사
람을 상대하여 어떤 대상이 자기와 친밀한 관계임을 나타낼 때 쓰
는 말

우리 엄마

우리 마누라

1과 2의 사용법은 예문에도 있듯이, 일본어의 '우리(我々, 我ら,
私たち)'와 거의 같은 의미로 사용된다. 그러나 3과 같은 사용법에
대해서는 당황하는 일본어 모어 화자가 많다. 왜냐하면, 일본어의
'우리(我々, 我ら, 私たち)'에는 복수 개념이 있기 때문에 한국어의
'우리'도 같이 파악되기 때문이다. 따라서 3의 예문 '우리 엄마'는
직역하면 '우리의 어머니(われわれの母)'가 되어, 한 사람의 어머니
에게서 태어난 형제자매가 모여 '우리 엄마'라고 한다면 아무 문제
가 없지만, 많은 한국인은 '우리 엄마'를 '나의 엄마'라는 의미로
사용하는 경우가 대부분이다. 또 '우리 마누라'에 대해서도 마찬가
지다. 그대로라면 '우리 마누라(われわれの妻)'가 되어 오해를 불러
일으키기 쉽다. 자신과 자신을 둘러싼 가족(身內)을 포함한 의미로,
단수의 '나의(私の)', '나의(うちの)'를 나타내는 말이 된다. 또한
주어로 사용되는 경우에도 '私'에 해당하는 '저'와 '나'가 있음에도

불구하고, '저(나)는', '제(내)가'로 말하는 대신 '우리는', '우리가'
와 같은 표현을 사용하는 사람이 매우 많다.

그 외에도 흥미로운 것은, 화자가 '우리'를 사용할 때, 화자와 기
지(既知)의 청자를 포함하여 말할 때도 있고, 이름도 모르는 처음
만난 미지(未知)의 청자에 대해서도 동창이나 동향(同鄕), 지인 등
어떤 실마리를 따라 '우리'를 사용하여 동료나 가족이라는 내 의식
(ウチ意識)을 형성하는 일이 일상적으로 이루어지고 있다.

<표 1> '우리'의 출현 경향

접두사적 표현	횟수(%)	대명사로서	횟수(%)
우리+나라	79(46.5)	우리가	5(29.4)
우리 선수단 우리 선수들 우리 선수+기타	48(28.2)	우리를	2(11.8)
우리+종목명	21(12.4)	우리도	2(11.8)
우리 대표팀	6(3.5)	우리에게	2(11.8)
우리+종목명 + 대표팀	5(2.9)	우리는	2(11.8)
우리+인명	6(3.5)	우리보다	1(5.9)
우리 모두를	1(0.6)	우리보단	1(5.9)
우리+그 외(시각, 돈) (2), 스포츠	4(2.4)	우리에겐	1(5.9)
		우리와	1(5.9)
합계	170(100.0)	합계	17(100.0)

이 '우리'를 한국어 모국어 화자는 자주 사용한다고 하지만, 뉴
스 보도 중에서도 예외는 아닌 것 같다. <표 1>에서도 알 수 있듯
이, 한국 측의 뉴스에서 '우리'가 조사를 동반하여 주어나 목적어

로서의 대명사로서보다, 임영철·이데 리사코(2004)가 언급한 것처럼 다른 어휘 앞에 붙어서 접두사적인 형태로 나타나는 경우가 많았다. 따라서 생략 가능한 것도 많아, 굳이 '우리'를 사용하지 않아도 '한국(의)'에 대체 가능한 것도 상당히 눈에 띈다.

<표 1>의 왼쪽 '우리'의 접두사 표현을 보면, '우리+나라'가 전체의 약 절반을 차지하고 있다. '우리나라'는 한국어의 '우리나라(我々の國)', 즉 '대한민국(한국)'을 가리키는 말이다.

아테네올림픽 때 누군가가 '한국'이라고 발언한 것에 대해, 정확하게는 '우리나라'라고 말해야 한다고 지적된 적이 있다고 한다. 원래 한국의 국명은 '조선'이었지만, 1948년 8월 15일 공화국의 성립과 함께 '대한민국'으로 바뀌어 그 약칭이 '한국'이 되었다. 그때까지 써왔던 '조선'을 사용할 수 없게 되었기 때문에, 다른 자국을 의미하는 말로 사용되었던 '우리나라'를 사용하는 것이 더 낫다는 사람도 있는 것 같다. 한자어인 '한국'과 '대한민국'은 근대화를 맞이하여 붙여진 국명인 반면, '우리나라'는 한국 고유어이므로 순수한 말로서의 인상이 강한 것 같다. 따라서 자국이나 그 선수를 가리키는 경우에도 '우리나라'를 사용하는 편이 더 애국적이고 충성심이 담겨 있는 듯한 느낌이 드는 것 같다. 이 '우리나라'가 어떤 형태로 나타나고 있는지, 그 내역을 살펴보면 다음과 같다.

<표 2> '우리+나라'의 내역

내역		횟수(%)
우리 + 나라 + 조사	는 30	68(86.1)
	가 14	
	의 12	
	에 9	
	와 2	
	를 1	
우리 + 나라 + 종목명		5(6.3)
우리 + 나라 + 기타		6(7.6)
합계		79(100.0)

<표 2>에서도 알 수 있듯이, '우리+나라' 다음에 조사가 붙는 형태가 전체 79 중 68회로 86.1%의 대다수를 차지하고 있다. 그것은 '우리나라'가 출현할 때 대부분의 경우 '대한민국', '한국'을 의미하는 말의 대용으로 사용된 것을 알 수 있다.

'우리+나라+기타'의 '기타'에 해당하는 부분은 '출신', '대표 선수', '선수', '첫 금메달', '첫 메달', '여 궁사들'이고 <표 1>의 '우리나라' 이외의 항목에서도 볼 수 있지만, 위의 사전에서 '우리'의 의미에서 확인했듯이, 화자와 청자가 같은 범위 내(うち)에 머물러, 긴밀한 관계를 나타내는 것으로 생각된다.

다음으로 <표 1>에서 두 번째로 많았던 '우리 선수단, 우리 선수들, 우리 선수+기타'는 '한국 선수(단)'이라는 표현을 쓰지 않고, 굳이 '우리'를 붙임으로써, 화자와 청자가 선수(단)와 같은 편에 속했다는 동일감이나 일체감, 연대감을 강조하고, 동족이라는 친밀감 같은 것을 자아내고 있다.

그리고 <표 1>에서 세 번째로 많았던 '우리+종목명'에서는 몇 개의 종목이 출현했다. <표 1>의 '우리+종목명'과 <표 2>의 '우리+나라+종목명'을 비교하면서 그 내역을 살펴보자.

다음 <표 3>에서도 알 수 있듯이 전체 중 8개의 종목 앞에 '우리'가 출현하고 있으며, 이는 한국에서 화제성이 있고, 메달을 기대할 수 있었던 인기 종목이라는 것도 알 수 있다. 실제로 한국은 베이징올림픽에서 총 31개의 메달을 획득했지만, 그중 절반의 메달을 획득한 이 종목들 앞에 '우리'가 출현한 것은 매우 흥미로운 점이다. 그만큼 친숙하고 강한 종목에 '우리'가 붙게 된다.

<표 3> '+종목'과 '++종목'의 내역

우리+종목명	횟수	메달 수	횟수	우리+나라+종목명
양궁 3 남자 양궁 2 여자 양궁 1	6	4	0	
역도 4	4	3	0	
핸드볼 1 남자 핸드볼 3 여자 핸드볼 1	5	1	2	남자 핸드볼 1 여자 핸드볼 1
수영 3	3	2	0	
태권도 1	1	3	0	
야구 1	1	1	0	
체조 1	1	1	1	남자 체조 1
	0	1	2	펜싱 1 여자 펜싱 1
합계	21	16	5	합계

실제로, '양궁'은 지금까지도 몇 번이나 올림픽에서 한국이 메달을 획득해온 종목이며, '핸드볼'은 2008년 <우리 생애 최고의 순

간>이라는 영화가 대히트한 것으로 주목을 받았다. 실화를 바탕으로 제작된 이 영화는 여자 핸드볼 선수가 여러 가지 고난과 시련을 안고 핸드볼에 인생을 건다는 내용으로, 이를 통해 비인기 종목이었던 핸드볼이 돌연히 각광을 받게 되어, 그 영향이 숫자로 나타났다고 할 수 있을 것이다.

한편 '우리+나라+종목'은, '우리+종목'처럼 메달에 대한 기대를 담은 접두사적인 사용법이라기보다는 다음 예문 (1)과 (2)와 같이, 있는 그대로의 사실을 시청자에게 침착하게 전하기 위해 '한국의 ～'이라는 표현이 대신 사용되었다.

① <u>우리나라 펜싱</u>의 간판, 남현희가 조금 전 끝난 여자 플뢰레 준결승에서 이탈리아의 트릴리니를 꺾고 결승에 올랐습니다(KBS, 8월 11일).

② <u>우리나라 여자 핸드볼</u>은 노르웨이와의 4강전에서 종료 직전 28대 28로 동점을 만들었지만, 막판 노르웨이의 골이 인정되었습니다(KBS, 8월 21일).

<표 1>에서도 확인했듯이, 대명사로 나타난 것을 포함하여, '우리'가 187개나 출현하였다. 그러나 그 출현 방법에는 일정한 법칙 같은 것이 보였다. 한국의 뉴스 보도의 형식은, 하나의 주제에 대해 먼저 아나운서가 간략하게 정리한 내용을 소개한 다음 리포터에게 배턴 터치하여 자세한 내용을 소개하는 흐름이었다. 아나운서가 동일한 내용의 보도에서, 우선 '우리'를 사용하여 시청자의 관심을 끄는 것으

로 공감과 연대감을 불러일으키고, 그다음 기자가 '한국'을 사용하여 객관적인 사실을 언급하는, 즉 '우리→한국→한국' 패턴이 많다.

③ 아나운서: <u>우리</u>가 수영에서 값진 금메달을 따내긴 했지만 육상과 수영, 체조 같은 기초 종목의 토대는 여전히 약합니다. 기초 종목들의 현주소와 과제, 정충희 기자가 정리했습니다.

리포터: 우리나라(한국이라는 국명 대신 사용)는 이번 대회에서 28개 종목 가운데, 정확히 절반인 14개 종목에서 메달을 땄습니다. <중략> 트랙 종목 사상 처음으로 예선 1회전을 통과하고 <u>한국</u> 신기록도 세운 남자 110m 허들의 이정준입니다. <u>한국</u>의 기초 종목은 여전히 취약하지만 적극적으로 투자한다면, 발전 가능성은 충분하다는 것을, 이번 올림픽은 보여줬습니다(KBS, 8월 24일).

다음은, 실제 국가명으로 나타나는 '한국'과 '일본(にっぽん)'의 출현 경향은 다음의 <표 4>와 같다. '일본'이라는 국호의 읽기는 '일본(にほん)'과 '일본(にっぽん)'의 두 가지가 존재하지만, 메이지 22년(1889) 제정 이전 헌법에서 '대일본제국[大日本帝國(だいにっぽんていこく)]'이 국호가 되어, 그 후 1934년에 발족된 국어심의회가 '일본(にっぽん)'으로 통일하려고 했지만, 법적으로 제정되지 못한 채 현재에 이르고 있다. 사전에서도 '일본(にっぽん)'과 '일본(にほん)'을 각각 국호로 싣고 있는 것도 있으며, 어느 쪽 하나를 자세히 설명하는 등 제각각이다. <7시 뉴스>를 방송하고 있는 NHK에서는, 『NHK 신용자 용어사전 제3판(NHK新用字用語辭典第3版)』에 의해 '일본'으로 통일되어 있고, 따라서 이번 조사에서도 '일본'

은 모두 '일본(にっぽん)'으로 발음되고 있었다.

<표 4> '한국'과 '일본'의 출현 경향

한국	횟수(%)	일본(にっぽん)	횟수(%)
한국+종목명	58(60.4)	일본(にっぽん)은	7(19.0)
한국(신)기록	7(7.3)	일본(にっぽん)의+종목명	5(13.5)
한국 대표팀, 한국팀	5(5.2)	일본(にっぽん)。(체언으로 끝남)	5(13.5)
한국 선수(단)	5(5.2)	일본(にっぽん)선수	4(10.8)
한국 대사관	2(2.1)	일본(にっぽん)팀(勢)	2(5.6)
한국 응원단	2(2.1)	일본(にっぽん)방방곡곡	2(5.6)
한국 스포츠(계)	2(2.1)	일본(にっぽん)(「이」가 생략)	2(5.6)
한국 원정	1(1.0)	일본(にっぽん)+종목명	1(2.8)
한국 형	1(1.0)	일본(にっぽん)대표	1(2.8)
한국 타도	1(1.0)	일본(にっぽん)선수권	1(2.8)
한국 올림픽	1(1.0)	일본(にっぽん)의+선수 개인 이름	1(2.8)
한국+의(6), 에서(2), 이, 에, 과, 을	11(11.5)	일본(にっぽん)+이(1), 과(1), 을(1), 으로부터(1), 의(1), 에게 있어서(1)	6(16.7)
합계	96(100.0)	합계	37(100.0)

<표 4>를 보면, 한국 측에서는 '한국+종목명'이 60.4%로 가장
높고, 일본 측에서는 '일본(にっぽん)은'이 19.0%로 최고치이다.
'한국+종목명'에 해당하는 '일본의+종목명'과 '일본+종목명'을 합
쳐도 16.3%밖에 되지 않고, 한국어가 훨씬 높은 비율로 종목명 앞
에 국가가 나타나고 있다. 왜 이런 차이가 나타나는 것일까. 국명
뒤에 붙는 종목명에 대해 각각 살펴보기로 한다.

<표 5> 국명 뒤에 나타나는 종목명

한국+종목명	횟수	일본(にっぽん)(의)+종목명	횟수
수영	12	유도 여자	2
양궁(〈여자 양궁〉1 포함)	10	육상 남자	1
역도(〈여자 역도〉1 포함)	6	남자 트랙 종목	1
사격	5	단거리	1
리듬 체조	4	수영(競泳)	1
여자 펜싱	4		
핸드볼(〈여자3, 남자1〉 포함)	4		
배드민턴	3		
유도	2		
복싱	2		
육상	1		
트럭	1		
육상 트랙	1		
카누	1		
레슬링	1		
태권도	1		
합계	58	합계	6

<표 5>와 같이, 한국어에는 16종목, 일본어에는 5종목이 국명 뒤에 출현하였다. 물론 메달의 수와 종류에 따라 그 빈도는 다르지만, 한국에서는 종목명 이외에도 '한국'이 많이 쓰이고 있어, 장소에 상관없이 어디든지 동반되는 듯하다. 그러나 뉴스의 내용에 주목해 보면, 한국에서는 '한국'이 많이 사용되기는 하지만, 객관적으로 그 종목에 대해 언급하는 경우와 주관적인 감정이 담겨 있는 경우가 있다.

④ 남녀 단체전 동반 우승. 한국(객관적) 양궁의 전 관왕 가능성

이 높아지고 있습니다(KBS, 8월 11일).

⑤ 박태환의 체격은 서양인에 비해 떨어지지만 힘과 체력에서는 모든 선수 가운데 단연 최고였습니다. 박태환의 금메달은 <u>한국(주관적)</u> 수영뿐 아니라 아시아 수영의 영광이기도 합니다(KBS, 8월 10일).

④는 객관적으로 사실을 언급하는 반면, ⑤는 화자의 주관이라고 할까, 상당히 흥분해서 자화자찬하는 듯한 뉘앙스가 포함되어 있는 것을 알 수 있다. 그래서 '한국+종목명'이 나타나는 모든 문장의 내용을 분석한 결과, ' '에 담겨 있는 객관성과 주관성의 그 비율은 ' +종목명'이 전체 58개에 대해 객관적인 표현이 42개 72.4%, 주관적인 표현이 16개 27.6%로 역시 뉴스라는 성격 때문인지, 상당한 비율로 객관적인 경우가 거의 대부분이었다.

일본어의 경우에는 한국어보다 훨씬 출현 수가 적지만, 6개 중 절반인 3개가 육상과 관련된 것이다. 이는 이번 베이징올림픽 육상 경기의 남자 400m 계주에서 일본이 동메달을 획득한 것과 관계가 있다.

일본 선수가 트랙경기에서 결승에 진출한 것은 1992년 바르셀로나올림픽 이후 16년 만이고, 게다가 일본인이 육상 트랙경기나 필드경기(세단뛰기와 해머던지기 이외)에서 세계 대회에서 활약했다는 기록은 거의 없다. 그런 사정 속에 베이징올림픽에서 남자 400m 릴레이의 동메달 획득은 무려 80년 만의 쾌거가 되는 것이다. 따라서 그 감격과 기쁨, 그리고 놀라움을 표출하고, 또한 과거의 영광을 상기시킴으로써, 육상 관련 종목에 '일본(にっぽん)(의)'

이 동반하게 되었다고 말할 수 있을 것이다.

상기 이외에도 한국과 일본의 뉴스 표현에서 눈에 띄는 것은, 일본어의 '일본은(にっぽんは)'이라는 표현과 같은 한국어 표현 '한국은'은 거의 찾아볼 수 없었다. 한국어의 경우, 보다 구체적으로 종목이나 다른 사항이 뒤에 오는 데 비해, 일본어의 경우, 종합적으로 통틀어 표현하고 있다고 생각된다.

또한 일본어 중에서 '일본 방방곡곡(にっぽんじゅう)'이나 '일본.(にっぽん。)(체언으로 끝남)'이 몇 개 발견되었지만, 한국어에는 이런 표현은 보이지 않았다. 다만 '일본 방방곡곡'을 대신한 표현으로 '국민들(11)', '온 국민(1)', '국민(1)', '대한민국 국민(1)', '4,800만 국민(1)'이라는 표현이 있다. 이것은 일본어로 직역하면 '국민'이 되고, '국가를 형성하고 있는 사람, 민중'이라는 의미이므로, 일본어의 이미지로는 조금 거북한 느낌이 들지만, 한국에서는 그 국가에 속하는 사람이라는 생생함이나 현실을 항상 느낄 수 있는 표현을 자주 사용함으로써, 더욱더 애국심이나 소속감을 느끼게 되는 것은 아닐까.

(2) '자신(自身)' 대 '자신(自分)'

히로세・가가(1997)는 관점적 용법(視点的用法)의 '자신(自分)'에 대해 다음과 같이 설명하고 있다. 관점적 용법의 '자신'이라는 것은 화자의 사적 자기(私的自己)가 언어 주체로서의 화자로부터 분리되고 객체화되어, 화자가 관찰하는 상황의 주체에 투영된 것임을 나타낸다. 사적 자기가 객체된 '자신'은 화자의 '객체적 자기(客体的

自己)'를 나타낸다. 화자의 객체적 자기는 화자에서 보면 타인의 편에 위치하지만 다른 사람 그 자체보다는 화자에 가깝다는 양면적인 성격을 지닌다. 따라서 '자신'의 관점적 용법에는, 말하자면 '자기 타자화(自己の他者化)'와 '타자의 자기화(他者の自己化)'라는 두 가지 측면이 관여하게 된다.

히로세·하세가와(2001)는, 일본어에는 사적 자기와 공적 자기(公的自己)를 나타내는 말이 따로 존재하고 사적 자기는 '자신(自分)'에서 공적 자기는 '나(ぼく·わたし)' 등의 이른바 대명사나 '아버지' 등의 친족 명칭, '선생님' 등의 직업명이 있다고 하였다. 그리고 사적 자기는 청자의 존재를 전제로 하지 않고, 전달을 목적으로 하지 않는 사적 표현이며, 공적 자기는 청자의 존재를 전제로 하고 전달 기능에 대응한 공적 표현이라고 말하고 있다.

그런데 이 글에서 주목하는 '자신'은 일반적으로 위에서 말하는 사적 자기를 나타내는 말이고, 아나운서와 리포터가 TV라는 매체를 통해 '자신'을 사용하는 경우에는, 선수 본인이 아니라 제삼자이기 때문에 그 사용 방법에 주의하여 관찰해야 한다.

한국어로는 '己'를 나타내는 말은 '자기(自己)'와 '자신(自分)' 두 가지가 있지만, 이번 조사에서는 일본어의 '自分'에 해당하는 것으로는 '자신'이 출현하였다. 『국어사전』에는 '자기'와 '자신'이 다음과 같이 설명되어 있다.

자기

[Ⅰ] [명사]

1. 그 사람 자신

　　자기 방어

　　자기 본위

　　자기를 극복하다.

　　나는 자기주장이 뚜렷한 사람이 좋다.

2. (철학) 같은 말: 자아 1(自我)

　　자기 발견

[Ⅱ] [대명사]

앞에서 이미 말하였거나 나온 바 있는 사람을 도로 가리키는 삼
인칭 대명사.

　　철수는 자기가 가겠다고 했다.

　　아들은 집에 들어오자마자 자기 방으로 들어갔다.

　　자신

1. 자기 또는 자기의 몸

비슷한 말: 기신(己身)

　　그는 다른 사람을 시키지 않고 자신이 직접 신청을 했다.

　　자신과의 싸움

2. (사람을 가리키는 말 뒤에 쓰여) 앞에서 가리킨 바로 그 사람
임을 강조하여 이르는 말

　　너 자신을 알라.

　　나 자신도 그 사실을 믿을 수 없었다.

　　위의 설명에는 '자기'도 '자신'도 거의 일본어 '자신(自分)'과 같
은 의미를 가지고 있다는 것을 확인할 수 있다. 다만 어원 유래 사

전에 따르면, 일본어 '자신(自分)'의 '分'은 본디 내재하는 성질을 의미하는 '본분(本分)'의 '分'이고 스스로의 역량을 가리키는 용어였지만, 예부터 '나 자신(私自身)'을 의미하는 말로서도 사용되고 있었다고 한다. '자기'와 '자신'의 차이에서 돋보이는 것은 '자신'에는 '자기의 몸(自分の体)'이 포함되어 있기 때문에, 이것이 '본디 내재하는 성격'이라고 하는 것에 포함되므로, 한국어로는 '자신'을 사용하고 있는 것이 아닌가 생각된다.

汪宇(2008)에 따르면, '자신(自分)'은 '내적 자기(內的自分)', '자신(自身)'은 '관찰된 자기(觀察された自己)'를 의미하기 때문에, 화자가 작중 인물의 내부에서 그리는 경우는 전자, 작중 인물로부터 떨어져 관찰하는 경우는 후자가 선택된다고 한다. 문체, 장면이나 내용 등 다양한 요소를 2차적인 것으로 하고, 화자의 심리적인 면을 축으로 생각한 이유는, 문체, 장면 등은 최종적으로 화자의 생각에 수렴되고 그리고 말에 반영되기 때문이라고 한다. 이번 조사 자료에 있어서는 '자신(自身)'이 2개만 나왔다. 하나는 '자기 자신(自分自身)'의 형태로, 또 다른 하나는 리포터가 인터뷰에서 선수를 가리켜 '자신(ご自身)'의 형태로 나와 있으며 모두 화자인 아나운서나 리포터가 타인인 선수를 외부에서 관찰하여 사용한 표현이다. 汪宇의 언급대로, '자신(自分)'은 '내적 자기'를 의미하는 것이라 할 수 있지만, 아나운서와 리포터가 올림픽 경기를 보도하는 데 있어서 '자신(自分)'을 사용하는 것은 도대체 무슨 뜻일까. 그래서 실제로 어떤 형태로 각각의 뉴스에 출현했는지 보기로 하자.

다음 <표 6>에서도 알 수 있듯이, 한국어 뉴스에 나오는 '자신' 중에 가장 많았던 것은, 과연 올림픽이니만큼 '자신의 기록(自分の記

錄)'이다. 2008년 베이징올림픽에서는 한국 선수의 기록 경신이 잇따른 결과일 것이다. 다른 것을 보아도 한국어는 '자신'은 관찰자인 아나운서나 리포터가 객관적인 관점에서 선수를 보고 있기 때문에 나타난 표현이라 할 수 있다. 즉, 화자인 아나운서 및 리포터는 자신을 보는 것처럼 타인인 선수를 보게 되며, 이 경우 화자는, 다시 말하면, 자신의 분신을 다른 사람에게 비추어, 그 결과 다른 사람을 '자신'에 접근시키게 된다. 따라서 '○○○ 선수의 기록·장점·홈페이지'(이)라는 선수의 이름을 구체적으로 넣어서 말하는 것 같은 말투를 쓰지 않고, 한국어의 '자신(自分)'에 해당하는 ' '를 대용하고 있다.

<표 6> ' '과 '자신(自分)'의 출현 경향

자신	횟수(%)	자신(自分)	횟수(%)
자신의 기록	16(69.6)	자신의 경기(自分のプレー)	1(11.1)
자신의 장점	2(8.7)	자신의 스타일(自分のスタイル)	1(11.1)
자신의 홈피	2(8.7)	자신의 연기(自分の演技)	1(11.1)
자신의+그 외	4(17.4)	자신의 유도(自分の柔道)	1(11.1)
자신만의	2(8.7)	자신의 4년간(自分の4年間)	1(11.1)
자신이	3(13.0)	자신에게 맞는지(自分に合っているのか)	1(11.1)
자신을	2(8.7)	자신도 같이 울어(自分ももらい泣き)	1(11.1)
자신보다	2(8.7)	자신이 납득하는 경기(自分では納得のレース)	1(11.1)
		자신의 색깔의 메달(自分色のメダル)	1(11.1)
합계	23(100.0)	합계	9(100.0)

한국어에는 '자신'이 붙은 것은 의미가 비교적 명확한 반면, 일본어에는 횟수는 적었지만, 한국인 입장에서 보면 한 번 들은 것만으로는 도대체 무슨 뜻인지 이해하기 어려운 것이 대부분이다. 특

히 '자신의 플레이·스타일·연기·유도'라는 표현은, 아나운서나 리포터가 선수의 경기 내용에 대해 이렇게 언급하는 것은, 앞에서 언급한 관찰자의 관점이 포함되어 있는 것과 동시에, 아래에 언급한 것과 같이 심리적으로 선수와 일체화한 표현이라고 생각된다. 실제로 '자신(自分)'이 사용된 문장을 보자.

⑥ 리포터: 상대 팀의 스피드와 파워에 압도되어, 마지막까지 자신들의 플레이를 펼칠 수 없었습니다. (レポーター: 相手チームのスピードとパワーに壓倒され、最後まで自分達のプレーができませんでした。)(NHK, 8월 12일)

⑦ 리포터: 베이징에 도착해서도 지병인 요통으로 고생했다는 타니모토. 그러나 한판승을 노리는 자신의 스타일을 관철합니다. 그 첫 경기. (レポーター: 北京入りしてからも持病の腰痛が續いていたという谷本。しかし、1本をねらう自分のスタイルをつらぬきます。その初戰。)(NHK, 8월 13일)

⑧ 리포터: 16.300의 고득점. 자신의 연기를 되찾은 우치무라는 4위로 부상했습니다. (レポーター: 16.300の高得点。自分の演技をとりもどした內村は4位に浮上しました。)(NHK, 8월 14일)

⑨ 리포터: 자신의 유도를 관철시킨 이시이. 금메달을 땄습니다. (レポーター: 自分の柔道をつらぬいた石井。金メダルをつかみました。)(NHK, 8월 16일)

⑩ 리포터: 200m 평영 결승. 기타지마 선수는 <u>자신</u>의 4년간의 모든 것을 쏟아내려고 생각했습니다. (レポーター: 200メートル平泳ぎ決勝。北島選手は<u>自分</u>の4年間のすべてをぶつけようと考えていました。)(NHK, 8월 14일)

⑥은 배드민턴 선수가 준결승까지 쭉 자신들의 실수가 아니라 상대 팀의 실수로 이겨 온, 이른바 끈질긴 플레이를 '자신들의 플레이(自分達のプレー)'라고 하고, ⑦은 이 유도 선수가 이길 때 항상 다양한 기술을 사용하는 것이 아니라, 안다리 후리기라는 기술로 한판승하므로, 그것을 선수의 특색으로 간주하여 '자신의 스타일(自分のスタイル)'이라고 말하고 있다. 그리고 ⑧은 체조 안마에서 낙하하여 실패를 한 선수가 뜀틀에서 훌륭한 착지를 하고 본래의 평상심을 유지한 연기를 했다는 의미에서 '자신의 연기(自分の演技)'를 사용하고 있다. ⑨는 이 선수가 결승에 오르기까지 계속 공격하는 적극적인 경기를 전개해오고 있으며, 그래서 이 사람 나름의 경기 확장이라는 의미에서 '이시이 사토시의 공격 방법, 경기의 전개 방법'보다는 '자신의 유도(自分の柔道)'라는 깔끔한 표현을 쓰고 있다. 마지막 ⑩은 수영에서 기타지마 선수가 올림픽에 출전하기까지 4년간 부상으로 고통을 받았고, 결코 순풍만파가 아닌 날들이 있었다는 뉘앙스를 풍기기 위해 '자신의 4년간(自分の4年間)'이라는 표현을 쓰고 있다.

또한 '자신의(自分の)'는 중요한 부분이 생략된 표현이며, 아마도 보충하면 다음과 같이 되는 것은 아닐까.

- 자신(선수)의 (목표로 하는, 이상인, 납득이 되는, 언제나 같은)
플레이 · 스타일 · 연기 · 유도

(- 自分(選手)の(目指す、理想とする、納得の行く、いつもの)プ
レー・スタイル・演技・柔道)

- 자신(선수)의 (괴로웠던, 여기에 도착할 때까지의) 4년간

(- 自分(選手)の(苦しかった、ここにたどり着くまでの)4年間)

이렇게 보충하면, 불투명했던 내용이 밝혀지고, 또한 의미의 깊이도 느껴지며, 아나운서나 리포터가 선수들을 잘 관찰, 분석하고 있다는 것도 알 수 있고, 선수들의 진지한 태도도 진정한 느낌으로 다가온다. 즉, '자신의 플레이 · 스타일 · 연기 · 유도'는 아나운서나 리포터가 심리적으로 선수와 일체화된 표현이며, 선수의 기분을 대변한 표현이라고도 할 수 있을 것이다.

또 다른 예, '자신에게 맞는지(自分に合っているのか)', '자신도 같이 울어(私ももらい泣き)', '자신이 납득하는 경기(自分では納得のレース)'의 3개에 관해서는, 문장의 주체를 가리키는 재귀대명사로 '자신(自分)'이 출현했다. 그러나 나머지 '자신의 색깔의 메달(自分色のメダル)'이라는 표현은 다른 사람과 다른 특별한 배경이 있다고 생각된다. '자신(自分)'이라는 표현은 물론 예부터 사용되어 왔지만, 최근의 일본 사회에서 잘 쓰이게 된 데는, 다음과 같은 사회 현상이라고 할까, 어떤 사건이 영향을 준 것으로 보인다.

1996년 애틀랜타올림픽에서 일본 여자 마라톤 대표 아리모리 유코 선수가 동메달을 획득한 인터뷰에서 "스스로 자신을 칭찬해주고 싶다(自分で自分をほめてあげたい)"는 명언을 남겼다. 보통이라

면, 금과 은을 놓치고 동메달 됐다는 것은 '졌다(負けた)'라는 것을 의미하고 부끄러운 일일 것이지만, 자신을 질타하기는커녕 칭찬하는 것은 전대미문의 사건이었다. 그는 다카하시 도모야라는 가수가 부른 '자신을 칭찬해주자(自分をほめてやろう)'라는 노래를 듣고 매우 감동하여, 언젠가는 이것을 말하고 싶어 계속 마음속에 지니고 있었다고 후일담에서 밝혔다. 그 가사는 다음과 같다.

自分で自分をほめるのは とても自然な事
(스스로 자신을 칭찬하는 것은 매우 자연스러운 일)
がんばったのは君だから 自分で決めた道だから
(열심히 한 그대라서, 스스로 결정한 길이니까)
練習の辛さ、負けた悔しさも、それでも走り續けたわけも
(연습의 괴로움, 졌을 때의 분함도, 그래도 계속 달린 이유도)
君だけが覺えている、今夜は君をほめてあげよう
(그대만이 기억한다, 오늘 밤 너를 칭찬해주자)

지금까지 일본 스포츠계에서는 이러한 것은 입이 찢어져도 말할 수 없는 분위기였는데, 이 아리모리 선수의 발언이 시청자를 비롯한 많은 사람에게 충격을 주고, 노력의 대가로 '자신을 칭찬한다(自分をほめる)'는 발상의 전환을 촉구했다고 말할 수 있을 것이다.

그리고 또 다른 영향을 준 사건은 2003년에 200만 장 팔린 스마프의 '세상에 하나뿐인 꽃(世界に一つだけの花)'의 가사가 '자신의(自分の)'라는 표현의 출현에 영향을 주었다고 할 수 있을 것이다.

NO.1 にならなくてもいい もともと特別な Only one(中略)

(NO.1이 되지 않아도 돼. 원래 특별한 Only one)(중략)

それなのに僕ら人間はどうしてこうも比べたがる?

(그런데 우리들 인간은 왜 이렇게 비교하고 싶어 하나?)

一人一人違うのにその中で一番になりたがる?

(한 사람 한 사람 다른데도, 그 속에서 일등이 되고 싶어 하나?)

そうさ 僕らは世界に一つだけの花

(그래, 우리들은 세상에 하나뿐인 꽃)

一人一人違う種を持つその花を咲かせることだけに

(한 사람 한 사람이 다른 씨앗을 가졌어. 그 꽃을 피우는 일에만)

一生懸命になればいい

(전념하면 돼)

따라서 굳이 말하자면, 깔끔한 가사를 보면, 올림픽에 참가한다는 것은 물론 국가를 짊어지고는 있지만, 결과보다 자신이 납득할 수 있는 결과와 성적을 올리는 것이 우선이고 중요하다고 호소하는 것 같다. 그런 경향이 강해진 탓일까 인터넷에서 '자신(自分)'을 검색해 보면 '자기 연마(自分磨き)', '자기 찾기(自分探し)', '자기의 역사(自分史)' 등 개인의 내면성을 추구하는 것 같은 말이 많이 보인다. 즉, 관심의 초점이 내(ウチ)인 '자신(自分)'을 향해 있다는 것을 나타냄을 알 수 있다. 다른 사람의 시선이나 비평보다 '내가 나 자신에게 부끄러움이 없다'는 것이 중요하고, 자신을 중요시하며 지금까지의 가치관이 변화하고 있다는 것도 잘 알 수 있다. 이

것이 '자신의 색깔의 메달'이라고 말하는 이유라고 할 수 있을 것이다. 그러나 아무리 그렇다고는 하더라도 '자신(自分)'을 연발하는 것은 개인적이고 오만한 태도로 비치는 위험이 있는 탓인지, 일본어로는 이 '자신(自分)'도 횟수가 그다지 많지는 않았다. 비교적 억제된 최소한의 표현에만 사용되고 있다고 말할 수 있을 것이다.

위와 같은 표현은 일본인 눈에는 겸손하고 맑은 모습으로 비치는지 모르겠지만, 한국인 눈에는 이것은 제멋대로이고 무책임한 모습으로 보일지도 모른다. 국가를 대표해 출전하는 세계적인 장소에서, 한국어에서는 이러한 개인을 우선하는 듯한 발언은 지금까지 보이지 않는다. 명확한 의미, 즉 책임이 어디에 있는가는 명료한 표현이 사용되고 있다.

4. 끝으로

2008년 베이징올림픽에서 한국과 일본의 뉴스 보도에서 아나운서와 리포터의 표현에 주목하여 조사나 분석을 실시했지만, 두 언어에는 다음과 같은 특징과 경향이 나타났다.

(1) 한국에서는 '우리'가 가장 많이 출현했지만, 종목명이나 다른 명사 앞에 오는 접두사 표현으로 사용되는 경우가 많으며, 그중에서도 '우리나라'라는 자국을 나타내는 의미로 사용되는 것이 ' ' 전체의 약 절반을 차지하고 있다. 또 '우리'가 종목명 앞에 오는 경우에는, 결과적으로 보면, 한국이 메달을 획득한 종목은 모두 '우리'

를 동반하고 있기 때문에, 그만큼 한국이 강하고 주요한 종목에 '우리'를 사용한다고 할 수 있을 것이다.

(2) '한국(대한민국 포함)'과 '일본(にっぽん)'의 비교에는, 여기에서도 '한국'이 종목명에 오는 경우가 전체의 60%를 조금 상회하고 '일본(にっぽん)'은 단일 주제로 가장 많고, 종목의 앞에 오는 것은 5개밖에 보이지 않았다. '우리'는 16개 종목, '일본(にっぽん)'은 5개 종목에 붙고, 마찬가지로 일본이 세계에 자랑할 만한, 그리고 오이에게이(お家芸)로 할 수 있는 종목에 붙는다. 다만, 이번 조사에서는 80년 만의 쾌거를 보인 육상 관련 종목에 절반이 출현하여, 동메달 획득의 감격과 기쁨, 그리고 놀라움을 강조하고 있다.

그리고 자국을 나타내는 말이 일본에서는 '일본(にっぽん)'으로 통일되어 있으며, 한국은 '우리나라', '한국', '대한민국' 세 종류이지만, 뉴스 보도를 할 때 먼저 아나운서가 '우리'를 사용하여 시청자의 관점에서 일체화하고, 다음으로 리포터가 '한국'을 사용하여 객관적으로 경기에 대해 기술하고, 마지막으로 다시 아나운서가 '한국'으로 침착하게 뉴스를 끝맺는 '우리→한국→한국'의 패턴이 많이 사용되는 것으로 나타났다.

(3) '자기(自己)'를 나타내는 '자신'과 '自分'의 비교에서는, 한국어는 관찰자인 아나운서나 리포터가 객관적인 관점에서 선수나 경기를 보고 '자신'을 사용하고 있다. 이에 대해 일본어에서는 아나운서나 리포터가 심리적으로 선수와 일체화한 '자신의 플레이·스타일·연기·유도' 등이라는 표현이 등장하였다. 또한 재귀대명사로 '자신(自分)'이 출현했다. 그리고 '자신의 색깔의 메달'이라는 표현처럼, 내면의 자기 자신과 싸우는, 즉 관심의 초점이 내(ウチ)

인 '자신(自分)'이고, 다른 사람의 시선이나 비판보다 '내가 나 자신에게 부끄러움이 없다'는 것에 가치관을 두고, '자신'을 사용함으로써 자신을 중요시하고 있다.

위와 같은 결과에서 알 수 있듯이, '일본(にっぽん)'보다 훨씬 더 많은 '우리', '한국'을 사용하는 한국어와 일본어를 비교하여 느낀 것은, 일본어를 어느 정도 이해할 수 있는 한국 사람이 볼 때, 일본의 올림픽 보도는 '뭔가 부족하다(何だか物足りない)', '열의가 없다(熱意がない)'이다. 왜냐하면 결과에서도 알 수 있듯이, 생략이 많고 반복이 적기 때문에, 깎아내 버린 후에 남은 키워드를 놓쳐버리면, 의미 불명이라고 할까, 뭔가 딱 자르는 듯한, 차가운 표현처럼 들리기 때문이다. 또한 그 반대로, 한국어를 어느 정도 이해할 수 있는 일본인으로부터 보면, 주어나 '우리'를 생략하지 않고, 이것까지라고 할 만큼 반복이 많은 한국어 표현은 '집요하다(しつこい)', '너무 심하다(加熱しすぎ)'라고 느낀다. 그러나 이것은 '우리'나 서로를 확인하는 말을 많이 함으로써 늘 공동체나 일체감을 형성하려고 하는 특징이 한국어에 있기 때문이라고 할 수 있을 것이다.

이상과 같이, TV 뉴스 보도를 통해 '자국(自國)'과 '자기(自己)'를 나타내는 표현에 대해 한국어와 일본어 사이에 어떤 특징과 차이가 있는지 짚어보았다. 이러한 결과는 결코 TV 뉴스에서만 볼 수 있는 것이 아니라, 양국 언어의 일상의 커뮤니케이션에서도 자주 나타나는 표현이다. 일본어를 학습하는 한국인이나 한국어를 학습하는 일본인에게, 뉴스를 듣거나 또는 다양한 커뮤니케이션의 장면에서 간단한 어휘 수준보다 깊은 수준의 이해가 필요하다는 것을 제시하기 위한 실마리를, 이 장에서 '자국(自國)'과 '자기(自己)'

를 나타내는 표현을 예로 들어 보여주려 하였다.

　이 장에서는 지면상, '자신(自分)'에 대한 고찰을 사회 현상이라는 범위에서 고찰했지만, 더 깊은 고찰을 위해서는 심리적·철학적 분야 등에서의 고찰도 필요하다고 할 수 있을 것이다.

참 고 문 헌

이노우에 히사시(1996).『ニッポン語日記』. 분게문고(文芸文庫).

임영철·이데 리사코(2004).『箸とチョッカラク』. 다이슈칸서원(大修館書院).

汪宇(Yu Wang).「“자신(自分)”과 “자신(自身)”의 구분에 대하여(2008년 12월)」.『어용론학회 발표요지집』. p.11.

히로세 유키오·가가 노부히로(1997).『지시와 조응과 부정』. 연구출판사(研究出版社).

히로세 유키오·하세가와 요코(2001a).「일본어로부터 본 일본인 【상】」.『월간언어』 30-1호. pp.86-96.

_______________________________(2001b).「일본어로부터 본 일본인 【하】」.『월간언어』 30-2호. pp.102-112.

이기문 감수(1990).『동아새국어사전』. 동아출판사.

KBS <9시 뉴스> (2008년 8월 8일~24일).

NHK <7시 뉴스> (2008년 8월 8일~24일).

이 장은『일본어문학』제42輯(한국일본어문학회, 2009. 9)에 게재된「한일의 [자국(自國)]과 [자기(自己)]를 나타내는 표현에 관한 고찰-2008년 베이징올림픽 텔레비전 뉴스 보도를 중심으로-」를 가필·수정한 것이다.

A Comparative Analysis of the Use of Expressing "Ones Own Country" and "Oneself" in Korean and Japanese

YoonSoon Suh · Yoko Okuyama

In this study, a comparative analysis was done regarding the broadcasting of Korean and Japanese news networks (KBS 9 o'clock news and NHK 7 o'clock news) during the 2008 Beijing Olympics, centralizing on how often, in particular between reporters and announcers, the words that express "one's own country" and "oneself" were used.

In Korea, it was found that "우리(uri, we; our; us)" appeared most frequently, and words that specifically express one's own country such as "우리나라(uri-nara, our country)" made up half of all the words with "우리(uri)" broadcasted. Again, when "우리(uri)" was used before the name of an event, all of the events in which Korea received a medal "우리(uri)" was attached. Through this one can see how often the word "우리" was used in Korea's strong key events.

Comparing the words "한국(Hanguk, korea)", including "대한민국(Daehan-minguk, the Republic of Korea)" and "にっぽん(Nippon, Japan)", the number of times "한국(Hanguk, korea)" was used surpassed 60%, while "にっぽん(Nippon)" was most often used on its own as an individual word, with only 5 examples of the word being used before an event. It was only used when the chance of receiving a medal was high, and it became clear that rather than "우리 (uri)" and "한국(Hanguk)" terms that stress their own country was much more important. Furthermore, only "にっぽん(Nippon)" was used to express their own country in Japanese, while in Korean 3 were used; "우리나라(uri-nara)", "한국(Hanguk)" and "대한 민국(Daehan-minguk)." It was found that news in Korea often had the same pattern, beginning with the announcer using "우리(uri)", standing in the point of view of the audience to bring a sense of closeness between the viewer and the announcer, then the reporter using "한국(Hanguk)" to report the competition from an audiences point of view, and lastly the announcer once again using "한국 (Hanguk)" to calmly bring the news broadcast to a close.

In the comparison between "자신(jashin, [one's] self)" and "自分(jibun, [one's] self)" that both represent "oneself", Korean announcers and reporters were observers, using "자신(jashin)" from point of view of the audience, watching the athlete or the competition. On the other hand, Japanese announcers and reporters psychologically connected the speaker and the athlete, and words such as "自分のプレー(Our own play) / スタイル(Style) / 演技(Performance) / 柔道(Judo)" often appeared. Furthermore, like the expression "自分色のメダル(a medal of my own color)", the fight between one and oneself, in other words, focusing the point of interest on the inside with "自分" and putting the importance on not being ashamed of oneself' instead of other peoples viewpoints and criticism, was a deep and interesting point.

「自国」と「自己」を表す表現の韓日両語
比較分析

徐潤純・奥山洋子

　本稿では、2008年北京オリンピックでの韓日のテレビ・ニュース報道(韓国のKBS「9시 뉴스(9時のニュース)」と日本のNHK朝の「7時のニュース」)において、特にアナウンサーとレポーターの表現を中心に、「自国」と「自己」を表すことばがどのように表れるのか比較分析を行った。

　韓国語では「우리(uri, 我々〈の〉)」が最も多く出現したが、中でも「우리나라(uri-nara, 我が国)」というように自国を表す意味で用いられるものが「우리(uri)」全体の約半数を占めていた。また「우리(uri)」が種目名の前につく場合は、韓国がメダルを獲得している種目には全て「우리(uri)」がついているところから、それだけ韓国が強い主要な種目に「우리(uri)」を用いると言えるだろう。

　「한국(hanguk, 韓国)(대한민국〈Daehan-minguk,大韓民国〉を含む)」と「にっぽん」の比較では、「한국(Hanguk)」が種目名につく場合が全体の60％を上回り、「にっぽん」は単独の主語として用いられているものが一番多く、種目の前につくものは5例しかない。メダル獲得の確信が高い種目に関してのみ付いており、「우리(uri)」や「한국(Hanguk)」よりも国家を表す自国名に重点を置いていることが分かった。そして自国を表すことば

が日本では「にっぽん」に統一されており、韓国は「우리나라(uri-nara)」「한국(Hanguk)」「대한민국(Daehan-minguk)」の3種で、ニュースではまずアナウンサーが「우리(uri)」を用いて視聴者の視点に立って一体化し、次にレポーターが「한국(Hanguk)」を用いて客観的に競技について述べ、最後にもう一度アナウンサーが「한국(Hanguk)」で冷静にニュースを締めくくるという「우리(uri)→한국(Hanguk)→한국(Hanguk)」のパターンが多く使用されることが分かった。

　「自己」を示す「자신(jashin,　自身)」と「自分」の比較では、韓国語の方は観察者であるアナウンサーやレポーターが、客観的な視点から選手や競技を見て、「자신(jashin)」を使用している。これに対して日本語では、アナウンサーやレポーターが心理的に選手と一体化した「自分のプレー／スタイル／演技／柔道」などといった表現が出現した。そして「自分色のメダル」という表現のように、内面の自分自身と戦う、つまり、関心の焦点がウチである「自分」で、他の人の視線や批評よりも「私が自分にとって恥じるところがない」ということに価値観を置いているところが興味深い点であった。

关于韩日两国表现"我国"、"自己"概念的研究

徐润纯・奥山洋子

本文以关于北京奥运会的新闻报道为研究对象，对韩国KBS9点电视新闻联播节目和日本NHK早晨7点电视新闻联播节目加以比较，重点分析节目播音员和现场采访播音员是如何表现"我国""自己"这一组概念的。

在韩国方面，使用最多的是"我们(的)"一词；而"我国"一词的使用仅相当"我们"使用量的一半。另外，"我们"一词加在比赛项目名称之前时，则韩国队获得了奖牌的所有的项目名称都加上"我们"一词。这也就是说，韩国队的强项都使用了"我们"一词。

如果把"韩国"(包括"大韩民国")和"日本"这一组国家名称的使用加以比较，就会发现加上了"韩国"一词的项目名称超过所有项目的60%；而"日本"一词主要用来作为主语，加在项目之前的使用例只有5次，而且仅使用于获取奖牌的可能性比较高的项目。与韩国方面的"我们"、"韩国"的使用相比，更侧重于表现国名。另外，在日本方面，作为表现自己国家的词语，统一使用了"日本"一词；而在韩国方面，则分别使用了"我国"、"韩国"、"大韩民国"这三种。节目播音员在播送时，使用"我们"一词，可以给予听众一种亲切感，而从事现场采访的播音员则使用"韩国"一词，来客观地报道比赛情况。最后，节目播音员再次使用"韩国"一词来结束节目播音。这种"我们"—"韩国"—"韩国"的使用

模式最为常见。

　　如果把"自身"和"自己"这两个词的用法加以比较分析，就会发现韩国的节目播音员或现场采访播音员是以客观的态度来对待运动员和比赛的，使用的是"自身"一词。而日本的节目播音员或现场采访播音员则是在心理上已经和运动员融为一体，使用了诸如"自己的竞技"、"自己的风格"、"自己的演技"、"自己的柔道"等词语。有时还使用"自己的奖牌"这样的词语，表现运动员与自己拼搏的意思。令人感兴趣的是日本人的价值观，他们似乎最关心的是"自己"、"是否对得起自己"，而不太重视他人的视线或评价。

제4장

올림픽 선수의 인터뷰 담화 분석
―국기(國技)에 출전한 호주·중국·한국·일본 선수의 비교를 중심으로―

야마네 치에

제4장
올림픽 선수의 인터뷰 담화 분석
—국기(國技)에 출전한 호주·중국·한국·일본 선수의 비교를 중심으로—

1. 들어가기

담화 분석은, 담화에 있어서의 언어 사용이나 그 구조를 보는 것으로, 커뮤니케이션 방식에 제언을 할 뿐만 아니라, 문화·사회의 모습도 부각시킨다.[1] 따라서 언어학 분야에 그치지 않고, 사회학·심리학·인지과학 등 다양한 분야에서 도입되어 왔다. 그러나 시미즈(2006)가 지적한 대로, 스포츠 분야의 언어 상황(용어, 언어 활동)등을 다룬 연구는 아주 적고, 마찬가지로 담화를 분석한 연구도 거의 볼 수 없다. 또 다양한 국가의 데이터를 수집하여 고찰한 연구도 필자가 본 바에는 아직 존재하지 않는다.

필자는 이러한 배경을 바탕으로 스포츠 축제인 올림픽의 담화에 주목했다. 원래 올림픽은 아마추어리즘을 기본으로 하여 고대 평화

---

1) 이 장에서는, 담화를 1문장 이상의 결속성 있는 문장이나 발화의 묶음으로 한다. 또 담화 분석에 관한 지금까지의 주된 언어학적 접근에 있어서는, 하야시(2008) 참조.

제전의 부흥을 목적으로 한 것이지만, 최근에는 상업주의와 함께, 특히 선진국 간에는 국가의 명예를 건 메달 경쟁이 보이고, 모든 스포츠 대회 중에서 가장 내셔널리즘2)이 나타나기 쉬운 대회라고 할 수 있다. 그중에서 각국이 특히 명예를 걸고 경기에 임하는 것, 그 나라가 발상지이거나, 장기간 황제로서 군림하거나, 국민에게 가장 사랑을 받아온 경기, 즉 '국기'라고 일컬어지는 것이다. 그러면 국기에 종사하는 사람들의 담화에는 내셔널리즘과 관련된 발언이 나타날까. 또는 국기에 종사한다고 해도, 민족주의에 사로잡히지 않는 다른 특징은 나타날까.

이 장에서는 베이징올림픽에서 '국기'라고 하는 종목에 출전한 호주·중국·한국·일본3) 선수 및 국기와 관련된 코치·감독·강화 위원장의 인터뷰 담화를 자료로 하여, 그 담화의 유사점·차이점에 대해 정리하고, 담화에 표출되는 국가 의식이나 각국의 사회·문화적 배경과의 관련성을 고찰하는 것을 목적으로 한다. 따라서 이 장은 광의(廣義)의 담화 분석,4) 그리고 사회언어학적인 연구의 일부로 자리매김한다.

---

2) 내셔널리즘에 대해서는, Gellner(1983), 시오카와(2008)를 참조.

3) 이 장의 기반이 되는 구두 발표가 있었던 호주, 베이징올림픽이 열린 중국, 필자의 태어나 자란 나라인 일본, 일본의 국기·유도와 마찬가지로 유술계(柔術系)의 스포츠인 태권도의 발상지 한국을 선택했다.

4) '광의(廣義)의 담화분석'은, 단순히 어휘나 문장 1개의 수준에서 언어를 분석하는 것이 아니라, '담화'라고 하는 문장 중에서 여러 현상을 분석한다는 뜻이다.

2. 국기와 그 역사적 배경

이 절에서는 국기의 정의에 대해 설명하고, 또 네 종류에 관한 스포츠의 역사적 배경에 대해 다룬다.

(1) 국기의 정의

사전에 따르면, 국기라는 것은 '그 나라에 예부터 전해지는 특유의 무술·기예·스포츠[다이지린(大辭林)]', '그 나라 특유의 기예, 한 나라의 대표적인 경기, 일본의 스모 등[고지엔(廣辭苑)]'으로 정의되어 있고, 스모가 예로 나와 있는 것처럼 전통적인 스포츠를 의미하는 것을 알 수 있다. 그러나 올림픽에 참가하는 모든 국가가 전통적인 스포츠를 가지고 있는 것은 아니며, 또 그러한 전통적인 스포츠가 올림픽 종목으로 채택된 것도 아니다. 더욱이 일본에서는 스모를 국기로 하고 있기 때문에, 일본이 발상지인 스포츠임에도 불구하고, 유도는 오이에게이(御家芸)의 하나로서 인식되고 있다. 그러나 오이에게이의 정의는 '대대로 그 가문에 전해지는 전문적인 기예. 그 사람이 가장 잘하는 것, 특기. 18번(다이지린)', '그 가문에 전해 내려오는 독특한 기예. 타인은 모방할 수 없는 그 사람의 독특한 기술(고지엔)'이다. 그렇다면 사전의 정의와 대조해보면, 유도는 오히려 국기에 가깝다. 이 장에서는 국기의 정의를 아래와 같이 2가지로 정했다.

① 그 나라가 다른 나라에 비해 강하고, 그 나라의 명예를 걸고
   선수 강화에 힘쓰고 있는 스포츠
   예) 호주: 수영, 중국: 탁구
② 그 나라에서 생겨난 전통적인 스포츠
   예) 한국: 태권도, 일본: 유도

(2) 역사적 배경

이 절에서는 호주, 중국, 한국, 일본의 국기의 역사 및 그 스포츠
와 올림픽의 관계에 대해 다룬다.

1) 호주: 수영

이집트에는 상형문자에 크롤(crawl)과 같은 헤엄치는 방법이 그
려져 있고, 그리스에는 항아리 그림이나 벽화에 수영이나 다이빙을
놀이로 하는 풍경이 그려져 있는 것처럼, 수영은 고대로부터 사람
과 밀접한 관계를 가진 스포츠였다.

근대에는 1855년에 최초의 수영 클럽이 케임브리지 대학교에 창
설되고, 1908년에는 국제 수영연맹이 런던을 본부로 설립되어 근
대적 수영법(자유형, 배영, 평영, 뒤 늦게 접영)이 세계적으로 보급
되는 등, 영국이 수영계에 큰 공헌을 했지만, 영국 연방 가맹국의
하나인 호주에서도 일찍이 경기로서의 수영이 실시되었다. 1846년
공식적인 수영대회가 열리고 19세기 말까지 호주의 주요 도시에

수영클럽이 설립되었다. 수영은 1896년 제1회 올림픽부터 정식 종목5)이 되었지만, 1900년 제2회 올림픽에서, 이미 호주인 최초의 금메달리스트가 등장한다. 이후 2008년 제29회 베이징올림픽까지 금메달 138개 중 호주가 58개를 대량으로 획득했기 때문에 확실히 '국기'라고 불러야 할 종목이라고 할 수 있다. 베이징올림픽에서도 100m 평영의 레이즐 존스(Leisel Jones), 100m 접영의 리비 트리켓(Libby Trickett), 200m, 400m 개인혼영의 스테파니 라이스(Stephanie Rice), 여자 800m 릴레이, 여자 400m 혼계영에서 금메달 6개를 땄다. 그중에 라이스의 개인 기록과 릴레이 기록은 모두 세계 신기록이고, 존스 기록은 올림픽 신기록으로, 금메달 외에도 은메달 6개, 동메달 8개를 획득했다.

그리고 2010년 10월 말 현재, 202개 국가・지역이 국제 수영연맹에 가입되어 있다.

2) 중국: 탁구

탁구는 1880년대에 영국에서 시작된 이후 유럽에 확산되어, 1926년 제1회 세계 탁구선수권대회가 개최되고 국제탁구연맹도 창설되었다. 2010년 10월 말 현재, 210개 국가가 국제탁구연맹에 가입되어 있다. 1920년대부터 1940년대까지는 헝가리, 루마니아, 체코슬로바키아, 오스트리아, 미국, 영국 등이 강국이었지만, 1950년대는 일본의 황금기였고, 1960년대부터는 중국이 대두하게 된다. 현재 강호국・지

---

5) 이때는 100m 자유형, 500m 자유형, 1,200m 자유형, 100m 잠수의 4종목이었다.

역은 유럽과 아시아에 집중되어 있으며, 유럽에서는 오스트리아 · 크로아티아 · 스웨덴 · 독일 · 루마니아 · 러시아 등의 선수가 세계랭킹 상위에 이름을 떨치고 있다. 아시아에서는 한국 · 싱가포르 · 대만 · 중국 · 일본 · 홍콩 등이 강호국이기는 하지만, 세계적으로 중국의 기술은 뛰어나며, 1988년 서울대회 이후 정식 종목이 된 올림픽에서는 총 메달 수가 34개로, 2위인 한국의 14개를 크게 제쳤다.

베이징올림픽에서도 남자 단체[마린(馬琳) · 왕리친(王勵勤) · 왕호(王晧)], 여자 단체[왕난(王楠) · 장이닝(張怡寧) · 곽약(郭躍)], 남자 단식(마린), 여자 단식(장이닝)이 금메달을 따서 탁구를 완전히 제패했다. 중국에서는 '국기'라 불릴 만하다.

3) 한국 : 태권도

한국의 국기인 태권도의 기원은, 한반도에 고구려 시대부터 존재하는 수박(手搏)이나 택견이라는 무술이라고 알려져 있다. 한자로는 '跆拳道(태권도)'라고 표기하며 '跆'는 '다리', '밟다'를, '拳'은 '싸운다', '주먹으로 친다'를, '道'는 '단련', '가야 할 길'을 의미한다. 따라서 스포츠이지만, 동시에 정신이나 육체를 단련하고, 심신 단련을 강화한다는 의미를 가진다. 1953년 한국전쟁 휴전 직후에 세계에 보급되었고, 1973년에 세계태권도연맹이 창설되었다. 올림픽에서는 1988년 서울, 1992년 바르셀로나에서 공개 경기로 실시되어 2000년 시드니올림픽에서 정식 경기로 채택되었다. 2010년 4월 5일 현재, 192개 국가 · 지역이 연맹에 가입하였으며, 올림픽에서는 남자는 58kg급, 68kg급, 80kg급, 80kg 이상급, 여자는 49kg급, 57kg급, 67kg급, 67kg 이상급으로 각각 4체급이 실시되고 있다. 또 올림픽에서는 대표 선수 수를 남녀 모두 1개국에서 2명까지, 최대 4명까지로 제한하고 있다.

베이징올림픽 남자 68kg급에 손태진, 80kg 이상급에 차동민, 여자 57kg급에 임수정, 67kg급에 황경선이 출전해서 4명 전원이 금메달을 획득했다.

4) 일본: 유도

한국의 태권도와 마찬가지로 일본이 발상지인 유도는 일본에 오래전부터 전해져 오는 유술(柔術: ※일본 고유의 무술)의 많은 유파 중에서, 덴진신요류(天神眞楊流), 기토류(起倒流)를 배운 가노 지고로(嘉納治五郎)에 의해 틀이 잡히고 (※오늘날까지) 발전해 왔다. 허약한 몸으로 육체적으로 열등했던 가노 지고로는, 비록 힘이 약한 사람이라도 힘이 센 사람을 이길 수 있는 방법이 있다는 것을 듣고 유술을 배우게 되었지만, 신체의 건강이 정신 상태에도 좋은 영향을 미칠 수 있다는 것, 유술의 승부를 위한 도리나 승부를 위한 연습에 관련된 지적 연습이, 사회의 다른 영역에 응용이 가능하고, 지적 훈련도 된다는 것을 알고, 지육(知育) · 체육(体育) · 덕육(德育)을 통달하기 위해 유도를 널리 알리기로 결심했다. 1882년에 문을 연 도장은 '사람의 걸어가야 할 길'이라는 의미인 '고도칸(講道館)'으로 명명하고, '심신의 힘을 가장 유익하게 쓰는 법(정력선용: 精力善用)'을 근본 원리로 하고, '자신을 완성하고, 세상을 보익하는 것(자타공영: 自他共榮)'을 수행의 목적으로 삼았다.

규세중학교(旧制中學校) 필수의 정식 과목이 되어, 2차 세계대전 이후에도 학교 교육에 채택된 유도는, 1949년에 전 일본 유도연맹이 창설되었다. 한편, 해외에서는 1948년에 런던에서 유럽 유도연맹이 창설되고, 유럽 유도 연맹이 1951년에 국제 유도연맹으로 개칭되어 새로운 조직으로 발족했다. 2010년 10월 말 현재 199개 국가·지역이 연맹에 가입되어 있다.

올림픽 정식 종목이 된 것은, 남자가 1964년 도쿄대회, 여자가 1992년 바르셀로나대회부터이고, 현재 남자는 60kg급, 66kg급, 73kg급, 81kg급, 90kg급, 100kg급, 100kg 이상 급이고, 여자는 48kg급, 52kg급, 57kg급, 63kg급, 70kg급, 78kg급, 78kg 이상 급으로, 각 7계급이 실시되고 있다.

베이징올림픽에서는 남자 66kg급의 우치시바 마사토(內柴正人), 100kg 이상 급의 이시이 사토시(石井慧), 여자 63kg급의 다니모토 아유미(谷本步實), 70kg급의 우에노 마사이(上野雅惠)가 금메달을, 여자 78kg 이상 급의 즈카다 마키(塚田眞希)가 은메달을, 여자 48kg급의 다니 료코(谷亮子), 52kg급의 나카무라 미사토(中村美里)가 동메달을 획득했다.

3. 인터뷰 담화 분석

이 장에서는, 위에서 언급한 4개국의 신문·잡지·인터넷에서 수집한, 국기에 출전한 선수 및 코치·감독·강화위원장의 인터뷰 담화를 분석한다. 선수에 대해서는, 일본 이외는 모두 단체·개인 중 어느 한 종목에서 금메달을 딴 선수의 인터뷰 담화를 사용했다. 그러나 중국 선수의 담화 중에는, 일본의 신문이나 잡지에서 인용한 것도 있다. 이것은 중국의 신문이나 인터넷에는, 인터뷰 담화가 적기 때문이다. 또 호주, 중국, 한국의 담화는, 본문에는 일본어 번역을 사용하였고, 담화 예문에는 원문 및 기존의 논문 집필 언어인 일본어의 한국어 번역문(원래는 원문 및 일본어 번역문)을 실었다.[6] 또 이론을 전개하는 데 있어서 중요한 단어나 문장은, 원어와 한국어 번역문(원래는 일본어, 원어) 양쪽 다 밑줄을 그었다.

(1) 호주

이 절에서는 금메달을 획득한 5명의 선수, 스테파니 라이스(200m 개인혼영, 400m 개인혼영), 브론테 배럿(800m 자유형 릴레이), 제시카 쉬퍼(400m 혼계영), 리비 트리켓(100m 나비), 레이즐 존스(100m 평영) 담화를 살펴보기로 한다.

먼저 금메달이 기대되었던 라이스, 그리고 트리켓은 그 기대에 보답할 수 있을지 없을지, 부담감 때문에 너무나 긴장하여, 정신적으로 궁지에 빠져 있었던 것이, 예 1 라이스의 "레이스 전에는 매우 예민해져 있었다", 예 2 트리켓의 "토할 것 같은 느낌이 들 정도였다"라는 발언에서 분명히 알 수 있다. 그러나 동시에 예 3 라이스의 "눈을 감

---

6) 일본어 번역에 대해서, 영어는 필자가 하고, 중국어는 이 책의 저자 중 한 명인 한이 씨에게 의뢰했다. 한국어는 필자의 연구생이었던 고정숙 씨에게 1차 번역을 의뢰하였고, 그것을 이 책의 저자 중 한 명인 박진회 씨가 확인해주었다. 또, 성명 뒤에는 출처를 간단히 명기하였지만, 일본에 대해서는 모두 아사히신문에서 인용하였기 때문에 따로 명기하지 않았다.

고 경기에 집중하고, 지금까지 해온 모든 하드 트레이닝에 대하여 생각하며 그저 최선을 다할 뿐이었다”에서는, 정신을 안정시키고, 자기 자신을 채찍질하는 모습도 엿볼 수 있다. 그리고 예 4 라이스의 “잘될 거라고 자신했다”에서 꾸준한 노력으로 얻은 자신감이 승리로 연결되어 가는 모습을 파악할 수 있다.

또 예 5, 예 6의 라이스는 “궁극의 골”, “멋진 레이스”, 예 7의 배럿은 “세계기록을 경신한 것이 정말 흥분된다”, 예 8의 쉬퍼는 “세계기록이 나오다니 대단하다”, “우리가 해냈다는 느낌”, 예 9 존스의 “레이스를 즐겼다”는 금메달이나 세계기록 경신이라는 쾌거에 대한 기쁨과, 회심의 레이스에 대한 자기 칭찬의 감정이 표출되어 있다.

여기에서 수영은 호주의 국기이기 때문에 국민의 메달 획득에 대한 기대가 높은 것만큼 선수에게는 부담이 많지만, 오히려 부담을 느끼면서도 그것을 극복하여 금메달을 딴 것, 세계기록을 낸 것에 대한 선수 자신의 순수한 기쁨과 그것을 솔직하고 긍정적으로 평가하는 표현이 다용된 것을 알 수 있다.

예 1) I was so <u>nervous</u> before that race but you know. I was really just trying to keep myself as relaxed as possible and try not to think that it was an Olympics and just do what I did at trials.

[레이스 전에는 매우 <u>예민해져</u> 있었다. 그래서 가능한 한 나 자신을 안정시키려고 했다. 그리고 올림픽이라는 것을 생각하지 않으려고 했다. 예선전이나 다른 경기에서 해왔던 것과 같이 하려고 노력했다.] (라이스 “Daily”)

예 2) Before the race I felt like I was going to <u>vomit</u>. But then this <u>amazing sense of calm</u> came over me, and I knew that more than anything I wanted to walk away with no regrets.

[레이스 전에는 <u>토할 것 같은</u> 느낌이 들 정도였다. 그러나 끝난 후에는 <u>뭐라고 말할 수 없을 정도의</u> 안도감에 휩싸였다. 나는 무엇보다도 후회 없이 레이스를 끝내고 싶었다.] (트리켓 "Australian")

예 3) I really had to close my eyes and <u>concentrate</u> on that freestyle and <u>think about all the hard training I've done and just give it my all.</u>

[눈을 감고 경기(자유형)에 <u>집중하고, 지금까지 해온 모든 하드 트레이닝에 대하여 생각하며</u> 그저 최선을 다할 뿐이었다.] (라이스 "Daily")

예 4) Coming into that relay we knew we had as good a chance as anyone else and we got <u>confidence</u> as it went on.

[릴레이 차례가 오고, 다른 어느 팀보다 기회가 있다는 걸 알았을 때, 잘될 거라고 <u>자신</u>했다.] (라이스 "Australian")

예 5) It is something I have dreamt about for a long time and was obviously the <u>ultimate goal.</u>

[오랫동안 꿈꾸어왔던 그것, 바로 <u>궁극의 골</u>이었다.] (라이스 "Australian")

예 6) It was a <u>phenomenal race.</u>
[<u>멋진</u> 레이스였다.] (라이스 "Australian")

예 7) I'm just <u>so excited</u> and to be a part of the team with these
girls and to smash the world record.

　[이 사람들과 같은 팀의 한 사람으로서 세계기록을 경신한 것이 정
말 <u>흥분된다</u>.] (배럿 "Daily")

예 8) It's <u>great</u> to get a world record and by three seconds. We
were joking in the marshalling area that we could take a couple of
seconds off but when we touched and saw we had done it, it was an
<u>amazing feeling</u>.

　[세계기록이 나오다니 <u>대단하다.</u> 그것도 3초도 단축하다니. 대기
실에서 단 몇 초의 단축은 가능할지도 모른다고 농담처럼 이야기
를 했었지만, 골인하고 그 농담이 달성됐다는 걸 알았을 때는, 대단
하다, <u>우리가 해냈다는 느낌</u>이었다.] (쉬퍼 "Daily")

예 9) It's been a long journey, a long eight years. In Montreal it
was very, very difficult. It was still fresh after Athens. I was still hurt
and a little low. I was still searching for myself and finding my self
worth and learning to believe in myself that was the first time I
<u>enjoyed racing</u>.

　[8년이라는 긴 여행이었다. 몬트리올은 매우 힘들었다. 아테네
이후에도 좀처럼 기운이 나지 않았다. 자아 찾기 여행 도중에 자신
의 가치를 찾으려고, 자기 자신을 믿는 것을 배우려고 했었다. <u>레이
스를 즐긴 것</u>은 처음이다.] (존스 "Australian")

(2) 중국

이 절에서는 단체 및 단식에 출전해 메달을 획득한 4명의 선수와 2명의 감독 담화를 살펴본다.

먼저 예 10에서 예 16까지 마린(馬琳)(단체·단식에서 금메달), 왕호(王晧)(단체 금메달, 단식 은메달), 장이닝(張怡寧)(단체·단식 금메달), 왕난(王楠)(단체 금메달, 단식 은메달)의 담화에서 "훈련", "희생", "중압", "질 수 없다", "국기로서 기대 대상이 되는 것이 힘들다", "상상 이상의 고생"이라는, 패배가 허용되지 않는 데 대한 비장감, 모든 것을 희생하고 국기 탁구의 길을 걸어온 것에 대한 집념이 느껴진다.

또, 예 17, 예 18의 류궈량(劉國梁) 감독의 말에서도 "중국 국가 대표팀 전체의 실력을 나타내는 금", "금메달을 노린다", "금을 못 딴 한을 풀기"라는 것처럼, 금메달을 따는 것이 지상명령이고 패배는 허용되지 않는다는 것을 간파할 수 있다. 스즈하오(施之晧) 코치도 예 19, 예 20에서 금메달에 대한 강한 의식과 "겨우 해방됐다", "지난 3년, 나는 아침부터 밤까지 이 꿈을 실현하기 위해 고민했다"와 같이 '국구(國球)'로 불리는 경기에 종사함으로써 느끼는 엄청난 부담감에 대해 말하고 있어서, 비장감이나 중압감은 지도자에게도 적잖게 느껴진다는 것을 알 수 있다.

그리고 이렇게 정신적으로 궁지에 몰린 상황에서 생활하고 있기 때문에 예 11, 예 13과 같이, 우승한 후에, 지지해준 가족이나 주위에 감사의 말을 전하는 것도 그 특징으로 꼽힌다.

예 10) (表彰式の涙は？)今までのいろいろなことを思い出した。訓
練のこと、試合のこととか。

[(시상식에서의 눈물은?) 지금까지 여러 가지가 생각났다. 훈련이
나, 경기 등] (마 "탁구 왕")

예 11) オリンピックは勇者たちのゲームであり、私は男の中の男
になれたと思いました。あの瞬間、様々な感情が交錯し、私は今
まで私を手助けしてくれたすべての人に感謝し、中國卓球に感謝
しました。

[올림픽은 용사들의 게임이고, 나는 남자 중의 남자가 되었다고
생각했습니다. 그 순간, 여러 가지 감정이 교차하고 지금까지 저를
도와주신 모든 분께 감사하고 중국 탁구에 감사했습니다.] (마 "탁
구 레")

예 12) 今まで本当に長い間、このために準備して、多くのこと
を犧牲にしてやってきた。この金メダルで本当に報われた。

[지금까지 정말 오랜 시간, 이 경기를 위하여 많은 것을 희생해
왔다. 이 금메달로 정말 보상받았다.] (왕호 "탁구 왕")

예 13) 私は普通の人では考えられない犧牲を拂ってきた。コー
チや支えてくれた皆に感謝したい。

[나는 보통 사람이 생각할 수 없는 희생을 해왔다. 코치나 지지
해준 모든 분께 감사하고 싶다.] (장 "아사히")

예 14) 北京は私の地元なので、負けるわけにはいかない。

[베이징은 내 고향인데, 질 수는 없다.] (장 "아사히")

예 15) 地元の大観衆の前で重圧を感じました。国技として誰から
も「卓球は金メダル」と期待されるのは大変なことなんです。私自
身、試合前は緊張したけど、試合が始まったらその中に入って、い
つしか緊張もなくなっていました。今までいろいろなことがあったけ
ど、今日の表彰台の一番上に立てたことは本当に幸せでした。卓球
の試合というのは残酷な面もありますね。私自身最近まで引退を考
えていました。でも今日の舞台で自分の持っている力を示したかっ
た。このチームの金メダルは何物にも代えられない重いメダルです。

[고향(※地元; 고향, 연고지, 출신지 등의 뜻. 이곳에서는 고향으
로 번역함)의 관중 앞에서 중압감을 느꼈습니다. 국기로서 누구나
'탁구는 금메달'이라고 기대하는 것은 (저에게는) 힘든 일입니다.
저 자신, 경기 전에는 긴장했지만, 경기가 시작되면 그 안에 들어가
어느덧 긴장도 없어지고 있었습니다. 지금까지 여러 가지 일이 많
았지만, 오늘 시상대의 맨 위에 설 수 있었던 것은 정말 행복했습
니다. 탁구 경기라는 것은 잔혹한 면도 있지요. 저 자신은 얼마 전
까지 은퇴를 생각하고 있었습니다. 하지만 오늘 이 무대에서 자신
이 가지고 있는 능력을 보여주고 싶었어요. 이 팀의 금메달은 그
무엇과도 바꿀 수 없는 무거운 메달입니다.] (왕남 "탁구 왕")

예 16) 這一路過來很不容易,爲了今天,我付出了太多。我覺得已
經成功挑戰了自我。

[이번 이 성적은 쉽지 않았다. 이번 성적을 위해서, 상상 이상의 고생을 했다. 나는 자신에게 도전하여 성공했다고 생각한다.] (왕난 "인민")

예 17) 團体金牌是分量最重的一枚金牌, 因爲它代表了中國隊的整体實力, 也是我們志在必得的一場比賽, 今天隊員們很好的發揮了自身的實力,非常高興能取得胜利。

[단체 금메달은 가장 중량감이 있는 금메달이다. 왜냐하면 중국 국가팀 전체의 실력을 나타내고 있기 때문이다. 이를 위해 우리는 이 경기에 반드시 이길 수 있도록 금메달을 노리고 경기에 임했다. 오늘 선수들이 가지고 있는 실력을 최대한 발휘하여 승리를 거둔 것은 무엇보다 기쁘다.] (류 감독 "인민 해외")

예 18) 馬琳和王勵勤都是奧運冠軍,王皓則是從零開始。本屆奧運會的比賽王皓确實交出了令人滿意的表現。他這次帶隊參加奧運會与4年前相比,隊伍已經顯得更加成熟。男團奪冠只是第一步, 比賽才剛剛過了一半, 后面還有打擊比賽, 4年前中國男單沒能奪得冠軍, 這个遺憾希望能在北京弥補。

[마린 선수와 왕리친 두 선수는 올림픽 금메달리스트이지만, 왕호 선수는 처음 1에서부터 출발했다. 왕호 선수는 이번 올림픽에서 누구나 납득할 만한 경기를 했다. 4년 전 아테네올림픽에 비해 이번 대표 선수는 한층 성장한 것 같다. 남자 단체 우승은 처음의 한 걸음에 불과하다. 경기는 반환점을 지난 것일 뿐, 앞으로 단식이 시작된다. 중국 남자는 아테네에서 단식 우승을 하지 못했다. 이 아쉬

움을 베이징에서 꼭 풀고 싶다.] (류 감독 "인민 해외")

예 19) 我感到非常高興, 因爲這枚金牌具有非凡意義, 以前中國乒乓隊拿過很多金牌, 但奧運會團体金牌是第一枚。

[나는 매우 기쁘다. 왜냐하면 이 금메달은 특별한 의미를 가지고 있다. 지금까지 중국 탁구팀은 많은 금메달을 땄지만, 이번 올림픽에서 단체 금메달은 처음이다.] (施 코치 "인민")

예 20) 我終于可以放松了。我創造了歷史。這3年, 我无時无刻不爲這个夢想的實現而苦思, 苦惱。現在, 終于結束了。

[나는 겨우 해방되었다. 나는 역사를 만들었다. …… 지난 3년, 나는 아침부터 밤까지 이 꿈을 실현하기 위해 고민해왔지만, 오늘 모든 것이 끝났다.] (施 코치 "Sina com 体壇周報")

(3) 한국

이 절에서는 금메달을 딴 4명의 선수, 손태진, 차민, 임수정, 황경선 및 김세혁 감독, 문원재 코치의 담화를 살펴본다.

우선 베이징올림픽에 출전한 네 선수가 모두 금메달의 획득이라는 좋은 성적을 남겼지만, 예 21, 예 22 차민의 "상당한 부담", "3연패를 반드시 이루겠다", 예 24, 예 26의 황경선은 "무릎이 끊어지는 한이 있어도 반드시 이기자", "앞선 두 한국선수가 금메달을 따 우승에 대한 부담감이 컸다." 예 28 임수정의 "그동안 정말 열심히 했는데요"처럼 국기에 출전하기 위해 상당한 중압감을 느끼고, 강한 결의를 가지고 경기에 임하고자 했던 것을 알 수 있다. 이것은 감독과 코치도 마찬가지로, 예 31 김세혁 감독의 "부담감은 컸다", "무조건 금메달을 따와야 한다는 압박감"이라는 발언도 분명하다. 또한, 그러한 부담감에 굴복당한 경험을 가진 황경선은 예 26에서 "부담이 컸다. 남은 남자 한계급에서도 금메달을 따달라"라는, 같은 긴장감을 안고 있는 다른 선수에 대한 배려도 보이고 있다.

그러나 누구에게도 지지 않을 만큼 연습해 온 것이 부담감 이상의 자신감으로 연결되어 예 23 차민의 "긴장하지 않았다", 예 29 임수정의 "동점 상황에서도 진다는 생각은 못 했다." 예 30 손태진의 "로페즈 경기는 꿈에 나올 정도로 많이 봐 오히려 편했다"라는 코멘트가 되어 나타나고 있다. 정신력이 단련되고, 집중력이 높아진 결과, 자신을 믿는 마음이 생기고, 그것이 자신감으로 연결되어 있는 것을 간파할 수 있다.

또한 예 27, 예 29와 같이 자신을 지지해준 부모님에 대한 감사하는 마음은 중국과 같이 깊다.

예 21) There is apparently a <u>pressure</u> to extend the country's tradition of excellence.

[자국의 훌륭한 전통을 이어가는 것은 <u>상당한 부담</u>이다.] (차민 "Korea")

예 22) 앞으로 남은 기간 동안 시뮬레이션 훈련에 매진해 남자

80kg 이상 급 <u>올림픽 3연패를 반드시 이루겠다.</u> (차민 "문화")

예 23) <u>긴장을 하지 않았다.</u> 앞에 세 명이 금메달을 다 따냈지만 부담이 됐다기보다 오히려 경기 흐름을 봐왔기 때문에 <u>긴장이 되지 않았다.</u> (차민 "Media Daum")

예 24) <u>무릎이 끊어지는 한이 있어도 꼭 이기자는</u> 다짐을 하고 결승전에 나섰다. 왼발을 위주로 공격했다. 오른발 공격은 다친 왼 다리가 지탱하지 못하기 때문에 할 수 없었다. (황경선 "조선")

예 25) 무릎이 끊어져도 상관없었다. <u>4년간 너무 고생을 많이 했다.</u> 포기하고 싶지 않았다. (황경선 "노컷뉴스")

예 26) 앞선 두 한국 선수가 금메달을 따 <u>우승에 대한 부담이 컸다.</u> 남은 남자 한 체급에서도 금메달을 땄으면 좋겠다. (황경선 "조선")

예 27) 지금 <u>부모님이 제일 보고 싶다.</u> 4년 전 아테네올림픽이 끝난 뒤 매 순간이 힘들었다. (황경선 "Sports")

예 28) <u>그동안 정말 열심히 했는데요.</u> 뒤차기가 정확하게 잘 맞았고 게임도 잘 풀려서 정말 좋습니다. (임수정 "SBS 인터넷 뉴스")

예 29) 할머니의 뼈가 부러져서 엄마가 병간호하느라 아버지밖에 베이징에 오지 못했다. <u>어머니가 정말 보고 싶다.</u> (…) 끝까지

집중력을 잃지 않았다. 마지막 뒤차기는 노리고 있던 상황에서 제대로 들어갔다. 내가 국제 경험이 없어 왼발잡이인 결승 상대 터키 선수가 너무 생소했다. 그러나 동점 상황에서도 <u>진다는 생각은 못했다.</u> (임수정 "Sports(스포츠)")

예 30) 로페즈 경기는 꿈에 나올 정도로 <u>많이 봐 오히려 편했다.</u> 금메달을 따내면 좋은 줄 알았는데 막상 따니까 잘 모르겠다. 그냥 어리둥절하다. (손태진 "문화")

예 31) 국내 대표팀 감독은 처음 맡았고, 또 처음으로 올림픽에 나섰다. 코칭스태프와 선수들의 부단한 노력으로 금메달을 따내기는 했지만 <u>부담감이 너무 컸다.</u> (…) 그러나 <u>무조건 금메달을 따와야 한다는 압박감</u>은 코칭스태프나 선수들 모두 견디기 힘들다. (김세혁 "Newsis")

(4) 일본

이 절에서는 금메달을 획득한 4명의 선수, 은메달을 획득한 선수, 동메달을 획득한 2명의 선수 및 감독·강화위원장의 담화를 살펴본다.

먼저 선수의 담화이지만, 국기인 유도에 출전하는 선수들은 모두 금메달을 따는 것이 요구된다. 따라서 비록 은메달과 동메달을 획득하더라도, 예 41처럼 쓰카다 마키의 "그게 제 실력입니다", 예 44의 나카무라 미사토의 "금메달 이외는 모두 같다"처럼 기쁜 감정은 느껴지지 않고, 자신에게 엄한 발언이 되어 나왔다. 금메달이 당연시되면서 동메달에 그친 다니 료코에 이르러서는, 은퇴 가능성의 유무를 추궁당하게 되고, 그것이 예 42의 "메달 획득이 자랑스럽다", 예 43의 "지금은 주부로 돌아가고 싶다"라는 모순된 두 가지 발언으로 이어지고 있다.

또한, 우치시바 마사토, 이시이 사토시, 2명이 금메달을 땄음에도 불구하고 다른 선수들이 부진한 것에 대해, 사이토 히토시 남자 감독은 예 45와 같이 "감독 책임"이라고 말했다. 요시무라 가즈로 강화위원장도, 남녀 합해서 7개의 메달을 땄음에도 불구하고, 예 46과 같이 "전체 결과는 모두의 기대를 저버렸다. 패배를 받아들이고, 어떻게 다시 일어설까를 생각하지 않으면 안 된다"라고 발언했다.

이처럼 승리지상주의는, 국기에 종사하는 사람의 숙명이지만, 금메달을 딴 선수의 담화에서 부담보다는 오히려 '가족에게 감사하는 마음'과 '한판승에 대한 집념'을 간파할 수 있다. 예 37 우에노 마사에의 "나의 노력이 여동생들에게 좋은 영향을 끼치기 바란다"에서 같은 유도의 길을 걷는 동생에게 언니로서의 메시지가, 우에노의 예 38 "가족이 기뻐해준 것이 가장 기쁘다"에서 가족과 기쁨을 함께하는 행복이 분명히 나타난다. 또 예 39, 예 40의 우치시바 마사토의 "아내와 아이를 베이징에 데리고 가고 싶어서", "아버지의 역할을 제대로 했습니다"에서는 가족의 중심으로서 아버지의 역할을 다했다는 만족감이 묻어난다.

이와는 대조적인 발언이 예 32, 예 33, 예 34의 다니모토 아유미는 "한판으로 이기는 유도를 관철해서 좋았다", "한판으로 이기는 유도가 사라지고 있다는 것은 납득할 수 없다. 누군가가 지키지 않으면 안 된다. 자신이 할 수 있다면, (※한판승 유도)를 이끌어 가고 싶다", "저는 한판으로 이기는 유도를 배웠습니다. 앞으로 유도를 하는 아이들도 한판으로 이기는 유도를 해주기 바랍니다"라는 이기는 방법을 언급한 것이다. 유도가 세계적인 스포츠가 된 것으로, 종래의 '한판'으로 화려하게 이긴다는 일본의 유도가 통하지 않게 되었지만, '한판'으로 이기는 방법을 고집하는 다니모토는, 인터뷰에서 '한판'을 번번이 강조하고 있다. 또 예 35, 예 36의 이시이 사토시 발언도 '한판'을 의식한 것이며, 승부에 집착하거나, 한판승에 연연하지 않았던 이시이는, "저의 유도입니다. 완전한 승리를 하러 갔습니다", "나 자신은 스포츠를 하는 게 아니다. 전투를 한다고 생각한다"라는 말을 남겼다.

여기에서, 선수의 담화에는 항상 금메달이 요구되며, 비장감뿐만 아니라 자신을 지지해주는 가족에 대한 애정과, 일본 유도의 이상적인 승리 방법인 '한판'에 집착하는것을 간파할 수 있다.

예 32) <u>一本</u>を取る柔道を貫いてよかった。(谷本)
[<u>한판</u>으로 이기는 유도를 관철해서 좋았다.] (다니모토)

예 33) <u>一本</u>を取る柔道がなくなってきていることに納得できない。誰かが守らないと。自分ができるのなら、背負っていきたい。(谷本)
[<u>한판</u>으로 이기는 유도가 사라지고 있다는 것을 납득할 수 없다. 누군가가 지키지 않으면 안 된다. 자신이 할 수 있다면, (※한판승 유도를) 이끌어 가고 싶다.] (다니모토)

예 34) 私は<u>一本</u>を取る柔道を教わってきました。これから柔道

をする子供たちにも一本を取る柔道をしてほしい。(谷本)

[저는 한판으로 이기는 유도를 배웠습니다. 앞으로 유도를 하는 아이들도 한판으로 이기는 유도를 해주기 바랍니다.] (다니모토)

예 35) 自分の柔道です。完全に勝ちにいきました。(石井)

[저의 유도입니다. 완전한 승리를 하러 갔습니다.] (이시이)

예 36) 自分はスポーツをやっていない。戰いだと思っている。(石井)

[나 자신은 스포츠를 하는 게 아니다. 전투를 한다고 생각한다.] (이시이)

예 37) 自分の頑張りが、妹たちに影響してほしい。(上野)

[나의 노력이 여동생들에게 좋은 영향을 끼치기 바란다.] (우에노)

예 38) この日のために、今までの苦勞があったと思う。いろんな人たちの支えがあって、ここまで來られた。私を支えてくれた人たちへの金メダルだと思う。日本からたくさん応援に來てくれて、そのお陰で勝てた。家族が喜んでくれたのが一番うれしい。(上野)

[이날을 위해서, 지금까지의 고생이 존재했다고 생각한다. 여러분의 도움으로 여기까지 올 수 있었다. 나를 지지해준 분들께 바치는 금메달이다. 일본에서 많은 분이 응원을 와주셔서 그 덕분에 이길 수 있었다. 가족들이 기뻐해준 것이 가장 기쁘다.] (우에노)

예 39) 4年間、何度もやめたいと思いましたけど、一生懸命家

事をしながら學校に通っている妻と子を北京に連れて行きたいと
思って。(內柴)

[4년간, 몇 번이나 그만두려고 생각했습니다만, 집안일을 열심히
하면서 학교에 다니는 아내와 아이를 베이징에 데리고 가고 싶어
서 (※계속 했습니다).] (우치시바)

예 40) 親父の仕事をしっかりやりました。(內柴)
[아버지의 역할을 제대로 했습니다.] (우치시바)

예 41) あまり覺えていないです。あれが自分の實力です。(塚田)
[별로 기억이 안 납니다. 그게 제 실력입니다.] (쓰카다)

예 42) ママとして五輪に出場できるなんて思ってもみなかった。5
大會連續のメダル獲得を誇りに思う。(谷)
[엄마로서 올림픽에 출전할 수 있다는 생각도 못 했다. 5개 대회
에서 연속으로 메달 획득한 것이 자랑스럽다.] (다니)

예 43) (引退について聞かれ)そればかりは1人の氣持ちでは決め
られない。周りと相談しながらですね。今は主婦をしたいです。(谷)
[(은퇴에 관한 질문에) 그것만은 혼자서 정할 수 없다. 주위 분들
과 의논해야 한다. 지금은 주부로 돌아가고 싶다.] (다니)

예 44) 金メダル以外は同じ。(中村)
[금메달 이외는 모두 같다.] (나카무라)

예 45) (男子メダル數過去最低が確定して)監督の責任だ。どのへ
んで腹を切るか考えるしかないが、あと 2 日、命がけで頑張る。(齊
藤監督)

[(남자 메달 수 사상 최저가 확정되고) 감독 책임이다. 어느 시기
에서 책임을 지고 물러날까를 생각할 수밖에 없지만, 남은 2일, 목
숨을 걸고 열심히 하겠다.] (사이토 감독)

예 46) 監督、コーチは一生懸命やったが、全体の結果はみんな
の期待を裏切った。負けたことを受け止めて、どう切り換えるか考
えないといけない。(吉村強化委員長)

[감독, 코치는 열심히 했지만, 전체 결과는 모두의 기대를 저버렸
다. 패배를 받아들이고, 어떻게 다시 일어설까를 생각하지 않으면
안 된다.] (요시무라 강화위원장)

4. 고찰

이 절에서는 앞 절에서 분석한 결과를 토대로, 담화의 유사점과 차
이점에 초점을 맞추어 고찰한다.

먼저 유사점은, 국기에 종사하더라도, 예를 들어 독재 정권하에서
국민들이 고통받고 있는 짐바브웨의 코벤트리 선수의 "내가 수영을
계속하고 있는 것은 국기를 게양하고 싶어서이다. 모국의 국민에게
희망의 등불을 켜주고 싶어서"7), 내전이 계속되고 있는 아프가니스탄

의 니크파이 선수의 "이 메달이 평화의 메시지가 되어주기를 바란 다"8)와 같이, 내셔널리즘과 결합하기 쉬운 국기 게양이라는 발언이나, "모국 국민에게 희망의 불빛을 밝힌다", "평화의 메시지"라는 대의명 분적인 발언은 보이지 않는다. 즉, 국기로 올림픽에 출전하기는 했지 만, 각별히 국가를 의식한 담화가 나타나지 않는다는 것이다. 그러나 국기에 종사한다는 것은, 그 나라가 세계에서 가장 강해져야 한다는 것, 지는 것은 허용되지 않는다는 것을 의미하고, 그것은 당연히 금메 달을 획득하는 것은 국민의 기대로 이어진다. 따라서 선수는 물론 감 독·코치·강화위원장도, 상상할 수 없을 만큼의 부담을 느끼고 있으 며, 그것은 모든 국가 선수·관계자의 담화에도 표출되고 있다.

그것은 국기에 종사하는 선수와 그 이외의 종목으로 올림픽에 참가 하는 선수의 담화를 비교하면 더욱 분명하다. 예로 일본의 기타지마 고스케, 후쿠하라 아이, 우치무라 고헤이의 담화9)를 보자.

수영 100m 평영, 200m 평영에서 금메달을 차지한 기타지마 선수 는 100m 평영에서 금메달을 획득한 후, "기분 짱이에요(チョー氣持ち いいっす). 최고예요(最高っすね)"라고 '짱(チョー)'이라는 젊은이의 말투, 즉 속어를 사용하여 가볍게 그 기쁨을 표현하고 있다. 또 탁구 에서 메달을 따지 못한 후쿠하라 선수는 "연습해온 것을 다 쏟아냈다. 메달을 따지 못한 것은 분하지만, 자신의 경기에 대해 후회는 없다", "연습한 것은 다 쏟아냈다. 열심히 했는데 진다면 어쩔 수 없다고 생 각한다"라고, 메달을 따지 못해도 자기 자신의 경기에 만족한다. 더욱

---

7) 『아사히신문』 오사카 본사 버전. 2008년 8월 14일 인용.

8) 『스포츠닛폰』. 2008년 8월 22일 인용.

9) 『아사히신문』 오사카 본사 버전. 2008년 8월 12일, 13일, 18일 인용.

이 체조에서 남자 단체 은메달, 개인 종합 은메달을 차지한 우치무라 선수는, "경기 내용은 좋았기 때문에 기쁘다. 우리스타일의 체조를 했다는 느낌입니다"라고, 금메달이 아니더라도 그 성적에 만족하는 모습을 엿볼 수 있다. 즉, 부담은 있었더라도 담화에 나타날 정도는 아니고, 또 세계 제일이 되기 위한 집착이라는 것도 느껴지지 않는다. 이 예에서도, 국기에 종사하는 선수와 그렇지 않은 선수가 느끼는 부담 정도에 얼마나 큰 차이가 있는지는 분명해졌다.

또, 두 나라의 담화에도, 팀의 일원이었던 것과 지지해준 사람들, 그리고 가족을 언급하는 말이 보이고, 이 언급을 통해 정신적인 중압감은 혼자서 소화해내는 것이 아니라, 많은 사람의 지지가 중압감을 이겨내는 원동력이 된다는 것을 알 수 있다.

그러나 각국의 담화 내용에 차이가 있는 것 또한 사실이다. 첫째, 호주의 특징은, '궁극(究極)', '흥분(興奮)', '대단하다(すごい)', '해냈다(やった)', '레이스를 즐겼다(レースを樂しめた)'처럼, 긍정적인 의미를 가진 단어나 표현을 사용하고, 솔직하게 기쁨을 나타내고 있다는 점이다. 이에 대해 중국은, '훈련', '희생', '중압(重壓)', '상상 이상의 고생', '아침부터 밤까지 고민'처럼, 부정적인 의미를 가진 단어나 표현을 사용하여, 승리가 고통 뒤에 얻은 것이라는 것을 보여준다. 한국의 경우에는, '상당한 부담', '무릎이 끊어져도', '정말 열심히 해왔다', '무조건 금메달을 따와야 한다는 압박감', '지지 않는다는 자신감', '긴장은 안 했다'처럼, 국기에 종사하는 이상의 필사적인 마음가짐과, 그것을 극복한 후의 자신감이라는, 긍정적·부정적인 두 표현이 사용되고 있다. 즉, 이 세 국가에서는, 승리라는 결과에 초점을 맞추어 감정적인 단어나 표현을 사용하여 그것을 긍정하는 호주, 승리에 이

르기까지의 과정에 초점을 맞추어 그 고생이나 괴로움을 호소하는 중국, 마찬가지로 승리에 이르기까지의 과정에 초점을 두기는 하지만 고생이나 어려움뿐만 아니라 그 과정에서 생기는 희망을 나타내는 한국이라는 차이가 있다.

그렇다면 이 차이의 배경에 존재하는 것은 무엇일까. 필자는 이 차이의 원인이 되는 것은 다음 두 가지라고 생각한다. 우선 첫 번째는, 선수 양성 제도의 차이이다. 호주는 '국민 3명 중 1명이 평상시에 스포츠를 하고 있다는 국가'[10]이며, 특히 수영은 가정이나 공영(公營) 수영장 등에서 즐기면서 해온, 누구나 하기 쉬운 스포츠라고 할 수 있다. 이에 대해 중국에서는 종류도 다양한 탁구팀이 있고 유소년기에 주목을 받은 선수는 초등학교 때부터 부모 슬하를 떠나서 클럽의 팀이나 국가 대표팀에서 지내는 경우도 많다. 즉, 탁구에 절은 생활을 강요당하는 것이다. 한국도, 중국처럼 유소년기부터 구속되는 것은 아니지만, 국가 대표팀 선수들은 장기간 합숙을 하며 자유가 없는 시간을 보낸다.[11] 이런 선수 양성 제도의 차이에 의한 구속 기간이 담화에 있어서는 고생이나 괴로움을 더 강하게 표출시키는 요인이 되고 있다고 생각된다.

두 번째는 국민성의 차이이다. 다문화 국가가 된 호주인의 기질을 한마디로 말한다는 것은 어렵지만, '유유히(のんびり)', '밝다(明るい)', '낙천적(樂天的)'[12]이라는 이미지는 아직도 건재할 것이다. 한국

---

10) 【신정 증보(新訂增補)】 『오세아니아를 아는 사전』. p.336 인용.

11) 필자는 부모 슬하를 떠나 탁구 중심의 생활을 한 경험이 있는 중국인을 몇 명 알고 있다. 또 마쓰세(2008)에는 주니어 스포츠 엘리트가 다니는 스포츠학교 '업여체육학교(業余体育學校)'를 설명한 부분이 있다(p.89). 한국에 대해서는, 오시마(2008), 태릉선수촌의 URL 참조.

12) 『개요 호주 역사』. p.6, 『호주인 다문화국가의 참모습』. p.37, p.87 참조.

인에 대해서는, 좋은 의미로는 자존심이 강하고 또 열심히 하고 자신을 솔직하게 표현하는 문화가 존재한다는 것을, 고하리(1999), 사이토(2005)가 지적했다. 이러한 요소가 긍정적인 표현을 만들어내는 기반이 되고 있다고는 말할 수 있지 않을까.

그런데 일본 선수의 담화에서 상기의 세 나라에는 출현하지 않는 '한판'이라는 이기는 방법에 관한 단어가 보인다. 즉, 일본만이 금메달을 획득하기까지의 과정에서 정신적인 괴로움이나 그것을 극복한 자신감, 금메달을 획득한 후의 기쁨과 같은, 선수 개인의 감정을 표현하는 어휘가 아니라 일본 유도의 진수를 나타내는 '한판'이라는 단어가 들어 있는 것이다.

그러면 왜 '한판'이라는 단어가 등장하는 것일까. 유도의 창시자 가노 지고로는 저서에서 "원래 정신과 신체는 따로 구별하여 논할 수는 없지만 일반 사람에 대해서는 각각 설명하기 위하여 적당하다고 생각한다. 그러므로 심신의 힘을 가장 유효하게 사용하는 것은, 유도의 공격 방어의 모든 경우가 일관된 원리이며 또한 가르침이라고 할 수 있다. 이 심신의 힘을 가장 유효하게 사용한다는 것은, 쉽게 말하면 정력의 최선의 활용이라고 할 수 있다. 이들을 정리해서 말하자면 정력의 선용이라고 할 수도 있다"라고 말하고 있다(가노, 1992).

여기서 다룬 수영, 탁구, 태권도, 유도 4경기를 비교하여 보자. 정리하면 다음 <표 1>이 되지만, 여기에서 유도만이 도구를 사용하지 않고 상대와 직접 맞붙는 것으로 상대의 신체뿐만 아니라 마음의 움직임까지 강하게 감지하며, (※ 맞붙어) 이기기 위한 심신을 필요로 하는 경기라는 것을 간파할 수 있다. 그리고 가노가 말하는 심신의 힘을 가장 유효하게 사용했을때 '한판'이 태어나는 것이다.

고도관(講道館) 도서자료부장인 무라타 나오키 씨는 "한판은 승자에게도 패자에게도 명쾌하게 이기는 방법이고, 승리와 결부되어 있기 때문에, 유도를 하는 사람이면 누구나 한판에 집착한다. 그러나 언제나 한판으로 이길 수 있는 것이 아니라, 상대를 제압하면서 상대방 등이 크게 다다미에 닿도록 상당한 힘과 재빠른 속도로 던지지 않으면 한판승으로 연결되지 않기 때문에, 기술과 심신의 충실한 양면이 한판승에는 필요하다. 그 '합리성 수준'이 높아지면, 한판승의 확률도 높아지는 것이다"라고 말했다.13)

또 1992년 바르셀로나올림픽에서 금메달을 획득하고, 다니모토의 코치이기도 한 고가 도시히코 씨는 자신의 홈페이지14)에서 "유도는 무조건 이기면 된다고 하는 것은 아니라고 생각합니다. 승리에만 집착한 선수는 결과적으로 집니다. 일본 유도는 역시 한판승(한판 유도)의 기본으로, 그것이 스스로 자신을 채찍질하기도 합니다. 체격과 체력은 외국 선수에 뒤떨어지고 있어도 한판승을 의식하는 유도를 계속함으로써 타협을 없애고, 사물의 본질을 응시할 수 있습니다. 그것이 유도의 묘미라고 생각하며, 관객도 감동하고, 자신감으로도 이어집니다. 자신의 기술과 유도의 정신을 받들어 결과를 내는 '한판의 미학'이 앞으로 더욱 필요하다고 생각합니다." "다니모토 선수도 우승한 직후의 인터뷰에서 말했습니다만, '유도가는 예술가'이니까요"라고 말했다.

즉, 방어구를 사용하는 태권도와 달리, 신체만으로 상대를 향해 돌진해가고 순식간에 승리를 결정해버리는 유도 '한판'에는, 그 역동과

---

13) 필자인 무라타 씨의 인터뷰 내용을 정리했다.

14) 공식 홈페이지 "고가 도시히코가 말하는 '한판 유도의 장래'" 인용.

아름다움을 담당하는 기술과 정신 양면의 확충이 필요하다는 것과, 그 '한판승'을 이룰 연습을 계속함으로써 사물의 본질이 보인다는 것, 그리고 그것이 정신적인 경지에 사람을 도달하게 한다는 것이라는 인간 형성의 관계를 엿볼 수 있는 것이다. 따라서 유도 관계자는 단순한 승리가 아닌, 이 수련의 아름다움, 인격 상승이라는 의미를 가진 '한판'으로 이기는 방법을 고집한다. 비록 올림픽 종목이 되더라도 이 국기의 전통 정신을 상징하는 '한판'이라는 말이, 담화 사이사이에 엿보이는 것은 유도의 특수성이라고 할 수 있다.

<표 1> 국기의 비교

구분	도구의 사용	마주함(向かい合う)	접촉	맞붙음(組み合う)
수영	×	×	×	×
탁구	○	×	×	×
태권도	○	×	○	×
유도	×	×	○	○

5. 정리와 향후의 과제

이 장에서는 호주, 중국, 한국, 일본의 국기에 종사하는 선수의 담화를 보았다. 거기에는 공통점도 있지만, 각각의 국민성(お國ぶり; ※그 나라, 그 지방의 독특한 풍습, 습관 등을 나타내지만 여기서는 국민성이라고 정의함), 특히 일본의 유도는 단순히 올림픽 경기 종목의 하나라는 견해가 아니라, 선수나 유도에 종사하는 사람들 사이에 '한판의 미학'이라는 철학과도 같은 독특한 일본 문화사

상이 오늘날에도 계승된 특수한 종목이라는 것을 알 수 있다.

　앞으로는 국기 이외의 종목에 참가한 올림픽 선수의 담화, 올림픽 이외의 경기에 출전한 선수의 담화, 프로 스포츠 선수의 담화 등, 스포츠에 관련된 다양한 담화를 관찰하는 것으로, 또는 스포츠 선수의 담화를 역사적으로 더듬어가는 것으로, 스포츠에 있어서 국가의 영향, 각국의 문화·사상·정신과의 관계를 담화 분석을 통해 통찰하고 싶다고 생각한다.

참 고 문 헌

Australia Olympic Committee <http://corporate.olympics.com.au/> (2010
년 10월 31일).

Federation Internationale de Natation(International Swimming Federation)
<http://www.fina.org/H2O/index.php?option=com_content&vie
w=article&id=602&Itemid=359> (2010년 10월 31일).

후지이 모토오(2003). 『탁구 지식의 샘』. 도쿄: 탁구 왕국(卓球王國).

Gellner, E.(1983). Nation and Nationalism. Oxford: Blackwell
Publishers(가토 다카시 역. 2000. 『민족과 내셔널리즘』. 도쿄:
이와나미 서점(岩波書店)).

기브니 · B · 프랭크 편(1995). '수영'. 『브리태니커 세계대백과사전 9』
제3판 도쿄: TBS · 브리태니커(ブリタニカ) 681   686.

호주 일본 교류기금
<http://www.ajf.australia.or.jp/aboutajf/publications/sirneil/dict/
swimming.html> (2010년 10월 31일).

하야시 다쿠오 편저(2008). 『담화 분석 방법 이론과 실천』. 서울: 연
구사.

International Judo Federation <http://www.ijf.org/> (2010년 10월 31일).

International Table Tennis Federation <http://www.ittf.com/> (2010
년 10월 31일).

이시카와 에이키치 외 감수(2000). 『[신정 증보] 오세아니아를 아는
사전』. 도쿄: 헤본사(平凡社).

가노 지고로(1992). 『가노 지고로 저작집 제1권』. 도쿄: 오월서점(五
月書房).

가노 지고로(1997). 『가노 지고로 내 생애와 유도』. 도쿄: 일본 도서센터.

고가 도시히코 공식 홈페이지 <http://www.kogatoshihiko.jp/> (2010
년 10월 31일).
고하리 스스무(1999). 『한국과 한국인』. 헤본사신서. 도쿄: 헤본사(平凡社).
마쓰무라 아키라 편저(1988). 『다이지린(大辭林)』 제2판. 도쿄: 산세도.
마쓰세 마나부(2008). 『무서~운 중국 스포츠』. 도쿄: 베이스볼 매거진사.
나가키 고스케(2008). 『가노 유도 사상의 계승과 변용』. 도쿄: 가자마
서점(風間書房).
일본 무도관 편(2007). 『일본의 무도』. 도쿄: 일본 무도관(日本武道館).
일본 올림픽위원회 <http://www.joc.or.jp/sports/> (2010년 10월 31일).
오시마 히로시(2008). 『코리안 스포츠 <극복일(克日)> 전쟁』. 도쿄:
신초사(新潮社).
오사노 준(2001). 『도설유술(図說柔術)』. 도쿄: 신기원사(新紀元社).
Rossini, S.(1987). HIEROGLYPHES. Lire et Ecrire[야지마 후미오
역. 1996. 『도설(図說) 고대 이집트 문자 입문』. 도쿄: 가와데
쇼보 신사(河出書房新社)].
사이토 아케미(2005). 『언어와 문화의 한일 비교』. 도쿄: 세계사상사.
사나다 히사시(2007). '수영'. 다구치 사다요시 편. 『스포츠의 백과사
전』. 도쿄: 마루젠(丸善). pp.279-280.
세키네 마사미 외(1988). 『개요 호주 역사 <유히카쿠 신서(有斐閣 選
書)>』. 도쿄: 유히카쿠(有斐閣).
시미즈 야스오(2006). 「스포츠의 언어 지금과 옛날」. 『일본어학』, 제
25권 제14호, 18-35.
신무라 이즈루 편(2008). 『고지엔』. 제6판. 도쿄: 이와나미서점.
시오카와 노부아키(2008). 『민족과 네이션 - 내셔널리즘이라는 수수께
끼』. 이와나미신서. 도쿄: 이와나미서점.
주간 아사히 증간 베이징올림픽 총집편. 2008년 9, 10호. 도쿄: 아사
히신문 출판.
Swimming Australia <http://www.swimming.org.au/> (2010년 10월 31일).
다카기 히데키 · 사나다 히사시(2005). 「영국의 수구(Water Polo) 경
기의 시작과 규칙의 변천에 관한 연구」. 『쓰쿠바대학 체육과

학 논문집』, 제28권, pp.79-90.

태릉선수촌

    <http://www.ilyosisa.co.kr/SUNDAY/SUN_0242/0006/0604.sht ml> (2010년 10월 31일).

Terrill, R.(1987). The Australians. New York: Barbara Lowenstein Literary Agent(다무라 이즈미 역. 1989. 『호주인 다문화 국가의 모습』. 도쿄: 시사통신사).

도도 요시아키(2007). 『유도의 역사와 문화』. 서울: 불미당출판(不味堂出版).

도도 요시아키(2007). '유도.' 다구치 사다요시 편. 『스포츠의 백과사전』. 도쿄: 마루젠. pp.244-247.

World Taekwondo Federation

<http://www.wtf.org/wtf_eng/site/about_wtf/intro.html> (2010년 10월 31일).

인용 데이터

수영

Beijing 2008 Olympic Games Australia official site of the 2008 Australian Olympic Team <http://beijing 2008.olympics.com.au/> (2010년 10월 31일).

The Australian

    <http://www.theaustralian.news.com.au/beijing_olympics/story/ 0,27313,24173925 5014197,00. html # latest-comments> (2009년 10월 19일).

The Australian

August 12, August 13, August 15

The Daily Telegraph

    <http://www.dailytelegraph.com.au/sport/sport-biography/steph anie-rice-wins-australias-first-medal-of-the-beijing-games-in-40

0m-individual-medley/story-e6freyl0-1111117154142> (2009년 10월 19일).

탁구

차이나넷<http://japanese.china.org.cn/olympic/2008-08/19/content_ 16273559.htm> (2009년 10월 20일).
『인민일보』. 2008년 8월 18일.
『인민일보』 해외판. 2008년 8월 19일, 23일.
『주간아사히』 증간 베이징올림픽 총집편. 2008년 9, 10호. 아사히신 문 출판.
sina 新波奧運 <http://2008.sina.com.cn> 8월 23일(2010년 10월 31일).
『탁구왕국』. 2008년 11월호.
『탁구보고서』. 2008년 10월호.

태권도

『문화일보』. 2008년 8월 22일, 8월 23일.
문화일보 <http://www.munhwa.co.kr> (2010년 10월 31일).
『조선일보』. 2008년 8월 22일, 8월 23일.
Media Daum
        <http://media.daum.net/?nil_profile=title&nil_src=media> (2010년 10월 31일).
Newsis <http://newsis.com> (2010년 10월 31일).
노컷뉴스 <http://www.nocutnews.co.kr> (2010년 10월 31일).
SBS 인터넷뉴스
        <http://uporter.sbs.co.kr/nsNews/goSectionView.action?newsId =46058> (2010년 10월 31일).
『Sports Today』. 2008년 8월 22일, 8월 23일.
The Korea Times
        <http://www.koreatimes.co.kr/www/news/sports/2009/08/253_2 9850.html> (2010년 10월 31일).

유도

『아사히신문』오사카 본사 버전. 2008년 8월 10일~16일 조간.

기타

『아사히신문』오사카 본사 버전. 2008년 8월 12일, 8월 13일, 8월 18
　　일 조간.
『스포츠닛폰』도쿄 본사 버전. 2008년 8월 22일.

이 장은 2009년 5월 17일 JALT Okayama Meeting, 7월 14일 11th International Pragmatics Conference(Melbourne, Australia)에서 구두 발표(사용언어: 영어)를 기반으로 한 논문 「올림픽 선수의 담화 분석 – 국기에 출전한 한국 · 호주 · 중국 · 일본 선수의 비교를 바탕으로 – 」(『중화일본연구』 제1기. 2009년. pp.87-103. 대만 중화대학. 작성언어: 일본어)에 가필 · 수정한 것이다.

Interview Discourse and National Sports

Chie Yamane-Yoshinaga

This paper aims to clarify the relationship between interview discourses of national sports and the consciousness or the culture of each nation. In this study, I analyze the interview discourses of athletes, coaches, and supervisors involved in the national sports of four countries: Australia (Swimming), Korea (Taekwondo), China (Table tennis) and Japan (Judo). The results of the analysis are as follows:

1. Participants and others involved in the sports from the above four countries do not feel as much patriotic fervor as their peers from countries experiencing civil war or unrest. However it is clear that they are heavily burdened with the expectations of the people because losing is not tolerated in their countries.

2. Australian athletes focus on the results of victory and thus use many positive words. The Chinese athletes focus on the path to victory, thus choosing words that express the difficulty or the pain to achieve success. Koreans also focus on the path to victory; however, they use words not only to express the difficulty or the pain endured to

achieve success, but also to indicate the confidence that results from treading that path. These differences arise from the athletes' training methods and the respective national characteristics.

3. Judo is the only sport in which athletes wrestle with their opponents directly, without using any equipment; therefore, they want to triumph over their opponents using not only physical strength, but also mental tactics. The victory by "Ippon" occurs when athletes use the powers of their body as well as their mind most effectively. The victory is a result of the beauty of the discipline they stick to and means the development of a complete personality. Therefore, Judo athletes pursue the "Ippon" victory, and not merely victory by itself. We can observe the characteristics of the "Ippon" in their interview discourse.

オリンピック選手のインタビュー分析
－国技に出場したオーストラリア・中国・韓国・日本選手の比較をもとに－

山根智恵

　本稿は、北京オリンピックで国技(水泳、卓球、テコンドー、柔道)に出場したオーストラリア・中国・韓国・日本選手(監督・コーチ・強化委員長を含む)のインタビューを分析し、その類似点・相違点を明らかにすることで、談話に表出されるスポーツと国家意識・各国文化との関わりについて言及した。それらは以下の3点にまとめられる。

　1. 国技に携わる人たちは、内戦などで苦しむ国家から出場した選手のように、国家を背負っているとか、国民に希望を与えたいというような意識をもって臨んではいない。しかし、国民の期待を一身に背負い、敗北は許されないということから、非常な重圧のもとで競技を行っていることが窺える。

　2. オーストラリアの選手は、勝利という結果に焦点を当て、肯定的な意味を持つ語彙を多用し、中国の選手は勝利に至るまでの過程に焦点を当て、その苦労やつらさをアピールする語彙を多用している。韓国の選手は、中国同様、勝利に至るまでの過程に焦点を当てているが、苦労や困難さだけでなく、その過程から生まれる自信を表現する語彙を使用している。これは、選手養成制度の違い(幼少から親元を離れ、クラブチームなどで過ごす中国、選手村で長期のトレーニングを行う韓国)や、国民性(楽天的なオージー気質、自尊心の強い韓国)の違いから生じているものと考えられる。

　３．　本稿で取り上げた４競技のうち、柔道のみが道具を使用せず、対戦相手と直接組み合うことで、相手の身体だけでなく心の動きを強く感じ、それに打ち勝つ心身を必要とする競技である。そして、この心身の力を最も有効に使用した時に「一本」での勝利が生まれる。つまり、日本選手の談話に見られる「一本」という語は、修練による美しさ、人格の高まりを備えた勝利という意味合いを持つ。そのため単なる勝利ではなく勝ち方へのこだわりがあり、「一本の美学」を追求する姿勢が日本選手の談話に表出していると言える。

北京奥运会运动员的采访谈话分析
—参加国技比赛的澳大利亚、中国、韩国、日本运动员的比较研究—

山根智惠

　本文分析研究参加了北京奥运会游泳、乒乓球、跆拳道、柔道比赛的澳大利亚、中国、韩国、日本等国运动员(包括领队、教练、强化训练主任)在接受采访时的谈话内容，比较各自的异同之处，论述体育运动与国家意识以及文化背景的相应关系。主要结论有如下三点。

　第一，参加各自国技比赛的上述国家的运动员，虽然不像来自内战国家的同行那样带有"肩负国家、人民的期望"这种使命感，但也还是强烈地意识到自己是众望所归，只许成功不许失败。所以是在承受着精神压力的状态下参加有关比赛的。

　第二，澳大利亚的运动员在接受采访时，总是喜欢表露荣获奖牌的喜悦之情，多使用表现肯定意义的词汇。而中国运动员则主要是叙说训练期间的个人经历，多使用表现辛苦和难关的词汇。韩国运动员也和中国运动员一样，重点叙说训练期间的个人经历，但除了表现辛苦和难关之外，也使用了表现在训练过程中产生自信之意的词汇。我认为，这一差异来自于各国培养运动员的制度以及国民性。例如，中国运动员自幼远离父母，在体育学校过集体生活，而韩国运动员在训练中心长期接受训练。韩国人性格豪爽、乐观，而且自尊心很强。

　　第三，在本文所涉及的四种比赛中，只有柔道不使用任何用具，与对方直接交手，不仅对方的身体，而且可以强烈地感受到对方的精神、毅力的作用。因此运动员必须具备战胜对方这一切的坚强的体力和毅力。只有充分地发挥了自己的体力和毅力，才有可能获得所谓"致命一招"的胜利。也就是说，日本运动员在接受采访时经常使用的"致命一招"这一用语，包含着通过修炼所获得的美感、具备了人格升华而获胜等各种意味。从日本运动员的谈话中，我们可以发现他们对"致命一招"的锲而不舍的追求。不仅对于奖牌本身，而且对于获胜的方式也十分讲究。

사기를 높이기 위한 올림픽 담화
-호주 비디오 정형 인터뷰를 토대로-

오하시 준

제5장
사기를 높이기 위한 올림픽 담화
-호주 비디오 정형 인터뷰를 토대로-

1. 들어가기

본 연구는 베이징올림픽에 임하는 호주 대표 선수의 담화에 국가주의적 언동[1]이 어떻게 나타나고 있는지를 호주 올림픽위원회의 웹사이트에 있는 각 선수의 인사, 자기소개의 동영상 내용으로부터 고찰한다. 먼저, 최근 우려되고 있는 젊은 세대에 퍼지는 국가주의적 언동이나 행위에 대한 동향을 개관하고, 다음으로, 호주 대표 선수의 담화에 자주 사용되는 표현이나 반복적으로 표출되는 메시지에 주목하면서 국가주의적인 경향 유무를 밝힌다. 또한 호주 올림픽위원회가 제공한 질문 시나리오가 선수들의 담화에 어떤 영향을 미치고 있는지를 Tajifel(1974, 1982)의 사회적 아이덴티티 이론, 그룹 간의 행동이라는 사회심리학적 프레임워크를 사용하여 분석한다.

---

1) 여기에서는 민족, 국가로서의 집단의식을 고양시키는 언동을 말하며, 내셔널리즘과 국가주의를 동의어로 취급한다.

올림픽 창시자인 쿠베르탱이 제창한 올림픽 정신인 올림피즘은 '스포츠를 통해 심신을 향상시키고 나아가 문화·국적 등 다양한 차이를 넘어, 우정, 연대감, 페어플레이 정신을 가지고 서로 이해하여 평화롭고 더 나은 세계 실현에 공헌한다'[2]라고 하는 것이다. 그렇다면 국가주의적 언동, 인종, 종교의 차이에 의한 그 어떤 차별적인 언동 활동도 올림픽 정신에 상반되는 것임에 틀림없다.

그러나 항간에는 올림픽 개최 기간에, 국가 의식에 고양하는 젊은이의 모습이 눈에 띈다. 번화가에 국기를 휘날리며 달리는 자동차, 마을 광장의 대형 스크린 부근에 온몸에 국기를 두르고 모여드는 젊은이, 그들은 "오지, 오지, 오지(Aussie, Aussie, Aussie)"[3]라고 연호하며 자국, 자국민을 칭찬하고 있다. 30년 이상에 걸쳐 호주의 내셔널리즘에 대한 연구를 해온 Alomes(2004)에 따르면 "오지, 오지, 오지"라고 하는 구호는 올림픽 때 자주 들을 수 있고 'enthusiasm for the tribe(자국민에 대한 열정)', 'celebration of us (우리 내부 집단의 축복)'를 표현하는 것이라고 한다. 4년에 한 번 열리는 스포츠 축제이기 때문에, 경기를 보는 측도 경기에 출전하는 측도 일치단결하여 참가하자는 뜻이기도 하겠지만, 그 "오지, 오지, 오지"라는 구호가 배타적·민족차별적인 폭동 사건에 있어서도 연호되어 왔다는 역사적 사실을 생각해보면, 그리 낙관적일 수는 없다.

---

2) 쿠베르탱과 올림피즘. 일본 올림픽위원회 홈페이지
<http://www.joc.or.jp/olympism/coubertin/>

3) 멜버른 지역 신문 『The Age』는 2006년 멜버른에서 개최된 커먼웰스 게임에 즈음하여 관중의 국가주의적 행위에 주의를 환기하고 있다. The Age, 9 September 2006.
<http://www.theage.com.au/news/sport/flagging-jingoism/2006/03/09/1141701636796.html>

2. 대두되는 국가주의적 행동

2001년 7월 11일의 동시다발 테러사건, 그리고 2002년 10월의 발리 테러사건(202명의 피해자 중 88명이 호주인이었다)을 계기로 호주에서 국가안보, 그리고 외부로부터의 위협에 대한 의식이 팽배해져, 안과 밖(우리 호주인과 국가를 위협하는 외부인)이라는 관계성이 정치가의 언동, 신문 기사 등에서 뚜렷하게 나타났다. 그 결과 테러 활동의 단속 강화를 위한 법안(The Anti Terrorist Act 2004)이 시행되어, 종래의 범죄법(The Crimes act 1914)으로부터 테러 활동에 대한 법적 구속력이 큰 폭으로 확대되었다.4)

그러한 가운데, 사회 일반에 반무슬림 감정이 만연해지기 시작하고, 시드니 북쪽에 위치한 크로눌라라는 해변 마을에서 폭동 사건이 발생했다. 그 마을의 해수욕장에서 어느 백인 수상안전대원이 중동계로 보이는 몇 명으로부터 받은 폭력에 대한 보복으로, 5,000명에 달하는 백인 호주인들이 소수의 중동계 호주인을 쫓아낸 사건이다. 그 폭동이 일어났을 때도 "오지, 오지, 오지(Aussie, Aussie, Aussie)"가 연호되고, 내부 집단을 결속시켜, 외부 집단을 제거하려고 했던 것이다. 인종 차별적 동기가 있었다는 것은 부정할 수 없다.

이러한 민족 간의 긴박한 상황을 배경으로, 국가주의적 행동에 경적을 울리는 호주 언론도 있다. 어느 라디오 프로그램에서는5), 젊은이들 사이에서 유행하고 있는 문신에 '국기'나 '복싱을 하고 있는 캥거루',

---

4) Australian Government Home page
   <http://www.ag.gov.au/agd/www/nationalsecurity.nsf/AllDocs/826190776D49EA90CA256FAB001BA5EA?OpenDocument>

5) 7.30 report ABC radio, broadcasted 29/1 2007

'호주 제품' 등 국가주의적 메시지로도 보이는 도안이 증가하고 있다는 것을 문제시하고, 다음과 같이 기술했다.

> As the next generation lines up for its dose of patriotism, there are calls for our politicians and educators to give the young better guidance on use of the Australian flag and jingoism……. (7.30 report ABC radio, broadcasted 29/1 2007)

> 이러한 애국적인 메시지에 차세대를 짊어질 젊은이가 노출되는 기회가 증가해가는 이상, 정치가나 교육 관계자는 젊은이들에게 국기 등에 의한 과격한 애국적인 표현에 대해 지도하지 않으면 안 된다.

이 같은 젊은이의 애국적인 표현이 우려되고 있는 가운데, 이 장에서는 베이징올림픽에 국가를 대표하는 선수들이 호주 올림픽위원회의 웹사이트로부터 어떤 메시지를 발신하고 있는지를 Tajifel(1974, 1982)의 사회적 아이덴티티 이론, 그룹 간 행동의 프레임워크로부터 고찰한다.

3. 사회적 아이덴티티 이론

Tajfel(1974)의 사회적 아이덴티티 이론은, 인간은 긍정적인 자기평가를 획득하기 위한 동기가 부여된다고 전제하고, 자신이 속해 있는 집단의 긍정적인 특성을 서로 강조하는 것(또한 외부 집단과의 차이를 과장하는 것)으로 집단을 편애하는 경향이 있다는 것이다. 이 과정에서 인간은 내부 집단의식을 강화하고, 자기에게 바람직한 사회적 아이덴티티에 도달하여 그대로 유지하려 한다고 한다.

이러한 집단의식이 높아져 가는 과정에서, Tajfel(1982)는 스테레오
타입이 중요한 역할을 담당하고 있다고 주장하고, Stallybrass(1977)
의 다음과 같은 스테레오 타입의 정의를 인용하여 설명하였다.

An over simplified mental image of (usually) some category of
person, institution or event which is shared, in essential features
by large numbers of people…… Stereotypes are commonly, but
not necessarily, accompanied by prejudice, ie by a favourable or
unfavorable predisposition toward any member of the category in
question. (Stallybrass's (1977:601) cited by Tajfel 1982: 3)

본질적인 특징에 있어서 많은 사람에 의하여 공유되는 인간, 단체, 사건에
관한 과잉 단순화된 심적 이미지. 스테레오 타입은 (반드시 그런 것은 아니
지만) 대부분의 경우 대상 사건에 긍정적 또는 부정적인 편견을 수반한다.
(필자 역)

Maass et al.(1989)은 Tajfel의 사회적 아이덴티티 이론에서 한
걸음 더 나아가, 인간에게는 Linguistic Intergroup Bias(언어적 집
단 간 바이어스)라는 경향이 있다고 하였다. 그것은 내부 집단의
긍정적인 특성, 또는 외부 집단의 부정적인 속성에 대해 전달할 때,
구체성이 결여된 추상적인 표현을 사용한다는 것이다. 예를 들면,
'기무라는 좋은 녀석이다'라고 누군가가 말했다고 가정하고 생각해
보면, 만약 화자가 기무라라는 사람에 대해 호의적인 감정을 가지
고 이렇게 말한다면, 일부러 '기무라가 이러이러 저러저러한 것들
을 주었기 때문에 나는 기무라를 좋은 녀석이라고 생각한다'라고
말하지는 않는다는 것이다. 구체적인 예를 들어 설명하는 것 자체
가 반대로 기무라를 변명하고 있는 것같이 들리기 때문일지도 모

른다. Maass et al.(1989)은 또 외부 집단의 부정적인 특성에 대한 경우도 마찬가지로 간략적인 표현으로 구체성을 수반하지 않는 경향이 있다고 하였다. '요즘 젊은이는 도움이 안 된다(近頃の若者は使えない)' 등은 좋은 예일 것이다. 이 경우에도 젊은이가 아닌 화자가 구체적인 예를 나열하여 '젊은이는 도움이 안 된다'는 것을 일부러 보여줄 필요는 없는 것이다. 만일 그렇게 한 경우 '요즘 젊은이는 도움이 안 된다'라는 명제가, 사회통념에 어긋나고 있기 때문에 몸을 사리지 않고 증명하지 않으면 안 된다는 것이 되어버린다. 많은 경우 이 언어적 집단 간 바이어스에 관련하여 Linguistic Expectancy Bias(언어적 기대 바이어스)라는 경향이 있다. Wigboldus et al.(2000)은 사회 통념이나 예상한 대로 된 내용에 대해 전달하는 경우에는, 간략하고 추상도가 높은 표현으로 하고, 그렇지 않으면 구체적으로 있는 말을 다 동원하여 설명하는 경향이 있다고 한다. 즉, '요즘 젊은이는 도움이 안 된다'라는 구체성이 결여된 젊은이에 대한 코멘트는 화자에게 있어서 외부 집단의 부정적인 속성에 대해서라고 생각되고, 그리고 화자는 그것이 청자가 이해하고 있다고 생각한다는 것을 시사한다. 더욱더 깊이 생각해보면, 추상도가 높은 표현은 내부 집단의 긍정적인 특성, 또는 외부 집단의 부정적인 속성에 대해 전달할 때 사용되는 셈이다. 그것은 다시 말하면 동료를 칭찬하는 것, 외부인을 폄하하는 것은, 화자가 속한 커뮤니티에 있어서 기대에 따른 행위와 다름없다는 것이다.

이러한 구체성이 결여된 간략하고 추상적인 표현이, Stallybrass가 말하는 스테레오 타입이며, 내부 집단의식의 고양에 중요한 역할을 담당하고 있는 것이다.

이상 사회심리학적인 관점에서 얻은 사회적 아이덴티티 이론과 그에 따른 언어적 집단 간 바이어스, 기대 바이어스를 사용하여 다음 4절에서는 호주 올림픽위원회 웹사이트에 공표된 대표 선수의 팬들을 향한 인사, 자기소개 동영상 내용을 분석한다.

4. 데이터

분석 데이터는 호주 올림픽위원회 웹사이트[6])에 있는 126명의 호주 대표팀 선수의 인사 · 자기소개와 아래에 기술한 시나리오에 대하여 선수가 한 대답이다. 구체적으로는 선수들의 말이 어떻게 표출되고, 그리고 그 내용에서 어떤 이미지가 구축되어, 집단의식의 고양에 어떻게 기여하는지를 논의한다.

선수들은 한결같이 다음과 같은 시나리오에 대하여 자신의 생각을 자유롭게 말한다.[7])

Hi Australia,

(안녕하세요, 호주인 여러분)

Beijing Olympics will be

(베이징올림픽은,)

When I think of China, I think of-

---

6) <http://olympics.com.au/portals/3/mediacentre.html #/media/418>

7) 선수들은, 카메라 옆에 놓인 질문 목록을 <u>단서로</u> 대답하고 있다.

(중국이라고 하면 떠오르는 것은,)

I am a great competitor because

(나는 강적의 경기자(競技者)입니다, 왜냐하면)

My toughest competitor would be

(나의 가장 강력한 라이벌은,)

I love to travel to

(내가 여행가고 싶은 곳은,)

My sporting hero is

(존경하는 운동선수는,)

My favourite TV show is

(좋아하는 TV 프로그램은,)

I love being Australian because-

(왜 호주인이라서 좋은가 하면,)

My hardest training session is

(가장 힘든 운동은,)

My ideal car is-

(내가 갖고 싶은 차는,)

General public doesn't know that-

(여러분이 모르는 '나에 대한' 사실은,)

여기에서는 특히 굵은 글씨로 쓰인 두 대사의 시작에 주목한다. 전자의 When I think of China, I think of-(중국이라고 하면 떠오르는 것은-)는, 다른 집단에 대한 이미지를 이끌어낸 것이다. 반면 후자의 I love being Australian because-(왜 호주인이라서 좋은가 하면-)는, 내부 집단에 대한 자기평가를 이끌어내는 것으로 되어 있다. 먼저 '중국이라고 하면 떠오르는 것은'은 처음으로 느끼는 중국에 대한 이미지에 대하여, 선수가 상기한 사상 중에서 빈도가 높은 9개 항목에 대해 살펴보자.

(1) When I think of China, I think of-
(중국이라고 하면 떠오르는 것은-)

<그래프 1> 중국의 이미지에 대한 어휘와 빈도

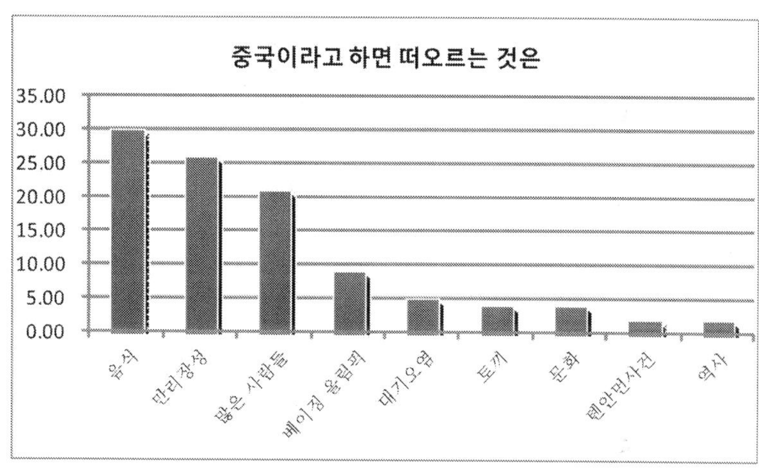

세로축이 빈도를 나타내고 가로축이 선수들에 의해 언급된 항목을 나타내고 있다. 빈도가 높은 순서부터 음식, 만리장성, 많은 사람, 베이징올림픽, 대기오염, 토끼, 문화, 톈안먼 사건, 역사 순으로 되어 있다.

가장 빈도가 높았던 것은 음식이지만, 중화요리의 구체적인 이름, 예를 들면, 베이징 오리, 음차(飮茶, 얌차, やむちゃ), 탕수육 등을 언급하는 선수가 많았다. 스시라고 대답한 10대 선수가 있었지만, 도시에서 멀리 떨어진 곳에 살고 있는 젊은이들은 이 문화를 접할 기회가 한정되어 있어서, 중국 문화를 일본 문화와 같은 문화라고 인식하고 있는지도 모른다. 음식문화를 언급한 선수는 'They are eating every imaginable food('중국인은' 뭐든지 다 먹어버린다)'라고 대답해 식생활의 차이를 강조하고 있다. 'trying not to eat any cat(고양이를 먹지 않도록 주의해야 한다)' 등으로 대답하여, 중국의 일부 음식문화에 대한 과잉 일반화도 보였다. 다음으로 많았던 것은 '만리장성'이다.[8] 여기서 만리장성을 언급한 선수 대부분은 세계문화유산으로서 만리장성을 이야기하였고, 웃으면서 만리장성이라고 대답한 2~3명의 선수와 '토끼'라고 대답한 선수에 대해서는 (주 6)에 있는 광고에서 언급되어 있다고 생각한다. 다음으로 많았던 것은 '많은 사람', 그것과 관련된 혼잡, 정체, 바쁜 생활, 혼돈(카오스), 미치다(crazy) 등의 표현도 사용되었다. '올림픽'이라고 대답한 선수 대부분은, 어떻게 대답해야 할지 망설인 끝에 나온 대답 같았다. '대기오염'은 올림픽 개최 일 년 전부터 세계 언론에 거론되고 있으며, 대기오염 영향으로 연기되는 경기가 있을 것이라고 우려하던 것이

---

8) 이것은 '토끼'와도 관계가 있다. 2005년에 제작된 대형 통신회사인 텔스트라의 인터넷 브로드밴드 30초 광고에서, 뒷좌석에 타고 있던 아들이 운전 중인 아버지에게 "아빠, 왜 만리장성을 만든 거야?"라고 당돌하게 질문하였는데 아버지가 머뭇거리면서 "그, 그, 그건 말이야, 나시고랭 황제 시대에, (…) 토끼가 들어오지 못하도록 만들었단다. 어쨌든 토끼가 많이 있었거든, 중국에는"이라고 한 대답이다. 이것은 물론 사실이 아니며, 당장 아버지로서의 위엄과 체면을 유지하기 위한 순간적인 재치이다. 나시고랭이라는 것도 호주인에게 인기가 있는 인도네시아 요리이며, 황제의 이름이 아니다. 이것은 많은 어른을 웃겨서 화제가 된 광고이지만, 가정에서 따로 부모의 설명을 듣지 못한 아이들은 그대로 믿어버렸다고 하는 이야기를 자주 듣는다.

영향을 미치고 있다고 생각된다.9) '문화'라고 대답한 선수는 great, rich, a lot of 같은 형용사와 함께 culture라고 대답하며 경의를 나타내고 있다. 이것은 '역사'라고도 말할 수 있는 것이다. '톈안먼'에 대한 언급은 1989년 톈안먼 사건이며, 호주에서도 중국의 올림픽 개최에 수반하여 중국의 인권 문제에 관한 보도가 올림픽 이전에 몇 번이나 반복해서 전해지고 있었다.

이상을 정리하면, When I think of China, I think of-(중국이라고 하면 떠오르는 것은-)라는 대사에 이어 언급된 것은 간략해진 중국에 대한 스테레오 타입이다. Stallybrass의 정의에 따르면, 대상의 사상에 대한 긍정적 또는 부정적인 편견을 수반하고 있다고 하지만, 분명히 긍정적인 것은, great나 rich 같은 형용사와 함께하는 '문화'와 '역사'이다. 그리고 '만리장성'일 것이다. 만리장성의 영어 번역이 The Great Wall of China이며, great가 고유명사의 일부가 되어 있다고 해서 반드시 긍정적인 것이라고 볼 수는 없지만, 문화 유산으로서 세계적으로 지명도가 높고, 문화나 역사와 함께 경의를 표하고 있다고 생각된다. 그러나 그 안에는, 앞에서 언급한 것과 같이 텔레비전 광고로부터 연상한 경우도 있을지도 모른다. 다음으로 '많은 사람'은 앞에서 언급했듯이 부정적인 연상이 나타나고 있다. '음식'에 대한 언급은, 중국요리나 다른 에스닉 요리가 호주에 침투하고 있는 것을 의미하고 있지만, 긍정적인 형용사는 good food 의 'good'이 한 번밖에 표출되지 않았다. 앞에서 언급한 바와 같이

---

9) BBC Sport, 8 August 2007.
  <http://news.bbc.co.uk/sport2/hi/front_page/6934955.stm>
  베이징올림픽 개최 1년 전부터 대기오염이 올림픽 경기에 미치는 영향에 대해 우려하는 기사가 있었다. 제목 Pollution risk for Olympic events(올림픽 경기에 대기오염의 공포).

음식 문화의 차이 등, 이문화를 강조하는 발언도 많았다. 대부분의
선수는 단어 수준으로 대답하고, 왜 그 말이 떠올랐는지에 대해서
는 설명하지 않았다.

(2) I love being Australian because……
(왜 호주인이라서 좋은가 하면……)10)

<그래프 2> 호주인의 좋은 이미지에 관한 어휘와 빈도

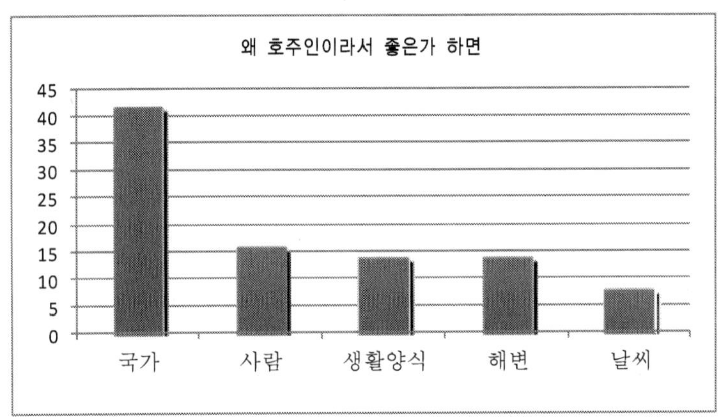

1) 국가(Country)

<그래프 2>에서 알 수 있듯이, 국가에 대한 답변이 가장 많았다.
대부분의 답변이 best, greatest 등의 최상급, great, beautiful과 같은
긍정적인 형용사를 수반하고 있다.

---

10) 일본어 번역에는 고생했지만, love를 '사랑한다·경애한다'라고 하면 과장된 의미가 되어버린다.
번역은 두 명의 일본어와 영어의 이중 언어 화자에게 확인을 받았다.

It's the **greatest** country on earth

(세상에서 가장 위대한 나라이니까)

It's the **best** county of the world

(세상에서 가장 좋은 나라이니까)

we live in the **best** country in the world

(세상에서 가장 좋은 나라에 살고 있기 때문에)

It is the **best** place on earth

(세상에서 가장 좋은 장소이니까)

Australia is such a **beautiful** country

(호주는 정말 훌륭한 나라이니까)

because I am Australian, I love it, I love everything

about the country and I love to represent Australia

(왜냐하면, 나는 호주인이니까. 이 나라의 모든 것을

사랑하고, 꼭 이 나라를 대표하고 싶다)

이러한 자국에 대한 국가주의적 메시지가 긍정적인 형용사와 함께 자주 표출되고 있다. 긍정적인 형용사에 대해서는 다음 6)에서 자세히 보기로 한다.

2) 사람(People)

다음으로 많이 언급된 것은 people이며, 이것도 모두가 긍정적인 코멘트이다.

everybody is so friendly and happy here

(모두 소탈하고 밝기 때문에)

we are all mates[11]

(우리들은 모두 친구니까)

When we are overseas we have such a fantastic reputation,

being friendly and good sportsman and honest, and generally

people like us, so it's great to be an Australian

(해외 원정 때, 소탈하고 정직한 스포츠맨이라는 좋은 평판이 있고,

[※해외 사람들이]호의적으로 봐주어서, 그래서 호주인이라서 최고다)

we are the friendliest people on planet

(우리는 이 행성에서 가장 소탈하기 때문에)

the Australian are great

(호주인은 대단하기 때문에)

3) 생활양식(Life style)

We are laid back and easy going

(우리는 여유롭고 낙천적이다)

I love the laid-back OZ attitude

(여유롭고 호주적인 태도가 좋다)

You can chuck a sickie (take a day off and go to the beach) and

---

11) 여기에서 mate를 친구(동료)라고 번역했지만 호주 영어에는 흔히 사용되는 단어이다. 초기 정착민
이었던 영국에서 온 유배수의 고난, 갈리폴리 전투 등의 고난을 함께한 동료라는 의식이 호주 사
회의 영성에 침투되어 있는 것으로 알려져 있다. mate는 그러한 문맥에서 동료 의식이라고 생각된
다. The Epoch Times, 23 January 2007.
<http://en.epochtimes.com/news/7-1-23/50826.html>

no one looks down on you

([일이나 수업 등을) 빼먹고 해변에 가도 아무도 경멸하지 않기 때문에])

I get wherever I want in public and I can get away with thongs in a formal way

(어디든지 샌들을 신고 갈 수 있는 편안함)

Laid-back(여유롭다)이라는 표현 빈도가 높고, 호주인의 생활 태도를 긍정적으로 상징하고 있는 것 같다. 최근 OECD 선진국의 노동 시간에 관한 조사에서 호주인의 노동 시간이 미국인이나 영국인과 어깨를 나란히 한 것에 대하여, Laid-back Aussies? Think again(여유로운 호주인? 다시 생각해보자)이라는 제목의 기사에서 호주의 스테레오 타입[12]적 이미지인 '여유로운 생활양식, 크로커다일 던디, 바비큐, 찬란히 빛나는 태양의 해변'이 지금의 호주인의 바쁜 생활에는 어울리지 않는다고 한탄하는 기사도 있다. 다음 4)의 해변이나 날씨에 관한 언급도 호주인이 그리는 긍정적인 스테레오 타입일 것이다.

4) 해변과 날씨(Beaches Weather)

Beautiful beaches

---

12) A relaxed, laidback lifestyle? The laconic Crocodile Dundee character? A place of endless barbeques, where the sun's always shining and the beach always beckoning? By Brigid Delaney Special to GlobalPost: August 24, 2009.
<http://www.globalpost.com/dispatch/asia/090818/overworked-aussies>

(아름다운 해변)

Of the lovely beaches

(멋진 해변)

Of our beautiful beaches and awesome weather

(멋진 해변과 날씨)

Of the Sun

(태양)

여기에서도 긍정적인 형용사(beautiful, lovely, awesome)가 아낌
없이 사용되고 있다. 앞에서 언급한 크로눌라 해변의 폭동에 대해
서도 'Fight for Cronulla: we want our beach back(크로눌라를 위
해 싸우자: 우리의 해변을 돌려 달라)', 'Gangs turn Cronulla into
war zone(갱이 크로눌라를 전쟁터로 만들었다)', 'NOT ON OUR
BEACH: Cronulla police vow to defend Australian way(우리의 해
변에서는 안 된다: 크로눌라 경찰, 호주의 생활양식을 지키겠다고
맹세)' 등의 제목에서 Daily Telegraph라고 하는 타블로이드지에
연일 보도되었다.13) 이 제목을 보면, 해변이 호주인들에게 있어서
특별한 의미가 있다는 것을 알 수 있다.

5) 다양한 문화(Cultural diversity)

극소수이었지만, 호주인이어서 좋은 이유로 '다양한 문화'를 거

---

13) Australia: Police report reveals real instigators of Cronulla race riots Part 2 By Fergus Michaels 1
December 2006.
<http://www.wsws.org/articles/2006/dec2006/rio2-d01.shtml>

론한 선수도 있었다.

We have amazingly diverse culture.

(우리에게는 다양한 문화가 있기 때문에)

I'm proud to be multicultural and proud to live in the beautiful country.

(나는 다문화인 훌륭한 나라에 살고 있는 것을 자랑스럽게 생각하고 있기 때문에)

Such a multicultural fun nation to live in.

(아주 재미있는 다문화 국가이기 때문에)

6) '나'인가 '우리'인가('I' or 'We')

이렇게, I love being Australian because(왜 호주인이라서 좋은가 하면……)에 이어 선수들의 코멘트를 분석하는 과정에서, 일인칭을 'We'라고 하는 선수와 'I'라고 하는 선수가 있는 것을 알았다. 아래의 코멘트, 특히 We(우리)의 용법에 주목해본다.

We've got fantastic history of mateship through the ANZACS and all the sporting teams I have been involved in, probably the mateship thing, I think. (남 43세)

(우리는 안작14)으로부터 유래된 훌륭한 '동료 의식'의 역사가 있

---

14) ANZACS이라는 것은 Australian and New Zealand Army Corps의 약자이며, 제1차 세계대전의 갈리폴리 전투에서 기인되었다. 독일군과 동맹 관계에 있었던 오토만제국의 콘스탄티노플(이스탄불)을

다. 지금까지 내가 관련된 모든 스포츠팀에서도 (이 동료 의식이 있었다), 아마도 이 동료 의식(이라는 것이, 호주인이라서 좋은 이유)이라고 생각한다.)

We are the best people. (여 28세)
(우리는 최고의 국민)

We have the best country in the world. (여 24세)
(우리는 세계 제일의 나라를 가지고 있다(※ 우리나라는 최고다)).

We have such a proud history come from tough time came from convict proud[15] heritage built something from nothing proud of being Australian nothing better. (여 23세)
(우리는 죄인의 유배지로서의 어려웠던 시절부터 아무것도 없는 곳에서 시작되었다는 자랑스러운 역사가 있다. 호주인이라는 것에 자부심을 가지고 있다. 그 이상도 아니다.)

점령할 목적으로 갈리폴리에서 오토만 터키군과 영국군이 이끄는 호주, 뉴질랜드군이 싸워, 8,000명의 호주인이 전몰했다. 이후 4월 25일에 제2차 세계대전을 포함한 전몰자를 기리는 행사가 매년 열리고 있다.
Australian War Memorial The ANZAC Day tradition.
<http://www.awm.gov.au/commemoration/anzac/anzac_tradition.asp>

15) Australian History: Convicts. <http://www.australianhistory.org/convicts.php>
1788~1868년에 걸쳐 약 16만 명의 범죄자가 영국, 아일랜드, 스코틀랜드, 웨일스에서 호주로 보내졌다. 성실하게 형을 치르는 것으로 사면을 받아, 현재 호주의 주춧돌이 되었다.

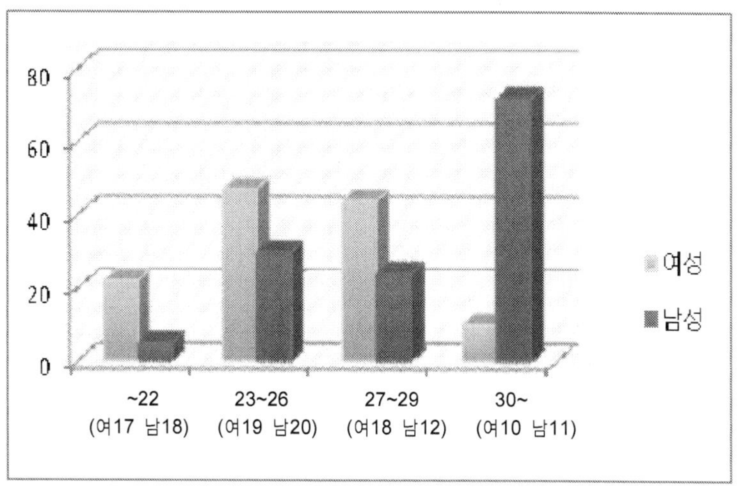

<그래프 3>과 같이, 중간 연령층은 유사한 패턴을 나타내고 있다. 세로축이 퍼센트이고 가로축은 연령층, 그 아래가 그 연령층 내의 성별에 따른 인원수이다. 우선 가장 왼쪽의 22세까지의 선수의 경우, 여성 17명 중 22%가 We를 사용한 것을 알 수 있다. 한편 남성의 경우, 18명 중 단 5%가 We를 사용하고 있다. 중간 계층인 23~26, 27~29세에서도 여성이 남성에 비해 We를 쓰는 비율이 높은 것을 알 수 있지만, 22세까지의 선수에 비해 남녀 비율이 증가하고 있다. 이 그래프에서 가장 눈에 띄는 것은, 30세 이상의 선수가 We를 사용하는 비율이다. 남성의 경우 70% 이상이 We를 사용하고 있고, 겨우 10%인 여성을 압도적으로 능가하고 있다.

We(우리)의 용법은 집단의식, 집단으로서의 아이덴티티 표출이라고 생각되지만, 왜 30대 이상의 남성에서 눈에 띄게, We의 사용

이 많은 것일까. 30대 남성 선수들은, 과거에도 올림픽 출전 경험이 있고, 리더 격이기 때문에 집단을 대표한다는 의식이 강했을지도 모른다. 만일 그러한 경우에, 여성은 왜 그 반대의 경향을 보인 것일까? 그 문제에 대한 고찰은 이 4장의 목표는 아니지만 매우 흥미롭다. 이처럼, I love being Australian because(왜 호주인이라서 좋은가 하면……)에 이어, I가 아니라 We를 사용함으로써 호주인이라는 집단으로서의 아이덴티티를 의식, 무의식적으로 나타내고 있지만, We의 사용에는 성별 차, 연령 차이가 있다는 것도 인정되었다. 마지막으로, 다음 선수의 코멘트는 집단으로서의 아이덴티티와 자기의 아이덴티티가 어떻게 관련되어 있는지를 보기에 매우 흥미로운 예이다.

> We are so laid back yet on the inside we are very competitive and that's a kind of person that I am.
> 우리는 겉으로는 편안하게 부담 없이 지내도, 내부에는 숨겨진 치열한 경쟁심이 있다. 나도 그렇다.

이 댓글에서 이 선수가 집단의 아이덴티티와 자기의 아이덴티티를 겹쳐 생각하는 것을 알 수 있다. 덧붙이자면, 자기 집단의 아이덴티티에 억지로 끼워 맞추려고 하는 것은 아닐까.

이상과 같이 '왜 호주인이라서 좋은가 하면'이라는 대사를 계기로 선수들이 자유롭게 그 이유를 말하고 있지만 예외 없이 긍정적인 것뿐이었다. 그것을 나타내는 가장 뚜렷한 지표로서 긍정적인 형용사를 빈번히 사용했다는 것을 들 수 있다.

best · greatest country (in the world) (23)

great country · people · weather (20)

beautiful country · beaches (7)

fantastic (4)

fun, amazing, lovely, nice[16]

최상급의 best나 greatest가 가장 많고 23명의 선수가 사용했다. 다음으로 great(20명), beautiful(7명), fantastic(4명)이다. 그 외, fun, amazing, lovely, nice는 3명 이하의 선수가 사용했다. 이러한 긍정적인 형용사의 용법은, 중국 이미지에 대해서는 얼마나 사용되었을까. 만리장성의 영어 번역인 Great wall의 'great' 이외, 아래에 열거된 단 5개뿐이었다.

good table tennis players and <u>great</u>[17] difficulty in crossing

a road

(**좋은** 탁구 선수와 도로를 통과할 때의 <u>대단한</u> 어려움)

great culture

(**위대한** 문화)

great shopping at the markets

(시장에서 **즐거운** 쇼핑)

---

16) 2명의 중국 출신 탁구 선수는 호주를 nice country, very nice country라고 표현했다. I love being in Australia because(왜 호주인이라서 좋은가 하면)라고 시나리오를 바꾸어 대답하였다.

17) 이곳의 great는, 길을 건널 때 대단히 힘들다는 것을 나타내며, 부정적인 의미로 사용되었다.

amazing shopping and ancient sites to see

(대단히 즐거운 쇼핑과 사적 관광명소)

The Great wall, millions of people lots of temples and **great** food

(만리장성과 많은 사람, 사원, **맛있는** 음식)

이상 호주 대표 선수들의 중국의 이미지, 호주의 이미지에 대한 담화를 살펴보았다. 결과적으로 다음과 같은 대비적 경향이 밝혀졌다.

<표 1>에서 알 수 있듯이, 중국과 호주가 대조적으로 그려져 있는 것을 알 수 있다. 중국은 많은 사람으로 북적거려서 바쁘고 오염되어 있다. 호주는 가장 위대하고 느긋한 생활을 즐기며 훌륭한 사람들뿐이다. 이것은 항간에 보이는 젊은이들의 자국, 자국민에 대한 칭찬, 국가주의적 표현으로 통하는 것일까. 다시 말하면, Alomes(2004)가 말하는 'enthusiasm for the tribe(자국민에 대한 열정)', 'celebration of us(자신의 내부 집단에 대한 축복)'인 것일까. 그렇다면 호주 언론이 우려하는 것처럼, 내셔널리즘의 대두이며, 무언가 수단이 필요한 것일까?

<표 1> 중국과 호주의 이미지

중국	호주
Busy · crazy place 바쁘고 · 엄청난 곳	Greatest country in the world 세상에서 가장 위대한 나라
Lots · millions of people 많은 사람	Great people 위대한 사람들
Pollution 대기오염 공해	Great weather 좋은 날씨
Busy · crazy life style 바쁘고 정신이 없는 일상생활	Laid back · relaxed life style 여유롭고 느긋한 일상생활

다음 섹션에서는, 위에서 언급한 Tajfel의 사회적 아이덴티티 이론과 거기에서 파생된 여러 이론을 단서로 하여, 지금까지 수집한 자국, 자국민의 칭찬에 대한 담화를 검증한다.

5. 논증과 결론

섹션 3에서 소개한 것과 같이, Tajfel(1974)은 사회적 아이덴티티 이론에서, 인간은 스스로 내부 집단의 긍정적인 특성을 서로 강조하는 것, 그리고 외부 집단과의 차이를 과장하는 것으로 내부 집단을 편애하고, 자기에게 바람직한 사회적 아이덴티티, 긍정적인 자기평가를 실현하려는 경향이 있다고 하였다. 외부 집단과의 차이를 과장할 때, 부정적인 외부 집단에 대한 평가도 많이 보이지만, 앞의 <표 1>에서 나타난 것과 같이, 안과 밖이 각각 긍정적·부정적으로 평가되어 있다. 이것은 바람직한 내부 집단 이미지 제작을 위한 최적 조건이다. 그러나 여기서 간과해서는 안 되는 것은 선수들로부터 전송된 메시지는 자발적이지만 동시에 유발된 것이기도 하다는 것이다. 호주 올림픽위원회가 준비한 시나리오는, 위에서 고찰한 것처럼, 선수들의 내부 집단과 외부 집단의 평가를 유발하는 것 같은 구조를 포함하고 있는 것이다. 그 구조라는 것은, 중국의 이미지, 그리고 자국 호주, 호주의 긍정적(肯定的) 이미지에 대해 말하게 하는 시나리오였다. 중국의 이미지에 대한 질문은 '중국이라고 하면 떠오르는 것은(When I think of China, I think of-)'이며, 문법상, 명사 또는 명사구 이외의 대답은 나오기 어렵다. 즉, 단순화된 대답이 기대되고 있었다. 이것은 곧 외부 집단의 스테레오 타입을 유발하는 것이라 할 수 있다. 그리고 자국, 자국민의 이미지에 대한 물음은'왜 호주인이라서 좋은가 하면'으로, 긍정적인 대답 외에는 표출될 수 없는 내용으로 되어 있다. 즉, 이 시나리오 자체가 긍정적인 내부 집단의 이미지를 유발하는 것으로 되어 있었던 것이다.

Maass et al.(1989)의 Linguistic Intergroup Bias(언어적 집단 간 바이어스)에 따르면, 스테레오 타입은, 내부 집단의 긍정적인 특성, 그리고 외부 집단의 부정적인 속성에 대하여 전달할 때 사용되는 경향이 있다고 한다. 선수들의 담화에서도 분명히 그 경향이 나타나고 있다. 외부 집단에 대한 스테레오 타입은, 부정적인 내용 또는 내부 집단과의 차이를 강조하는 데 사용되는 경향이 강하고, 그것은 동시에 내부 집단을 결속시켜, 내부 집단의 의식 고양을 위해 효과가 있다고 생각된다. 중국의 이미지에 대한 질문이 명사·명사구를 기대하고 있다는 것은, 스테레오 타입을 유발하고 있다고 말할 수 있다.

호주 올림픽위원회가 이 사회심리학 이론에 정통하고, 인위적으로 이러한 시나리오를 만들었다고는 생각하기 어렵다. 그러나 위원회로서 국민을 포함해서 거국적으로 선수들의 사기를 향상시키고 올림픽에 임할 사명이 있었다. 국민의 지지를 받는 것은, 스포츠 사업의 추진에 필수적이며, 국가 예산의 스포츠 사업에 대한 배당액을 결정하는 큰 요인이기도 하다.[18] 더욱이 위원회로서는 국가의 투자에 알맞은 메달을 획득하지 않으면 안 되고, 스포츠 강국으로서의 긍정적인 이미지를 표현하고 유지해야 한다. 이러한 배경이 시나리오 제작 동기부여가 된 것은 아닐까.

우려되는 것은 젊은이들에게 확산되는 국가주의적 표현이 올림픽 대표 선수에게도 보이는가라는 질문에 대하여, 본 연구의 데이터에 관한 한, 국가주의적 경향이 매우 현저한 형태로 나타났다. 그러나 이것은, 호주 올림픽위원회가 준비한 시나리오에 의해 필연적으로 나타난 자국, 자국민을 칭찬하는 것 같은 국가주의적 담화라고 할 수 있지 않을까.

본서의 다른 저자들과 일본 대표 선수의 담화에 대하여 정보 교환을 했지만, 자국, 자국민을 칭찬하는 담화는 그다지 나타나지 않은 것 같다. 호주 올림픽위원회가 시도한 시나리오로 일본 대표 선수들에게 대답하게 했다면 어떤 담화가 표출되었을까, 매우 흥미로운 일이다. 비교 가능한 조건을 충족시키는 데이터가 없는 것이 유감이다.

---

18) 2009년도의 올림픽 사업에 대한 지원금은 1억 2,800만 달러이고, 게다가 올림픽위원회는 1억 800만 달러의 추가 원조금을 요구하고 있다.
The West Australian, 13 March 2009.
<http://origin www.thewest.com.au/default.aspx?MenuID=544&ContentID=129872> (2010년 6월 16일).

이번 호주 대표 선수의 담화를 종목별로 분석하지 않았지만, 일인칭의 I와 We 빈도에 대해서는, 단체·개인 경기 종목별로는 그다지 관계가 없는 것으로 나타났다. 예를 들면, 단체경기인 하키의 여자 선수 14명 중 불과 1명이, We를 사용하고 있지만, 수구의 여자 선수 13명 중 7명이 We를 사용했다. 종목별로 선수의 담화를 분석하는 것은 의미가 있을지도 모르지만, 종목별로 인원의 편향이 있어, 본 연구에서는 제외하기로 하였다.

호주 대표 선수의 담화를 호주 올림픽위원회의 웹사이트라는 제한된 데이터 범위내에서 고찰했지만, 다른 다양한 담화(예: 경기 전후의 기자회견, 메달 획득의 축하 인터뷰, 기대한 메달을 획득하지 못한 선수의 인터뷰 등)를 고찰함으로써, 다양한 결과가 나왔음에 틀림없다. 여기서 얻어진 결과는 분석한 담화가 발생한 문맥, 준비된 질문의 내용, 의도, 선수 자신의 여러 조건 등이 만들어내는 산물이며, 어떠한 일반화도 저자의 의도한 바가 아니다.

Alomes, S. 2001. "The political uses of international sport: Tunisian soccer and

Olympic and pre Olympic Australia". Sporting Traditions 17:2, 33-47.

Australian Government Home page.

<http://www.ag.gov.au/agd/www/nationalsecurity.nsf/AllDocs/826190776D49EA90CA256FAB001BA5EA? OpenDocument> (2010년 6월 16일).

Australian History: Convicts. <http://www.australianhistory.org/convicts.php> (2010년 3월 10일).

Australian Olympic Committee Media Centre.

<http://olympics.com.au/portals/3/mediacentre.html#/media/418> (2008년 7월 25일~2009년 6월 30일).

Australian War Memorial-The ANZAC Day tradition.

<http://www.awm.gov.au/commemoration/anzac/anzac_tradition.asp> (2010년 3월 9일).

BBC Sport, 8 August 2007. <http://news.bbc.co.uk/sport2/hi/front_page/6934955.stm> (2010년 3월 10일).

Global Post: August 24, 2009.

<http://www.globalpost.com/dispatch/asia/090818/overworked aussies> (2010년 3월 11일).

Maass A., Salvi D., Arcuri L., and Semin, GR 1989. "Language use in intergroup contexts: The linguistic intergroup bias"

Journal of Personality and Social Psychology 57: 981-993.

일본 올림픽위원회 홈페이지.

    <http://www.joc.or.jp/olympism/coubertin/> (2010년 2월 15일).

Stallybrass O., 1977. "Stereotype" In A. Bullock and O. Stallybrass (eds) The Fontana Dictionary of Modern Thought, p.601. London: Fontana/Collins.

Tajfel H. 1974. "Social identity and intergroup behaviour" Social Science Information 13: 65-93.

Tajfel H., 1982. "Social psychology of intergroup relations" Annual Review of Psychology 33: 1-39.

The Age, 9 September 2006.

    <http://www.theage.com.au/news/sport/flagging jingoism/2006/03/09/1141701636796.html> (2010년 2월 10일).

The Epoch Times, 23 January 2007.

    <http://en.epochtimes.com/news/7-1-23/50826.html> (2010년 3월 10일).

The West Australian, 13 March 2009.

    <http://origin www.thewest.com.au/default.aspx?MenuID=544&ContentID=1 29872> (2010년 6월 16일).

Wigboldus, DHJ, Semin, GR, and Spears, R. 2000. "How do we communiccate stereotypes? Linguistic bases and inferential consequences". Journal of Personality and Social Psychology 78: 5-18.

World Socialist Web Site.

    <http://www.wsws.org/articles/2006/dec2006/rio2 d01.shtml> (2010년 3월 10일).

Discourse of lifting Morale in Beijing Olympic: Australian Athletes. FN Video Interviews

Jun Ohashi

The study explores 'positive images' about Australia and its people portrayed by Australian Olympians in a context of Beijing Olympic discourse in socio-psychological perspectives. Drawing on Tajifel's (1974, 1982) notions of 'social identity' and 'intergroup behaviour', and Maass et al's (1989) 'linguistic intergroup bias' (LIB) and 'linguistic expectancy bias' (LEB) (Wigboldus et al., 2000), the study will analyse 126 Australian athletes' video interviews conducted and compiled by Australian Olympic Committee. The athletes' answers to two of the questions, 1) their images about China (the athletes follow the sentence "when I think of China I think of·"), and 2) their images about Australia and its people (the athletes follow the sentence "I love being Australian because·") are targeted and transcribed for analyses.

The research identifies tendencies to accentuate the positive traits of in-group members and the differences to the out-group members, and it confirms that stereotyping plays a significant role in obtaining the contrast to boost their positive group identity. The study concludes that the Australian Olympic Committee is successful in establishing 'positive in-group identity' among Australian athletes and transmitting it to the public. In other words, the way athletes' comments are elicited create particular environment where 'stereotype' enforces positive image of Australianness in relation to the other.

士気を高めるためのオリンピックの談話
－豪州のビデオ定型インタビューをもとに－

大橋純

　本稿では、北京オリンピックに際して、オーストラリアオリンピック代表選手らが描く自国・自国民についての肯定的なイメージについて、社会心理学的見地から考察する。具体的にはTajifel (1974, 1982)の社会的アイデンティティー、集団間行動、また、Maass et al. (1989)の言語的集団間バイアス、Wigboldus et al.(2000)の言語的期待バイアスなどの理論枠で、オーストラリアオリンピック委員会のウェブサイトにある１２６人の代表選手のあいさつと、あらかじめ用意されいた質問についての選手らの談話を収録した動画の内容から考察する。特に次の２つの質問に注目して、選手の答えを文字化して分析する。

　1)When I think of China, I think of · (中国と言って、思い浮かべるのは-)、

　2)I love being Australian because · (オーストラリア人でいていいことは-)

選手ら談話の内容から、ステレオタイプを介して内集団の肯定的属性、同時に外集団との違いを強調することで、自分たちの内集団意識を高揚させていることが確認された。さらにTajifel (1974, 1982)の社会的アイデン

ティティー・集団間行動に照らし合わせると、オースト
ラリアオリンピック委員会が準備した質問のシナリオに
は、選手達の内集団意識を高揚させるような仕組みが組
み込まれていたことがわかった。

为鼓舞士气的奥运会采访谈话分析
一以澳大利亚录像定型访谈为例案一

大桥纯

　本文试图从社会心理学的角度，就参加北京奥运会的澳大利亚运动员对自己国家、国民所抱有的肯定形象加以分析研究。具体地说，使用Tajifel（1974年、1982年）的社会认同、集团之间行动、Maass等（1989年）的语言集团之间的偏见、以及Wigboldus等（2000）的语言期待偏见等理论，对澳大利亚奥委会网站所收录的126名运动员的致辞、以及接受采访时的谈话内容加以考察。尤其注意以下的两项设问，将运动员的回答转换成文字加以分析。

　第一，一听说"中国"这个词，我就会立即联想到……。

　第二，作为一个澳大利亚人，我感到很自豪。因为……。

　从谈话中可以获知，这些运动员是以类型化的思维方式获得了对于所属团体的肯定性认识，同时也意识到了与其他团体的不同之处。与此增进了对于所属团体的归属感。进一步参照Tajifel（1974年、1982年）的社会认同、集团之间行动等理论，就可以发现，澳大利亚奥委会正是出于为了强化运动员的团队精神这一目的，才精心设计了那样一套采访设问的。

올림픽 슬로건으로 본 중국 사회의 빛과 그림자

한이

제6장
올림픽 슬로건으로 본 중국 사회의 빛과 그림자

1. 들어가기

"同一个世界, 同一个夢想 One World, One Dream." 2008년 8월 8일부터 24일까지 '세계는 하나, 꿈도 하나'를 메인 테마로, '중화민족 백 년의 꿈'이라 불리는 베이징올림픽이 개최되었다. 올림픽 사상 최다인 204개국으로부터 선수와 임원 약 만 6천 명이 모이고, 세계 각국에서 80명 이상의 정상이나 왕실 관계자가 개막식에 참석함으로써 중국 당국은 주최국으로서의 체면을 유지할 수 있었으며, 대회의 성공적인 개최 및 종료에 안도한 것임에 틀림없다. 그것은 2008년이 '개혁개방' 30주년 기념의 해에 해당하여, 당국은 올림픽 개최를 계기로 국제사회에서 존재감을 과시함과 동시에, 국내에 대해서도 베이징올림픽이 세계적으로 얼마나 주목받고 있는지 과시하는 것에 혈안이 되어 있었기 때문이다.

본디 체면을 중시하는 국민성이라고 해버리면 그만이지만, 홍보 수단의 하나로 슬로건이 다용된 것은 주목할 만하다. 베이징올림픽의 유치·개최에 즈음하여 각종 캠페인이나 이벤트가 잇따라 기획, 실시되는 가운데, 대량의 슬로건·표어·포스터·현수막이 제작되어 곳곳에 내걸렸다. 베이징 시내에서는 "奧運會的成功是党和國家、 中華民族的一件大事(올림픽 성공은 당과 국가 및 중화민족의 중대사)"라고 하는 표어가 거리에 넘치고, 번화가에 있는 대형 스크린에도 "百年奧運、 中華圓夢(백 년 올림픽, 중국의 꿈)" 등 다양한 슬로건이 끊이지 않고 등장했다. 집중호우와 같은 슬로건 공세는 축제 분위기 고조에 한몫했겠지만, 화려한 축제의 그늘에 가려진 중국 사회의 속사정을 비추는 반사경으로서도 대단히 흥미롭다. 대회 주최자나 표어 제작자의 의도 여하를 불문하고 올림픽은 언제나 세상을 비추는 거울이 된다. 떠들썩했던 축제가 끝나고 3년이 지난 지금, 거액을 들여 조성한 메인스타디움 '새의 둥지' 등의 경기시설을 제외하면, 베이징올림픽은 중국, 그리고 중국 민중에게 무엇을 남겼는가?

이 장은 베이징올림픽에 관련된 슬로건이나 표어를 중심으로 사회사상·정신사의 관점에서 버블경기에 들끓는 중국 사회에 내재하는 여러 문제를 명확히 하는 것을 목적으로 한 연구이다. 연구방법으로 먼저 현장 조사에서, 또는 신문·잡지·서적·인터넷 기사에서 사례를 수집했다. 그다음으로 각 슬로건이 사용된 배경에 대해 분석할 뿐만 아니라 부조리한 사회적 모순의 실태에 대해 고찰했다. 더욱이 현대 중국의 정치 슬로건의 계보를 추적하면서 일당 지배 체제와 정치 슬로건의 관련성과 특질을 규명하는 것과 동시에, 민중의 원망·한탄과 울분을 토로한 풍자 가요와 에피소드(小話)에 초점을 맞추어보고자 한다.

2. 올림픽 개최의 긴 여정

올림픽 개최는, 곧 선진국의 등용문이다. 자국의 발전 상황을 세계에 알린다는 뜻으로, 중국에는 '희비가 엇갈린 성인식'이었다고 할 수 있다. 이른바 "대국대두(大國崛起)"의 모습, 나아가 후진타오(胡錦濤) 지도부의 권위를 내외에 심어준다는 당국의 목적이 일단 달성한 것처럼 보이지만, 개최에 이르기까지 과정은 우여곡절로 가득 차 있었다.

톈안먼 사건 이듬해인 1990년 9월, 국제사회에서 이미지를 수복하기 위해 중국은 베이징에서 제11회 아시안게임 개최를 단행했다. 중국 최초의 국제 종합 스포츠대회는 정부에는 큰 도박이었지만, 대부분 예상을 뒤엎고, 각국으로부터 약 6천 명의 선수가 참가하여 성공리에 막을 내렸다. 그 기세에 힘입은 중국 올림픽위원회는 1991년 3월 8일, 2000년 제27회 올림픽 유치 신청을 한다고 발표하고, 동년 12월 4일 국제올림픽위원회(IOC)에 정식으로 신청서를 제출했다. 그때 서강 여론의 반응을 의식해서인지 당국은 "開放的中國盼奧運(열린 중국이 올림픽을 기다린다)"를 캐치프레이즈로, '중국을 개방·발전시켜, 보편적인 가치관을 공유하는 방향으로 이끌어주기를'이라는 자세를 보였다. 톈안먼 사건 이후 중국의 대학에서 애국주의 교육과 군사훈련 실시가 도입된 것을 생각하면, '대내용'과 '대외용'의 두 얼굴을 교묘하게 구분하는 술수가 적이 놀랍지만, 올림픽 개최를 통해 이미지의 호전을 도모하고자 하는 의도는 쉽게 짐작할 수 있을 것이다.

그런데 93년 9월 23일 IOC 총회 투표 결과 베이징은 2표 차이로 시드니에 패했다. 당시 학생민주화운동을 무력으로 진압한 톈안먼 사건의 기억이 아직도 생생하게 남아 있고 서양 언론이 중국의 정치체제와 인권문제에 대한 비판을 멈추지 않았기 때문이다. 그 충격으로 베이징 거리는 침울해졌다. 더욱이 이듬해 히로시마에서 열린 아시안게임에서 중국 선수 11명의 도핑 위반이 적발되어 국제적인 신용을 잃었고, 그것을 이유로 2004년 올림픽에 입후보하기로 한 것을 취소했지만, 1998년 11월 25일, 베이징 시는 생각을 바꾸어 제29회 올림픽 개최에 입후보한다는 것을 표명했다. 올림픽 유치 캠페인을 재개함에 있어서 당국은 "新北京、 新奧運(새로운 베이징, 새로운 올림픽)"과 "給中國一次机會、 還世界一个奇迹(중국에 기회를 준다면, 세계에 기적을 돌려주겠다)"라고 지속적으로 호소하며 올림픽 개최에 대한 강한 의지를 보였다.[1] 그 이후 "申奧(올림픽 유치 신청)" 또는 "入世(WTO 가맹 교섭)" 등으로 언론이 요란스럽게 떠들고, 국가와 언론은 하나가 되어 유치 분위기를 부추겼다.

한편 물밑작업에서의 대책도 여러 가지 강구되었다. 친중국파(親中國)로 주목받는 사마란치 회장이나 IOC 임원들의 접대는 물론,

---

1) 鄭爲汕(2000). 『時代口号』, pp.220-221. 天津: 天津人民出版社.

현 로게 회장과 뒷거래도 있었다고 전해지고 있다.2) 또한 베이징올림픽 유치위원회는 웨버샌드위크(본사 뉴욕)를 비롯한 미국과 영국의 대형 PR 회사 몇 개와 계약을 맺고, PR 활동에 대한 조언을 구했다. 그리하여 '중국의 인권과 민족문제가 올림픽 주최국으로서의 적합 여부에 대한 논의를 피한다'는 전략을 세우고, '스포츠와 정치는 다르다', '13억 인구의 중국에 올림픽 운동을 펼치고 싶다'라고 어필하는 전술을 철저히 (※준비)시켰다.3) 이러한 대책이 효과가 있었는지 세월이 흐르면서 서방 언론을 비롯해 베이징올림픽 개최를 반대하는 세력은 점차 감소하고, 마침내 2001년 7월 13일에 열린 IOC 모스크바 총회에서 베이징올림픽 개최가 최종적으로 결정되었다. 당일 저녁, 톈안먼광장에는 많은 시민들이 모여 '우리가 이겼다!' '중국 만세!'라고 환호하고 노래도 하며 유치 성공을 성대하게 자축했다. 중심가 거리의 장안가는 수십만 명이 몰려 보행자 천국으로 바뀌었고, 시타마치(下町: ※시가지, 일반인의 주거지)의 골목 여기저기에서 폭죽이 터져, 마치 설날(春節)을 맞이하는 것 같은 축제 분위기에 빠졌다.

올림픽 개최가 결정되자, 중국 스포츠계는 갑자기 활기를 띠었다. 당국은 곧바로, 올림픽 경기 운영을 위한 홍보활동을 확대했다. 베이징올림픽 조직위원회는 2002년 7월 13일, "綠色奧運、 科技奧

---

2) 중국 올림픽위원회의 전 회장으로 올림픽을 베이징에 유치한 주역의 한 사람, 국가체육총국 위안웨이민(袁偉民)·부국장이 2009년 10월에 출간한 자서전에서 그 뒷이야기를 밝혔다. 회장 선거와 올림픽 개최지 선정이 있었던 2001년 IOC 모스크바총회 몇 달 전 로게 씨와 袁 씨는 스위스에서 밀담. 중국 측이 회장 선거에서 이사였던 로게 씨에게 투표 대가로 개최지 결정 투표에서 베이징이 선정될 수 있도록 유럽계 위원의 표 정리를 의뢰했다고 한다. '베이징올림픽 유치 폭로, "로게 씨와 뒷거래"'. 『아사히신문』. 2009년 11월 4일.

3) '올림픽 유치 "적에게 배운다"'. 『아사히신문』. 2003년 1월 19일.

運、 人文奧運”의 삼대 이념, 즉 '에코올림픽 · 하이테크올림픽 · 문화올림픽'을 내세웠다. 2005년 6월 26일에는 메인 테마 '세계는 하나, 꿈도 하나'라는 발표회가 성대하게 열렸다. 동년 11월 11일, 다섯 개의 마스코트 '후화(福娃)'도 발표되고, "北京歡迎你(베이징에 오신 것을 환영합니다)"에 연관되어 "貝貝"、 "晶晶"、 "歡歡"、 "迎迎"、 "妮妮"라고 명명되었다.4) 거리에서 올림픽 로고가 눈에 띄기 시작하고 대부분의 상업 광고에도 올림픽 로고가 붙게 되었다. 또한 2007년 7월 22일, 톈안먼광장 남쪽에 "五湖四海喜慶奧運盛會、 改革開放共譜和諧篇章(전국 각지는 올림픽의 경사를 기뻐하고, 개혁 개방으로 조화 사회의 새로운 한 페이지가 열렸다)"라고 쓴 거대한 간판이 화단과 함께 설치되었다. 시내 곳곳에 "世界給我十六天、 我還世界五千年(세계는 우리에게 16일간을 주면, 우리는 세계에 5천 년을 돌려주겠다)", 또는 "中國要走向世界、 世界要了解中國(중국은 세계에 동참하라, 세계는 중국을 이해하라)" 등이 쓰인 화려한 현수막이 장식되어, 도시 전체가 축하 분위기에 휩싸였다. 2001년 12월의 WTO 가입 실현과 더불어, 그때까지 세계 최대의 개발도상국으로 자처해온 중국은 관민 일체가 되어 '드디어 세계로부터 인정받았다'라고 환호하였다(欣喜雀躍).

올림픽을 둘러싼 중국의 여론, 특히 지식층의 언설(言說)을 보면 올림픽 개최를 경제발전의 좋은 기회로 보는 반면, 아편전쟁의 패배로 시작된 중국인의 '국민적 열등감'에서 탈각(脫却)을 계획하는 것으로도 의식하고 있었던 것을 알 수 있다. 중국 국내에서

---

4) 周尚意 · 徐亮(2007). 『奧運北京』. pp.51-52. 北京: 工業大學出版社.

올림픽 참가의 목소리가 높아진 것은 청나라 말기 1908년이다. 『천진청년(天津靑年)』이라는 잡지에 올림픽을 소개하는 논문이 게재되었지만, '중국 선수가 올림픽에 참가하게 되는 것은 언제인가, 중국이 올림픽을 개최하게 되는 것은 언제인가'라고 호소하는 문면(文面)에서, 체육 강화를 통해 서양열강에 "東亞病夫(동아시아의 병자)"라고 불리는 조국을 재생시키고 싶다는 염원을 엿볼 수 있다.5) 중국이 처음으로 올림픽에 참가한 것은 1932년 로스앤젤레스 대회이며, 단 한 명의 중국 선수·대련 출신의 육상 단거리 선수 류창춘(劉長春)을, 동북군벌(東北軍閥)인 장쉐량(張學良)이 자금 8,000겐을 지원해서 출전시켰다고 한다. 이후 반세기에 걸쳐서 중일전쟁, 국공내전(國共內戰; ※중화민국 정부가 이끄는 국민혁명군과 중국 공산당이 이끄는 중국 인민 해방군 사이에서 벌어진 내전), 6·25사변, 대약진(大躍進; ※증산운동), 문화대혁명과 동란이 이어져, 중국은 올림픽에 참가할 여유가 없었다. 중국의 올림픽 데뷔는 개혁개방 후인 1984년 로스앤젤레스대회이지만, 베이징올림픽은 정확하게 1세기 동안 기다리고 기다리던 '거룩한 무대'가 되었다. "中國人圓了百年奧運夢(중국인은 백 년 꿈을 이루었다)"라는 거창한 말을 들은 까닭이다.

2008년 8월 8일 오후 8시 8분, 재수 좋은 숫자 '8'이 다섯 개나 늘어선 순간, 베이징올림픽이 막을 열었다. 후진타오 국가주석이 "올림픽은 세계에 중국의 발전과 변화를 알리는 좋은 기회이다"라

---

5) 이 논문은 교육자인 장백령(張伯苓) 氏가 2007년에 한 강연을 기반으로 했다. 그 후 장 씨는 미국유학을 거친 후 톈진에 남개대학(南開大學)을 설립했다. 沈衛星·賈宇. 2008. 「張伯苓: 中國奧運的先驅者」. 『新華文摘』 19期, 97.

고 개막을 선언한 후, 하이테크 기술을 구사한 퍼포먼스와 일사불란한 매스게임이 끝없이 펼쳐졌다. 개막식 장면을 TV 중계로 보고 있으면, 왠지 1936년 8월 베를린올림픽 기록영화 <민족의 제전>이나 북한의 <아리랑축제>가 떠오르고, 총감독인 장이머우(張藝謀), 총 만 6천 명의 출연자, 약 10만 명의 관중……, 모두 다 내셔널리즘의 고양감(高揚感)에 취해 있는 것처럼 느껴졌다.

3. 성화 봉송 광소곡(狂騷曲)

지금 돌이켜보면, 2008년은 중국에 있어서 다사다난의 해였다. 연초 중남부를 강타한 대 한파, 3월 티베트소란, 4월 산둥 성(山東省) 열차 충돌, 5월 쓰촨 성(四川省) 대지진, 6월 구이저우 성 웅안 현(貴州省甕安縣) 주민폭동, 7월 쿤밍(昆明) 시내에서의 버스 연속 폭파……. '백 년의 꿈'의 실현을 막는 것처럼 재액(災厄)이 겹쳐 일어났다. 올림픽이 폐막하자마자, 분유에 멜라민 혼합, 리만쇼크, 수출기업의 대량 도산……. 악몽이 잇따라 쏟아졌다. 말 그대로 '산 너머 산'의 액년(厄年)에 지도부가 당황한 것도 무리는 아니다.

그중에서도 특히 올림픽 개최 전에 일어난 티베트소란을 계기로 베이징올림픽을 둘러싼 정세가 암울(暗轉)했다. 주지하는 바와 같이 중국 정부의 티베트 탄압에 대한 항의로 국제적으로 개막식을 보이콧하자는 주장이 퍼지고, 세계를 순회하는 성화봉송도 가는 모든 나라에서 격심한 방해를 받았다. 민족의 화합과 평화의 상징이어야 할 성화가 '중국 때리기'의 폭풍에 꺼져버릴 것 같아서, IOC의 로게 회장도 '상황은 위기적이다'라고 불안한 기색을 감추지 않았다. 그에 앞서 미국 영화계의 거장 스필버그 감독이 중국의 수단 다르푸르 문제에 대한 대응에 항의하며 개폐회식의 예술고문을 사퇴했다. 역풍 속에서 중국 정부는 '정치문제와 관련 짓는 것은 올림픽 정신에 위배된다', '올림픽의 정치화는 문제 해결에 도움이 되지 않는다'고 강하게 반발했지만, 국제사회의 균열은 깊어지기만 하고, 3개월 후로 다가온 올림픽 개막이 위태로워진 것은 확실하다.

중국 언론은 당연히, 빠짐없이 서양 비난에 대한 의론 (論陣)을 폈다. 이를 통해 국민의 배타적인 감정을 부추겨, 프랑스를 표적으로 하는 항의시위를 유발했다. 관제(官製) 언론에 선동되어 등장한 것은 2005년 봄에 있었던 반일 데모에서 용명을 떨친 '憤青(분개한 청년)'이라고 불리는 도시의 젊은이들이다. 그들을 중심으로 미국 CNN 방송이나 불교계 슈퍼·까르푸(家樂福)에 대한 항의활동이 각지에서 발생하고, 최종적으로는 당국도 언론을 통해 자제를 호소하지 않을 수 없는 사태로까지 발전했다. 안후이 성 합비시(安徽省合肥市)에서 4월 19~20일, 많은 젊은이가 까르푸 앞에 모여, "中國加油! 奧運加油! (중국 힘내라, 올림픽 힘내라)", "家樂福滾出中國市場! (까르푸는 중국 시장에서 나가라)", "堅決反對藏獨! (티베트 독립에 단호히 반대)" 등의 슬로건을 외치며 기세를 올리고 있었다.6) 해외에서는 중국대사관에 동원된 유

---

6) "중국 확산되는 반 프랑스 데모". 『아사히신문』. 2008년 4월 21일.

학생들의 대군이 성화봉송이 통과하는 길가에서, 제 땅인 양 빨간 국기를 세게 흔들며, 티베트인이나 지원자 그룹과 충돌한 일은 아직도 기억에 새롭다. 오가는 말에 고함이 난무하는 동안, "堅決反對藏獨！(우정의 여행)"라고 명명된 성화봉송은 마찰의 불씨를 뿌리고 끝났다.

같은 시기, 라사에서는 성화를 맞이할 준비가 순조롭게 진행되고 있었다. 포탈라 궁 앞에는 형형색색의 꽃으로 장식된 거대한 화단 간판이 들어서고, 그 간판에는 중국 지도와 함께 "民族大團結、齊心迎奧運(각 민족이 일치단결하여 올림픽을 맞이하자)"라고 크게 쓰여 있었다.[7] 자동소총을 소지하고 순찰하는 경찰부대를 거들떠보지도 않고, 티베트의 순례자들이 포탈라 궁을 향해 일심불란으로 오체투지 예배(※두 무릎과 두 팔을 땅에 대고 머리가 땅에 닿도록 절하는 방식)를 반복했다. 광장이나 상점가 등 곳곳에, "加强民族團結(민족 간의 단결을 강화하자)"나 "反對分裂祖國(조국 분열에는 반대)"라는 표어에 섞여서, "携手喜迎奧運會((※ 서로)손을 잡고 올림픽을 맞이하자)" 풍의 슬로건도 게시되었다. 그러나 티베트주민들의 반응은 냉랭했다. 3월 라사폭동이 한창일 때, 군중의 투석으로부터 방패를 들고 자신을 보호하는 경찰들의 모습을 찍은 사진을 보면, 머리 위에 "加强社會治安綜合治理、 維護社會政治穩定(사회 치안을 강화하고 정치 안정을 유지하라)"라고 쓴 현수막이 전봇대 사이에 걸려 있다.[8] 요소요소에 배치된 감시초(監視哨)에서 앳된 얼굴의 소년병들이 자동소총을 메고 주위의 동정을 살

---

7) 『인민일보』 해외판. 2008년 4월 30일. 『아사히신문』. 2008년 8월 25일.

8) 파리에스(パリエス) 저, 간다 준코 역(2009). 『달라이라마 진실의 초상』. p.110. 도쿄: 니겐샤(二玄社).

피고 있지만, 그 옆에 哨兵神圣、 不容侵犯(초병은 신성하게 여기고 침범하면 안 된다)"라고 쓴 간판이 걸려 있었다.

　중국 정부는 지금까지와 마찬가지로 티베트에서 무슨 일이 일어나면 대부분 반사적으로 '달라이 일당의 소행이다'라고 단정해버리고, 자신의 민족정책에 대해서는 결코 반성하려고 하지 않았다. 라사 시내에 있는 티베트 의학원의 게시판에는 달라이라마 비판의 표어가 크게 쓰여 있고 "達賴是圖謀西藏獨立的分裂主義政治集團的總頭子，是國際反華勢力的忠實工具，是制造西藏社會動亂的總根源，是阻扰藏傳佛教建立正常秩序的最大障碍(달라이는 티베트 독립을 도모하는 분열주의 집단의 두목, 국제적인 반중국세력의 충실한 도구, 티베트 사회에 동란을 일으킨 근원, 티베트 불교의 질서를 어지럽히는 가장 큰 장애물이다)"라는 4개의 죄상이 나란히 있었다.9) 한편, 수많은 행사 중에 "奧運情、 中國心——西藏各族各界迎奧運簽名活動(올림픽의 정, 중국의 사랑——티베트 각 민족·각계가 올림픽을 맞이하는 사인이벤트)"라고 거창한 이름을 내건 것도 있었다.10) 그러나 반중국 폭동이 진압된 지 얼마 안 된 티베트에, '중국의 사랑'을 느끼는 사람은 과연 몇 명이나 있었을까.

　그런데 티베트 탄압으로 국제사회로부터 비난을 뒤집어쓰고 궁지에 빠진 중국 당국을 구한 것은, 5월 12일에 일어난 쓰촨대지진이었다. 지진발생 후 피해 지역의 참상이 전해지면서 '중국 때리기'의 분위기는 잠잠해지고, 보이콧을 강행하자는 주장도 약해졌다. 지진은 많은 인명을 앗아간 비극이었지만, 다른 한편으로는 베이징

---

9) "달라이라마 비판 당국에 조금씩". 『아사히신문』. 2000년 12월 28일.

10) "奧運: 爲西藏人生活添精彩". 『人民日報』 海外版. 2008年 8月 21日.

올림픽을 둘러싼 환경을 호전시키는 의외의 결과를 가져왔다. 당시 시민들로부터 '올림픽을 개최할 상황이 아니다'라는 소리도 들렸지만, 대회 총책임자인 시진핑(習近平) 국가 부주석은 주요 언론에 '올림픽 분위기를 고조시키는 보도를 늘리도록'라고 지시했다. 재해지역을 격려하는 슬로건에는, "汶川挺住！ 中國加油！(문천 힘내라, 중국 힘내라)", "一方有難、 八方支援(재해를 입은 곳이 있다면, 국가 차원에서 지원하라)", "抗震救災、 重建家園(지진을 극복해내고, 고향을 재건하자)"라는 간단한 것이 많은 가운데, 올림픽 선전을 겸한 것도 보였다. 『인민일보』에 게재된 광고 면에는, 모금함에 "心系奧運、 祝福災區(마음은 올림픽으로, 축복은 재해지역으로)"라고 쓰여 있었다.11) 지진발생 '49일(四十九日)'에 해당되는 6월 30일, '지진재해 부흥에서 거둔 귀중한 정신을 올림픽 성공으로 결부시키자'라는 캠페인이 후진타오의 선창으로 시작되자, 지진 구조활동에서 표창을 받은 '영웅모범(英雄模範)'이 성화봉송 주자로 등장하게 되었다.

성화봉송은, 그리스올림픽에서 시작된 3월 24일 채화식 방해활동을 시작으로, 4월 중, 주로 서방국가에서 공격의 대상이 되었지만, 5월 4일 중국 본토에 들어와서는 정세가 일변하여, 열광적인 환영을 받게 되었다. 행사 장소에 설치된 "奧運火炬(성화봉송)"의 거대한 간판에는 지명·통과 예정일 외 한결같이 "点燃激情、 傳遞夢想(격정(激情)에 불타자, 꿈을 전하자)"라는 문구가 적혀 있었다. 길가에는 "中國加油！奧運加油！(중국 힘내라, 올림픽 힘내

---

11) "北京奧運特刊". 『人民日報』 海外版. 2008年 8月 1日.

라)"의 대합창이 넘치고, 응원하는 남녀노소가 오성홍기(五星紅旗)를 펄럭이며 환성을 질렀다. 쓰촨 성에 들어가자, 피해자나 구조활동에 진력한 '모범 공산당원'이 봉송 주자로 선정되어, 연대(連帶)를 강조하는 연출이 되었다. 재해지역의 도강언시(都江堰市)는 성화봉송 루트에서 벗어났음에도 불구하고, 간선도로 옆에 올림픽 예찬의 현수막이 죽 설치되었지만, 그것은 "祝福北京奧運、 重建美好家園(베이징올림픽을 축복하고, 아름다운 고향을 재건하자)"나 "弘揚奧運精神、 共創美好明天(올림픽 정신을 발양하여, 다 함께 밝은 미래를 만들자)" 등의 메시지가 적혀 있었다.12) 국내 성화봉송 주자 총수는 19,400명에 달했고, 각지의 길가에는 가는 곳마다 빨간색 셔츠와 빨간색 국기로 가득 찼다.13) 5월 8일 아침, 성화를 가진 중국 등반대가 세계 최고봉인 에베레스트에 등정하여 성화봉송은 절정을 맞았다. 분명히 대중의 애국심을 북돋우고, 올림픽을 향한 기운을 높이려는 목적이었다.

한편, 올림픽 분위기를 망칠 것으로 간주되는 행동은 가차 없이 진압되었다. 지진발생 후 학교의 부실공사로 자녀를 잃은 부모들이 현지 당국에 소송준비를 하고 있었지만, 성화봉송 통과에 즈음하여 공안 관계자로부터 '외국 언론이 주목하면 올림픽에 악영향을 미친다'라고 엄중한 주의를 받았다. 그래도 포기하려고 하지 않은 유족대표는 '정부를 망신시키는 경우에, 그냥 두지 않겠다'라는 협박을 당하기도 하고 구속되기도 했다. 신장(新疆) 위구르 자치구의 우루무치와 카슈가르에서 테러나 항의 활동을 두려워한 당국이 성

---

12) "쓰촨 재해지역 성화 통과에". 『요미우리신문』. 2008년 8월 1일.

13) 李桂傑. 2008. 『不會尖封的記憶　百姓生活30年』. 250. 長沙: 湖南科學技術出版社.

화통과 당일, 일반주민의 외출을 금지했다. 길가나 행사장을 가득 메운 것은 학교나 직장단위로 동원된 가짜 선거운동원과 무장 경찰관뿐, 관중이 전혀 없는 길도 있었다고 한다.

원래 성화봉송은, 1936년 베를린올림픽에서 비롯된 것으로, 나치의 선전을 목적으로 이용된 것을 부정할 수 없다. 인권이나 티베트 문제를 둘러싸고 구미제국(歐米諸國)으로부터 비판받고, 보이콧의 목소리가 높아지는 데 대해, 중국 정부는 '정치는 올림픽에 개입해서는 안 된다'라고 주장했지만, 사실은 그 어느 나라보다도 올림픽을 정치에 이용하려고 한 것이다. "弘揚奧運精神、 共創美好明天(베이징올림픽의 성공은 개혁개방 정책의 위대한 성과이며, 중화민족의 부흥 사업으로 이어진다)"라고 대대적으로 선전한 것도 그 하나의 증거이다.

4. 국위 선양의 대가

중국에서, 스포츠 관련의 슬로건으로 말하자면, "發展体育運動、 增强人民体質(스포츠를 진흥시키고, 국민의 체질을 강화하라)"라는 전통적인 것이 무엇보다 잘 알려져 있다. 원래는 1952년 6월 중화체육총회가 발족했을 때, 마오쩌둥(毛澤東)이 보내온 축사이지만, 표면상은 스포츠 행정의 이념으로서 계승되어 오늘날에 이르고 있다. 물론 올림픽헌장도 '올림픽은, 개인종목 또는 단체종목에서의 선수 간의 경쟁이며, 국가 간의 경쟁은 아니다'라고 정하고

'평화, 인간의 존엄성 유지, 우정, 연대(連帶), 페어플레이' 등을 호소하고 있다. 그러나 표면상은 선수 개인의 경기라고 정해져 있어도 실제로는 국가 간의 메달획득 경쟁의 장, 더욱이 국민의 민족성을 강화하는 정치적 장치가 되어 있다고 하는 올림픽의 현실은 부정할 수 없다.

한때 스포츠 강국을 자랑하던 나라는 구소련이나 동구제국(東歐諸國)이었다. 국가의 비용으로 유망한 선수의 발굴·양성·관리하는 스테이트 아마추어(state amateur; ※국가가 양성하는 아마추어 스포츠 선수)제도 덕분이다. 같은 사회주의 국가인 중국은, 이번에 올림픽 주최국이 되었기 때문에, 올림픽 슬로건은 "爲祖國爭光、爲奧運添彩(조국에 영광을 쟁취하자, 올림픽을 더 호화롭게 하자)"라는 민족주의적인 냄새가 한층 짙어졌다. 최근 중국 각지에서 '○○광장', '○○센터'와 같은 시설(ハコモノ; ※국가 및 지방 자치단체에 의해 만들어진 시설)이 연이어 지어졌지만, 시민들은 '힘 있는 사람'이 자신을 위해 만든 "形象工程(이미지 프로젝트)", "政績工程(공적 프로젝트)"라고 야유했다. 중국 지도부도 자신의 위신을 유지해가기 위해서는 베이징올림픽·우주유영(宇宙遊泳; ※우주복을 입은 우주 비행사 등이 우주선 밖에서 활동하는 것)·군사퍼레이드 상해엑스포·항공모함건조(空母建造)……라는 '정치 쇼'적인 것을 정기적으로 연출해나가지 않으면 안 된다는 일종의 강박관념에 빠져 있는 것 같다.

그러나 정치적 의혹이 얽히면, 스포츠 축제에서도 사실 허실이 교착하는 것이 되어버리는 것이다. 사실, 이번 개막식에서 '가짜'의 연출이 신기록을 냈다. 미소녀의 '천사의 목소리'는 립싱크이고, 발

자국 모양의 불꽃놀이 영상은 CG 합성영상이며, 55가지의 소수민족 의상을 입고 등장한 아이들도 사실은 전원 한족……이라는 진상이 연달아 표면화되었다. '어린이의 인격을 손상시키다니', '일국의 정부로서 세계를 속이다니'라는 비난을 뒤집어써도 당사자는'국익 때문이다', '중국에서는 자주 있는 일이다'라고 일축하고, 조금도 개의치 않았다. 호화찬란한 연출로 전 세계의 시청자를 압도한 개회식 이후, 이 진실이 세계를 다시 한번 놀라게끔 한 것이다. "盜版(해적판)", "假貨(위조상품)", "假錢(위폐)", "假証明(위조서류)", "假結婚(위장결혼)" 등의 유행어에, "假唱(립싱크)"라는 신조어를 만들어낸 것도 베이징올림픽이 남긴 하나의 선물이다.

　올림픽은 본래, "更快、 更高、 更强(더 빨리, 더 높이, 더 강하게)"를 목표로 인간의 극한 기술과 힘을 겨루는 장소이며, 국위를 과시하는 장소는 아닐 터이지만, 베이징올림픽은 예상대로 '정치 쇼'로 변해버렸다. 올림픽 관련투자 총액이 약 2,800억 위안(약 4조 4,500억 엔)에 달하며, 개회식에 쏟아 부은 예산만도 7억 위안(약 100억 엔)을 웃돈다고 한다.14) 개회식에서 총 만 6천 명의 출연자가 화려한 의상을 차려 입고 번갈아 등장하고, 고대 악기를 연주하거나 퍼포먼스를 연기하기도 하며, 유구한 역사와 개혁개방 후의 모습을 두루마리 식 그림으로 보여주는 화려한 연출이 세계로부터 갈채를 받았다. 게다가 금메달 경쟁에서 중국 선수가 과거 최다인 51개를 획득하여, 미국을 제치고 숙원의 세계 1위가 되었고, 총 메달 수도 이전의 63개보다 대폭 늘려 100개를 차지했다. 후진타오는 폐회식

---

14) "올림픽 이후의 중국 경제 불안". 『요미우리신문』. 2008년 8월 25일.

에서 '위대한 성공이다'라고 자찬하고 있지만, 인터넷상에서는 거액의 개최비용이나 개회식의 과잉연출에 대한 비판이 잇따랐다.

옛 소련이나 동구제국(東歐諸國)과 같이, 중국도 국제 스포츠경기에 국가의 위신을 걸어왔다. 국가체육총국의 훈련기지에 가면, 곳곳에 "爲國爭光(나라를 위해 영광을 쟁취하자)", "走向金牌(금메달을 노려라)"라고 쓴 벽보가 눈에 띈다. 전국에는 약 20만 명의 "專業運動員(프로 스포츠 선수)", 즉 나라가 모든 비용을 부담하는 스포츠 선수가 있다. 이른바 '거국체제'이다. 유소년기에 스포츠 재능을 인정받은 아이들은 나라에 선발되면 청소년 시절을 통해서 대부분 정규학교 교육을 받지 않고, 오로지 스포츠학교에서 특수훈련을 받게 된다. 나라를 위해 메달을 따는 것만이 인생의 목표로 설정되어, 매일 연습에 전념하여 정점의 성적을 노리는 그들 중에서, 이윽고 각종 국제대회와 올림픽에 출전할 중국대표가 선출된다. 중국선수의 국제대회에서 활약은 국민에게 감동을 주고, 애국심을 불러일으키기 위해서라는 게 당국의 목적이다.

그렇다고는 하더라도, 올림픽의 메달은 보통의 노력으로는 딸 수 없다. 국가가 얼마나 돈을 들였나에 거의 비례한다. 따라서 "國家利益高于一切(국가의 이익은 모든 것을 능가한다)"를 표어로, 중국은 거국적으로 선수강화를 추진하고, 아낌없이 자금을 쏟아부어 왔다. 2004년 아테네올림픽의 강화를 위해, 국가체육총국은 총 200억 위안(약 3,200억 엔)의 예산을 투입했다. 중국이 딴 금메달 수(32개)로 나누면, 개당 100억 엔으로, 가난한 농촌지역에 3,500개의 초등학교를 세울 수 있는 금액이라고 말하고 있다.[15] 장애인올림픽 선수의 경우, 베이징 시 교외에 지어진 장애인 트레이닝 센터에서 합숙하며, "從實戰出發, 全力奮戰2008年北京殘奧會(실전에 대비하여, 2008년 베이징 장애인올림픽에 전력을 다하자)"를 좌우명으로 하루에 약 8시간의 맹연습에 전념했다. 생활비와 식비는 물론 무료이고, 월 300위안(약 4,800엔)의 용돈도 지급된다.16) 세계기록을 수립한 선수라면 국가에서 거액의 보상금이나 특별수당이 지급되는 것 외에, 훈련·치료·영양관리 등을 담당하는 전문 지원팀도 마련된다. 극진한 환대로 젊은이들은 언젠가 금메달을 따서 환호에 휩싸이는 순간을 꿈꾸며, 밤낮으로 혹독한 훈련에 견디어온 것이다.

90년대 이후, 스테이트 아마추어제도 외에, 시장경제의 발전에 따라 스포츠의 상업화도 진행되어, 선수들은 개인의 대우도 진퇴(進退)도 성적대로라는 상황에 놓이게 되었다. 베이징올림픽을 예로 든다면, 중국 선수는 금메달 51개, 은메달 21개와 동메달 28개를 획득했다. 메달리스트는 실적에 따라 국가로부터 보상금을 받고, 금메달을 획득한 선수에게 일인당 35만 위안(약 560만 엔)이 지급되었다(참고로, 아테네 올림픽에서는 20만 위안이었다). 그 이외에, 지명도가 높으면 높을수록 기업으로부터 협찬도 받을 수 있다. 중국 스포츠계에서 명성과 부를 모두 손에 넣은 슈퍼스타라고 하면, 아테네올림픽 육상남자 110m 허들에서 금메달을 획득한 류상(劉翔)이다. 아테네 이후, 광고 출연 요청이 쇄도하고, 출연료는 천만 위안(약 1억 6천만 엔) 전후로 이전의 30배 이상 껑충 뛰었다. 미국 경제 잡지 '포브스' 중국판은 류상의 2006년 소득을 5,800만 위안(약 9억 2,800만 엔)으로 추산하고, 동세대의 대졸 신임의 평균

---

15) 朱曉東. "점묘(点描)중국 스포츠 사정 1". 『세이쿄신문』. 2007년 9월 11일.

16) "장애자올림픽 정점 노리는 중국". 『아사히신문』. 2007년 12월 29일.

연 수입의 약 2천 배에 해당한다고 전했다.17) 이번에는 자국에서 올림픽 2연패라고 크게 기대됐으나 오른쪽 아킬레스건 부상 때문에 예선에서 믿을 수 없는 기권을 해버려, 바로 인터넷에서 뭇매를 맞았지만, 그것도 올림픽이라는 희비극의 한 토막이다.

생각해보면, 국가의 지원이 강력하면 할수록, 선수들에게는 용기도 되고 부담도 되는 것이다. 육체적·심리적인 중압감을 견디지 못하고, 중간에 좌절한 선수도 적지 않다. 또한 메달 희망으로부터 약물에 손을 대고 만 선수도 끊이지 않고, 2000년 시드니올림픽에서는 도핑이 의심되는 27명의 선수가 파견 직전에 취소되었다. 그러나 그것보다 20만 명의 "專業運動員(프로 스포츠 선수)" 중에서, 한 번만이라도 중국대표가 될 사람은 불과 천 명 안팎이며, 더욱이 메달을 획득할 수 있는 선수는 극소수에 불과하다. 바꿔 말하면, 대부분의 선수가 조직의 피라미드 밑바닥에 있다는 것이다. 정규의 학교교육을 받을 기회를 놓치고 만 그들은 일단 팀에서 도태되면, 일정한 직업에 종사하기는 어렵고, 생활고에 허덕이는 경우가 적지 않은 것 같다. 최근, 취업난으로 국제대회에서 딴 메달을 팔아서 생활비를 충당하려고 한 전 여자 마라톤 선수나, 목욕탕에서 때밀이 일을 하며 겨우 입에 풀칠을 하는 전 여자 역도챔피언 등, 최고 올림픽 선수의 제2의 인생에 관한 보도가 잇따라 파문을 일으키고 있다.18) 일찍이 '탁구 외교'의 시대를 장식한 "友誼第一、 比賽第二(우호가 제일이고, 승패는 그다음)"이라는 슬로건은, 이제는 완전히 사어(死語)가 되어버린 것이다.

---

17) "13억 열렬한 기대 류상(劉翔) "금"". 『아사히신문』. 2007년 11월 6일.
18) "중국 유명 선수 은퇴 후의 비애". 『아사히신문』. 2006년 5월 11일.

5. 길거리의 새바람

　그런데 올림픽 개최국이 된다는 것은, 스포츠경기에 그치지 않고, 개최국의 있는 그대로의 모습이 세계에 노출되어 시험되는 것이기도 하다. 올림픽 폐막 다음 날 발행된 『인민일보(人民日報)』의 논평은, 대회의 성과로서 '민족의 자신감을 강화시켰다', '공공매너가 향상되었다', '환경보호 의식이 국민에게 침투되었다', '국민 체육사업이 진전되었다'고 자체 평가했다.[19) 자화자찬의 경향이 없지는 않지만, 올림픽을 맞이함에 따라, 베이징 거리의 분위기가 밝아졌다는 것은 확실하다. WTO 가맹이 중국 경제의 국제화라고 한다면, 올림픽 개최는 베이징 시민의 의식이나 정신의 국제화에 일정한 효과를 거둔 것이라 할 수 있다.

　올림픽 개최가 결정되자, 지도부가 서둘러 "실패는 용서받지 못한다"라고 엄명을 내렸기 때문에 베이징 시도 필사적으로 각종 준비에 착수했다. 관공서가 시민들에게 "文明礼儀手冊(매너수첩)"을 배포하고, "國家的形象大使(나라의 이미지 대사)"가 되도록 시민의 협력 · 참가 · 매너 향상을 당부했다. 2007년 2월 6일 서장안 거리에 길이 20m가 넘는 대형 표어간판이 설치되었지만, 그것은 당서성구위원회(党西城區委員會)와　서성구인민정부(西城區人民政府)의 연명(連名)으로 "迎奧運、　講文明、　樹新風(올림픽을 맞아, 매너를 지키고, 새로운 기풍을 확립하자)", "我參与、　我奉獻、　我快樂(참가하자, 봉사하자, 즐기자)"라고 적혀 있었다. 또한 "人人東

---

19) "奧運給中國留下什公". 『人民日報』 海外版. 2008年 8月 25日.

道主、 建設新北京(한 사람 한 사람이 주인공, 새로운 베이징을 건설하라)"나 "全民健身、 与奥運同行(국민 모두 운동, 올림픽과 함께)"라는 캠페인이 속속 등장했다. 매월 11일은 '줄 서기의 날(列の日)'로 제정되어, 역 승강장·버스정류장·지하철역 등 곳곳에 "不要亂扔垃圾(길거리에 쓰레기를 버리지 않기)", "排隊乘車、 文明礼讓(승차는 줄을 서서, 서로 양보하자)", "不要隨地吐痰(길거리에 가래를 뱉지 않기)" 등의 주의사항이 붙게 되었다. 붉은 완장을 찬 감시원이 승객에게 '줄을 서서', '신호를 지키자'라고 촉구하는 광경이 점차 도시의 풍물시가 되었다.

해외로부터 외국인 선수나 관광객이 몰려올 것을 가상하여, "奥運人家(※특별히 정해진 올림픽 응원단이 묶는 숙소)"라고 칭한 민박의 인증, 정년퇴직자나 택시운전사를 대상으로 한 영어회화 훈련이 실시되었다. 주요 신문은 주 1회씩 '매너강좌'를 게재하고, '길거리에 침이나 가래를 뱉지 않기', '담배를 피울 경우 옆 사람의 허락 받기', '뒤따라오는 사람을 위해 문 잡아주기', '반나체 상태나 파자마 차림으로 외출하지 않기' 등 상세하게 지도했다. 2004년 축구·아시안컵 때 야유나 물건 던지기 등으로 널리 알려진 중국인 응원단의 추태를 방지하기 위해 '다른 나라 선수가 중국 선수를 누르고 금메달을 따더라도 박수치기'가 가능하도록 총 20만 명의 "文明拉拉隊(문명응원단)"까지 조직되었다. 이 시기에, "与國際接軌(국제 표준에 접근)"이나 "全球化(세계화)"라는 캐치프레이즈를 이용한 표어도 대량으로 등장하게 되었다.

2005년 6월 5일, 베이징 시에서 봉사활동 캠페인이 공식적으로 시작되었다. 이듬해 8월부터 2008년 4월에 걸쳐서 올림픽 운영의 일익을 담당할 자원봉사자 모집이 시작되었고, 약 200만 명의 응모자 중에서 170만 명이 선정되었다. "奧運在我家、 成功靠大家(올림픽은 우리의 도시에서, 성공은 모두의 노력으로)"나 "携手文明、 共享和諧(함께 손을 잡고, 조화로운 사회를 구축)"을 슬로건으로, 상점가, 관광지, 공원 부근에 서비스 스테이션이 군데군데 마련되었다. 시내 곳곳에 "微笑北京、 志愿服務(미소 짓는 베이징, 봉사하는 자원봉사자)"를 인자(印字)한 파란색 천막이 여기저기 점재해 있고, 자원봉사자들이 국내외에서 온 선수, 응원단, 관광객에게 길안내, 통역, 구급 등의 서비스를 제공하려고 준비하고 있었다. 한여름 날의 땡볕 아래, 올림픽공원 주변에서 새 제복 차림으로 활보하는 학생 자원봉사자들, 그중에서도 콜라 페트병을 한 손에 들고, 휴대전화로 끝없는 자랑을 하며 흥겨워하는 여대생의 모습이 주목 세례를 받고 있었다. 올림픽을 기회로, "志愿者(자원봉사)"의 의의와 역할이 아직 충분히 이해되지 않는 중국 사회에 "鳥巢一代('새의 둥지' 세대)"라는 신선한 신조어가 생기고, 2008년은 '중국 자원봉사 원년'으로 미래에 기억될 것이다.

한편, 풍기단속이나 가짜 브랜드상품·해적판의 제거 등 '정화작전'도 실행되었다. 지하철 홈이나 버스정류장 같은 공공장소에서 "首都精神文明建設委員會(수도정신문명건설위원회)"가 추진하는 매너 향상 캠페인의 실행 부대가 활약했다. 모두 노란색 재킷에 정렬을 촉구하는 슬로건이 들어간 빨간 어깨띠(たすき)를 입은 여직원들이 승객에게 '줄을 서서', '내리는 사람이 먼저'라고 말한다. 베이징 시에서는 2006년 2월부터, 공공장소에서 가래를 뱉어 감시원에게 적발된 사람이 그때 부과된 벌금을 지불하지 않을 경우, 주

변의 청소를 의무화하는 조례가 시행되었다. 베이징 시에는 전부터 공공장소에서 가래를 뱉은 경우 최고 50위안(약 730엔)의 벌금을 부과하도록 하는 규정이 있지만, '지금은 돈이 없다'라며 벌금 납부를 거부하는 사람이 끊이지 않아서, 예상한 만큼 효과가 오르지 않았다. 향후에는 감시원이 청소도구를 휴대하고 다니며, 벌금을 납부하지 않으려는 사람에게는 그 자리에서 자신이 뱉은 가래를 닦아내게 하고, 그 주위 청소도 시킨다고 한다.

당국이 공공매너에 신경을 곤두세우는 이유의 하나는, 해마다 증가하고 있는 중국인 관광객의 추태를 들 수 있다. 장소에 상관없이 큰 소리로 떠들고, 쓰레기나 음식찌꺼기를 길거리에 내던지고, 아무데서나 가래를 뱉는…… 안하무인(傍若無人)하게 행동하는 탓에 주위의 빈축을 사는 사람이 적지 않다. 올림픽을 앞두고, 당국은 2006년 10월에 '해외여행 매너 길잡이', '국내여행 매너 약관'을 제정하고 매너 향상 캠페인을 시작했다. 전자는 흥얼거리기 쉬운 표어풍의 네 글자로 구성되어 있으며, 내용도 꽤 독특하다. ① "中國公民, 出境旅游, 注重礼儀, 保持尊嚴(중국 시민은 해외여행에서, 예절을 분별하고, 자부심을 잊지 않기)", ② "講究衛生, 愛護环境, 衣着得体, 請勿喧嘩(위생관리를 철저히 하고 환경을 소중히. 몸가짐을 단정히 하고, 큰 소리 내지 않기)", ③ "尊老愛幼, 助人爲樂, 女子优先, 礼貌謙讓(노인과 어린이를 배려하고, 어려움에 처한 사람을 돕고, 레이디 퍼스트, 양보의 정신으로)", ④ "尊老愛幼, 助人爲樂, 女子优先, 礼貌謙讓(외출 시 시간엄수. 똑바로 줄을 서고, 라인을 넘어가지 않기)", ⑤ "文明住宿, 不損用品, 安静用餐, 請勿浪費(예의 바르게 숙박하고, 호텔 비품을 부수지 않기. 식사는 조용히

하고, 음식 남기지 않기)", ⑥ "健康娛樂, 有益身心, 賭博色情, 堅決拒絶(건전한 오락으로 심신을 상쾌하게, 도박이나 유흥 등 단호히 거부하라)", ⑦ "參觀游覽, 遵守規定, 習俗禁忌, 切勿冒犯(관광지에서 규칙을 지키고, 그 지역의 습관이나 금기사항에 거슬리지 않기)", ⑧ "遇有疑難, 資訊領館, 文明出行, 一路平安(곤란한 일을 당했을 때는 영사관에, 매너를 지켜, 안전제일)."[20) 그중에서도 ④와 ⑤가 중국 특유의 규정인 것 같아 인상 깊다.

공공매너나 식품안전 등의 문제와 함께 대기오염의 영향도 걱정의 대상이 되었다. 베이징 시는 90년대 후반에 들어서고부터 자동차 급증에 의해 대기오염이 심각해지고 있다. 2008년 3월 11일 남자마라톤 세계기록 보유자 하일레 게브르셀라시에 선수(에티오피아 출신)가 공기가 나쁘다는 이유로 마라톤 불참을 표명했다. 물론, 베이징 시는 수수방관하며 보고만 있는 것이 아니라, 주변에 있는 공장의 조업정지, 배기가스 기준을 충족하지 않는 차량의 폐출, 차량 번호판의 홀수 짝수에 따른 통행제한(※홀짝제) 등 다양한 대책을 내놓고 있다. 더욱이 개막 직전인 8월 3일, "自然之友(자연의 벗)", "北京地球村(베이징 지구촌)", "中華环境保護基金會(중화환경보호기금회)", "綠色家園(신록의 고향)" 등 16개의 베이징 시 NGO 단체가 공동 호소문을 발표하고, 소속되어 있는 20만여 명의 환경보호 자원봉사자를 대표하여, 올림픽 개막일에 "无車日(차 안 타는 날)", 올림픽 개최 기간에 "綠色出行月(그린 외출의 달)"을 실행하도록 호소했다. "爲北京多貢獻一个藍天、 爲奧運多奉獻一

---

20) 三潴正道 等(2008). 『時事中國語の敎科書』 48. 東京: 朝日出版社.

份綠色(베이징에는 더 푸른 하늘을 기여하라, 올림픽에는 더 신록을 바치자)"라는 시정(詩情)이 넘치는 슬로건이 인상적이었다.21)

6. 무대 뒤의 어둠

올림픽이라 하면, '스포츠 제전', '평화의 제전'이라는 문구가 바로 떠오르지만, 베이징올림픽의 현실은 이러한 미사여구(美辭麗句)에서 멀다. 시설공사를 둘러싼 뇌물·농촌지역의 수원징용(水源徵用)·주민의 강제퇴거·취재규제 등의 실태가 잇따라 드러나고, 개최 4일 전에 카슈가르에서 무장경찰 32명이 사상하는 폭탄테러도 일어났다. 불안요소가 겹치는 중, 당국은 "平安奧運(안전 올림픽)"이나 "穩定壓倒一切(안전제일)"을 슬로건으로 치안대책을 재검토하고, 이상할 정도의 경계태세를 갖추었다. 긴장감이 팽배해지고, "熱烈歡迎(열렬한 환영)"이라는 문자가 춤추는 포스터 바로 옆에서 무장경찰이 험악한 얼굴을 하고 서 있는 광경이 무엇보다 사태의 심각성을 잘 나타내고 있었다.

사실, 베이징올림픽 개최가 결정된 직후의 기자회견에서 컬러드 IOC 사무총장은 '우리는 중국이 인권이라는 문제를 안고 있다는 것을 안다. 베이징올림픽 개막 때까지 인권상황이 개선되기를 바란다'라는 이례적인 주문을 했다. 류치(劉淇) 베이징 시장도 그 자리에서 상황개선을 약속했다. 그러나 개최 날짜가 가까워짐에 따라,

---

21) '民間環保組織倡導"無車日"'. 『人民日報』 海外版. 2008年 8月 4日.

중국의 인권상황은 호전되기는커녕, 오히려 악화될 뿐이었다.

2007년 7월, "不要奧運、 要人權(올림픽보다 인권을)" 호소하며, 베이징올림픽을 반대하는 1만여 명의 서명을 받은 헤이룽장 성에 거주하는 인권운동가 양춘린(楊春林)이 체포되었다. 구치소에서 며칠 동안이나 손발을 쇠사슬로 묶여 침대에 연결된 채 식사와 배설을 강요당한 뒤, 2008년 3월 24일 국가정권전복선동죄로 징역 5년의 실형 판결을 선고받았다. '올림픽 포로'라고 불린 한 사람이다. 또한, 올림픽 개막 전날인 8월 7일부터 폐막 전날인 23일까지, 복역 중이던 인권운동가 후자(胡佳)의 아내 증조금(曾金燕Zeng Jinyan)과 그의 딸이 공안 당국자에게 연행되어, 대련 시내에 있는 호텔방에 감금되었다. 옆방에서는 당국자들이 24시간 태세로 감시하고 있었기 때문에, 방에서 한 발자국도 나가지 못했다. 당국이 올림픽을 취재하기 위해 방문한 외국 언론이 증조금과 접촉하는 것을 두려워했기 때문이다.22) 오랫동안 에이즈 바이러스 감염자의 지원 등 인권옹호 활동에 종사한 후자(胡佳)는 2007년 12월, 외국 언론의 취재를 받았다는 이유로 체포되어, 징역 3년 6개월 실형 판결을 받았지만, 그 이후 아내 증조금과 태어난 지 얼마 안 된 딸은 베이징 시내에 있는 자택에서 연금 상태가 계속되고 있었다.

또한, 인터넷상의 투고에 대해서도 엄격한 규제와 검열이 실시되고, 중국의 인권상황을 블로그 등으로 전달하고자 하는 작가가 다수 구속됐다. 2008년 말, 인터넷상에서 공산당의 독재정치를 비판하는 '08헌장(08憲章)'을 발표했다는 이유로, 저명한 민주화운동의

---

22) "胡佳 씨 처자 임시 호텔 연금". 『아사히신문』. 2008년 10월 15일.

투사 류샤오보(劉曉波)가 다시 체포된 후, 징역 11년을 선고받았다. 그 외, 쓰촨 대지진으로 건물이 붕괴하고 나서 밝혀진 부실공사의 실태조사에 착수한 탄쭤런(譚作人)도 체포되어, 징역 5년을 선고받았다. 지금 중국에서는, 언론에서 일당지배의 폐지나 인권존중을 호소하거나, 국가지도자를 비판하거나 하는 것만으로 국가정권전복선동죄(國家政權轉覆扇動罪)로 기소된다. 그러나 정치적 신조를 평화적으로 표현하는 것을 처벌하는 것은, 중국도 서명한 '시민적·정치적 권리에 관한 국제규약(유엔국제인권B규약)'의 정신을 분명히 위반하는 것이다.

또한 '테러 박멸'을 빌미로 소수민족에 대한 단속도 강화됐다. 티베트 신장은 무고한 시민에 대한 가택수사나 연행, 구금 중인 사람들에게 고문 등은 일상다반사이다. 예를 들어 카슈가르의 위구르족 거주구 '고대민거(高台民居)' 벽에는 "嚴厲打擊伊斯蘭解放党(이슬람 해방당은 박멸하라)"와 위구르 독립파 조직을 단속하는 표어가 빨간 페인트로 쓰여 있다.23) 또한, 베이징 시에서는 경찰이 민가를 호별 방문하여 신분증을 검사하고, 티베트족·위구르족으로 보이는 사람이 호텔에 숙박한 경우에는 경찰에 통보하도록 의무화되었다. 2008년 봄, 티베트인 감독 동둡왕첸(Dhongdup Wangchen)이 인터넷 동영상사이트 유튜브에서 <지그데일(Jigdrel)>이라는 제목의 영화를 편집, 공개한 직후 체포되어, 법에 의해 국가정권전복선동죄라는 죄명으로 징역 6년을 판결받았다. '지그데일'이라는 것은 티베트어로 '두려움을 극복하고'라는 의미로, 2007년부터 2008

---

23) "신장습격폭탄 독립파 압수와 유사(新疆襲撃の爆彈　獨立派押收と類似)". 『마이니치신문』. 2008년 8월 6일.

년 초에 걸쳐, 20명의 티베트인이 올림픽이나 중국 등에 대해 말한 것을 기록한, 전편 25분의 다큐멘터리이다. 즉, 티베트인의 '생생한 목소리'를 전한 작품이지만, 그것이 공산당인 천자(逆鱗)의 노여움을 산 것이다.24) 인권도 법치도 업신여겨졌다. 이런 일들로 인해 "我和你、 心連心, 同住地球村(나와 너, 마음과 마음을 나누고, 함께 지구촌에 산다)"를 노래하는 대회의 테마송도 허무하게 들린다.

올림픽 개최를 앞두고, 중국 각지에서 불온한 움직임이 잇따라, 3월 7일 우루무치발 여객기 폭파를 노리는 테러 미수사건이 발생했다. 7월 21일 쿤밍 시에서 버스 연속폭파가 발생하여, '투르키스탄 이슬람당'이라고 자칭하는 위구르 독립파 조직이 범행성명을 냈다. 8월이 되어, 신장(新疆)에서는 경찰을 습격하는 사건이 속출하였고, 그 사건을 계기로 당국은 베이징 시에서 엄중한 경계태세를 갖추고, 치안대책에 착수했다. 군이나 경찰에 의한 약 10만 명 규모의 테러에 대비한 특수부대가 편성되고, 치안 자원봉사로서 시민 등 약 140만 명이 서포트했다. 역과 지하철역에서 X선 검사 장치나 금속 탐지기를 사용한 수하물 검사를 하고, 톈안먼광장 주변에서는 안전검사가 강화되었다. 시내 곳곳에서 자동소총을 든 특수부대원과 장갑차가 경계에 임하고, 명승고적, 백화점, 지하철역에는 사복경찰이 중점적으로 배치되었다. '새의 둥지' 주변에 지대공 미사일(地對空ミサイル) 발사 조치까지 배치했으며, 항공기 74대, 헬기 48기, 함선 33척이 투입되었다.25) 어쨌든, 방위태세의 삼엄함은 "戒嚴奧運(흡사 계엄령 올림픽)"이라는 소리가 나올 정도였다.

---

24) "중국의 대두(台頭)로 흔들리는 인권". 『일본경제신문』. 2010년 3월 7일.

25) "기초부터 익히는 베이징올림픽과 테러문제". 『요미우리신문』. 2008년 8월 8일.

한편, 건국 후 최대 규모의 '수도개조'라는 재개발도 갑작스러운 펀치로 진행되고 있었다. 해외 인권단체에 따르면, 적어도 150만 명의 시민이 올림픽 관련시설 공사나 도로확장으로 퇴거를 강요당했다. 시타마치(下町) 곳곳에서 전통적인 민가인 사합원(四合院) 건물이 해체되거나, 벽에는 철거일정을 알려주는 '탁(拆; ※철거딱지)'이라는 글자가 붙여지기도 했다. 보상금만으로는 땅값 상승이 두드러진 베이징 시내에서 계속 사는 것은 어려워져, 퇴거를 거부하는 주민도 많았다. 그런 사람들은 저녁에 직장에서 귀가했을 때 집이 빈터가 되어있기도 하고, 이른 아침에 (※요원이) 갑자기 들이닥쳐, 이불에 싸인 채 밖으로 팽개쳐지기도 했다고 한다. 주민들은 고층아파트 벽에 "溫總理, 救救我們(원자바오(溫家宝) 총리, 도와주세요)", "要正義, 要公平, 要生存(정의와 공평을 요구하며, 우리에게는 살 권리가 있다)", "維權到底(끝까지 자신의 권리를 보호한다)" 등의 슬로건을 크게 내걸며 분노의 목소리를 높였다.26)

또한 행사기간에, 베이징 시에서는 약 100만 명의 농민공이 쫓겨났다. 당국은 '농민공 강제귀향'을 부인하고 있지만, 7월 20일부터 건설공사가 대부분 정지되고, 도시에서 이주노동자의 모습이 사라졌다. 저임금, 열악한 환경 속에서 수도의 저변을 지탱해온 농민공에 대해, 경찰관계자는 '더러운 무리는 경관을 헤친다'고 단언하며 그들의 생활 따위는 조금도 개의치 않았다. 중국에서 오랫동안 농민은 '2급 시민' 취급을 받아온 것이다.

베이징에는 옛날부터 지방 관리의 부정을 '상부'에 호소하는 직

---

26) 마키노 다케후미(2008). 『길거리 슬로건에서 본 중국 인민의 상식』. pp.124 125. 도쿄: 인포레스트.

소자가 많이 찾아온다. 그러나 상층부는 올림픽이 끝날 때까지 직소를 줄이도록 지시했기 때문에, 매일 100명 안팎의 직소자가 구속되어 수용시설에 보내진 후, 현지경찰에 넘겨졌다. 베이징시 공안국은 올림픽 기간에 '데모활동공인구역'으로 일단공원(日壇公園)·자죽원(紫竹院)·세계공원, 이 세 곳을 지정했지만, 세 곳 모두 올림픽공원에서 멀리 떨어진 위치에 있고, 더구나 사복경찰들이 공원의 동정을 눈을 번뜩이며 감시하고 있었다. 시 공안국 발표에 따르면, 8월 18일까지 '77건의 데모 신청이 있었지만, 신청자가 관계부서와 상담한 결과, 74건이 '당사자 스스로의 의사에 따라 철회되었다'고 한다.27) 실제로 신청 창구를 찾은 시민은 신청서조차 받지 못했지만, 그중 두 고령자에 대해서는 나중에 '공공질서를 어지럽혔다'며 노동교정 1년형을 부과했다. 왕위(王偉) 베이징올림픽조직위원회 부회장은, '대화로 문제를 해결하는 것은 중국의 문화이다. 중국인은 언제나 조화를 중시한다'고 강변했지만, 결국 허용된 데모활동은 한 건도 없었다.

겉모습만 꾸미고 냄새나는 것은 뚜껑을 덮는다고 해도, 그다지 쉬운 일은 아니다. 국가지도자의 친족이 올림픽 사업으로 이익을 본다는 소문이 끊이지 않고, 올림픽에 얽힌 불상사가 이어졌다. 2006년 12월에는, 올림픽시설의 건설책임자였던 류즈화(劉志華) 베이징 부시장이 업자로부터 거액의 뇌물을 받은 것을 이유로 검거되어28), 2008년 10월 19일, 허베이 성 고수이시 중급인민법원(河北省衡水市中級人民法院)으로부터 집행유예 2년에 사형 판결을

---

27) "北京市公安局負責人答記者問". 『人民日報』. 2008年 8月 19日.
28) "베이징올림픽에 남은 것". 『아사히신문』. 2006년 12월 17일.

선고받았다. 동 법원이 류(劉)가 토지개발 등의 대가로 약 700만 위안(약 1억 원)의 뇌물을 받았다고 인정했기 때문이다.29) 물론, 이 것은 빙산의 일각에 불과하다. 권력과 부를 독점하는 권익집단에는 많은 당 간부가 포함되어 있는 요즈음, 그 어떤 일이 일어나더라도 놀랄 일이 아니다. 홍콩의 소식통에 따르면, 올림픽시설의 건설을 둘러싼 부정·부패의 총액은 약 200억 위안에 이르는 것으로 알려 져 있다.30)

어쨌든 화려한 축하무대의 뒤에서 많은 서민이 평온한 생활을 잃고 불상사도 다발했다. 베이징올림픽은 민중의 막대한 희생 위에 성립되고 있다고 해도 과언이 아니다. 교통규제 등 불편을 강요당 한 시민, 올림픽공원 '강'이나 '호수'를 건설하기 위한 취수로 경작 도 할 수 없게 된 허베이 성(河北省) 주변의 농가, '나가'라는 말에 말없이 베이징을 떠난 농민공…… '올림픽을 위해서', '올림픽 성 공에 기여하라'라는 명목으로 불합리한 요구를 수긍해야 했던 사 람은, 올림픽 축제와는 무관한 약자들이었다. 그들은 그저 울며 겨 자 먹기로 단념할 수밖에 없었다.

---

29) "전 베이징시 부시장 집행 유예 첨부 사형 판결". 『아사히신문』. 2008년 10월 20일.

30) 王言. 2008. 「奧運工程200億被貪汚」, 『爭鳴』 11, 20.

7. 정치 슬로건과 풍자가요의 대립

중국 각지를 여행하다 보면, 어느 거리에서나 노란 문자의 표어가 적힌 붉은 현수막을 찾아볼 수 있다. 국가정책의 선전부터, 공공 매너를 지키자는 호소·범죄에 대한 경고·신상품 광고까지 내용이 다방면에 걸쳐 완전히 마을의 풍경에 융화된 것 같은 인상을 받는다. 올림픽 개최뿐만 아니라, 사회주의 중국의 60년 동안, 정치투쟁·사상교육·생산운동·전쟁준비 등을 위한 대중동원이 이루어질 때마다, 서민들은 당국의 슬로건에 농락당해 왔다.

역사적으로 보면, 정치 슬로건은 슬로건이 사용된 사회적 배경과 떼려야 뗄 수 없는 관계에 있다. 특히 중국과 같은 일당지배 국가에서는, 군과 경찰에 의한 폭력적인 조치와 함께, 대중의 지지를 받아서, 국내·국제 여론에 영향을 미칠 목적의 선전활동도 빼놓을 수 없다. 중국 사회에서 생겨난 슬로건의 대부분은, 단순히 격동하는 현대 중국의 역사를 그대로 부각시키고 있으므로, 그 슬로건을 통해 각 시기의 사회상을 읽을 수 있을 것이다.

중화인민공화국 건국(1949년 10월 1일) 전후, 공산당은 의도적으로 "沒有共産党就沒有新中國(공산당이 없었다면 새 중국은 없었다)"라는 슬로건을 유포시켰다. 신정권의 정통성을 어필해야 할 필요성에 직면했기 때문이다. 1950년 10월, 마오쩌둥의 호령이 한 번 떨어지자마자 수십만 명의 중국의용군 병사가 "抗美援朝、 保家衛國(북한을 응원하기 위해 미국과 싸워서, 고향과 조국을 지킨다)"라고 노래 부르며 압록강을 건너 6·25(한국전쟁)에 참전했다.

1957년 봄에, 마오쩌둥은 지식인들에게 "百花齊放、 百家爭鳴(언론의 자유)"를 호소하며, 국정에 대한 의견을 요구했지만, 본심을 토로한 사람들은 나중에 '우파'로 불리며 숙청되어, 반평생을 괴로움과 쓰라림을 겪으며 살게 되었다. 이듬해, 마오쩌둥의 절대 권위의 말 한마디로 '대약진', '인민공사' 운동이 시작되어, 당국은 "超英赶美(영국을 추월하고 미국을 따라잡자)"라고 호언장담을 했지만, 금세 한계에 부딪혀 아사자가 3천만 명이라는 결말을 맞이했다. 그 후, "獨立自主、 自力更生(독립자주, 자력소생)"이나 "工業學大慶、 農業學大寨(공업은 대경유전으로부터 배우고, 농업은 (※인민공사의 모델인) 집단 농업으로부터 배워라)"를 슬로건으로 경제 구조조정을 도모했지만, 1966년 여름부터 문화대혁명의 폭풍이 불어닥쳤다. "革命无罪、 造反有理(혁명무죄, 조반유리(造反有理))"라고 외치는 홍위병(紅衛兵)들이, 류샤오치(劉少奇)나 덩샤오핑 실권파 간부를 공격하는 동시에 "破四旧(낡은 사상·문화·풍속·습관을 타파한다)"는 이유로 사원·교회·문화재 등을 때려 부수기에 광분했다. 그러나 실권파 간부가 실각에 몰린 순간에, 더 이상 홍위병에게 용무가 없다고 판단한 마오쩌둥은, 주저하지 않고 그들을 농촌에 보내기로 결정했다. "广闊天地、 大有作爲(광대한 농촌에서 크게 활약하라)"라는 명분하에.

1976년 9월 9일 마오쩌둥이 사망하고, 문혁(文革)도 드디어 임종을 맞이했다. 덩샤오핑은 곧바로 부활하여, 1978년 말에 "改革開放(개혁개방)"으로 방향을 돌렸다. 그는 "讓一部分人先富起來(먼저 풍족해질 사람부터 풍족해져라)"라고 역설하고, 국민에게 "實現四个現代化(공업·농업·과학기술·국방의 현대화 실현)"이라는 장밋빛 미래상을 그려 보였다. 그러나 뚜껑을 열어보니 가장 먼저 풍족해진 쪽은, 덩샤오핑의 장남인 덩푸팡(鄧朴方)을 비롯한 "太子党(정부 고관의 친족)"의 사람뿐이라, 쌓이고 쌓인 민중의 불만은 곧 톈안먼 사건으로 연결되었다. 사건 이후, 당국은 "建設有中國特色的社會主義(중국의 특색을 가진 사회주의를 건설하라)"라고 호소하고, "四項基本原則(사회주의의 길·프롤레타리아 독재·공산당의 지도·마오쩌둥 사상을 견지하라)"를 제기하여 사상의 긴축을 강화했다. 베를린장벽, 그리고 동유럽·소련의 사회주의체제가 붕괴된 후에도, 장쩌민 지도부는 "只有社會主義才能救中國(사회주의만이 중국을 구한다)"라고 주장하고, 난국을 경제의 자유화로 극복하려고 했다. 후진타오는 2002년 11월 권력의 자리에 앉게 되자 "构建和諧社會(조화로운 사회 구축)"이나 "科學發展觀(합리적인 경제발전을 목표로 한다)" 등의 슬로건을 내걸고, 빈부의 격차를 시정하는 자세를 보였지만, 현실에서는 그저 공허한 외침으로 그치고 말았다.31)

정치 슬로건이라는 것은 어지럽게 변화하지만, 결국, 우민정책의 수단으로 이용되어, 논어에 나오는 '由らしむべし知らしむべからず'이라는 말을 인용한 것이다. 소스를 더듬어보면, 대부분 지도자의 설법이나 매스컴 용어, 혹은 학자의 고안에서 유래하지만, 상의하달(上意下達)과정에서 의미나 뉘앙스가 잘못 포착되거나 의도적으로 왜곡되거나 하는 경우도 적지 않다. 지방이나 시골에 가면, 관

---

31) '조화로운 사회(和諧社會)'란 정체는 모르지만, 구문 자체가 여러 가지 상품광고에 사용되어, 세상에 범람하고 있다. 2008년 8월 1일 첫 운행된 베이징과 톈진 사이를 약 30분에 연결하는 중국판 신칸센도 '諧号'라는 애칭이 붙여졌다. 게다가 성인용품 매장까지 버젓이 "愛和諧, 性 健康"이라는 표어를 내걸고 있다. 일본어로 번역하면 놀랍게도 '섹스를 즐겨라, 화기애애하게'가 된다.

리의 손에 의해 재구성된 것이 많고, 표현도 옥석혼효(玉石混交;
※훌륭한 것과 하찮은 것이 섞임)이다.

　예를 들면, 한 자녀 정책을 추진하는 슬로건의 대표적인 예로,
"少生优生, 幸福一生(적게 낳으면 평생 행복)이나 "少生快富, 文
明進步(아이 안 낳는다면 즉시 풍족해진다)"와 같은 부드러운 표현
이 있는 반면32), 고개를 갸웃해버리는 것도 보인다. "一人結扎, 全
家光榮(한 사람이 단종수술을 받으면, 가족 전체의 명예가 된다)"
는, 분명히 "一人參軍, 全家光榮(한 사람이 해방군에 입대하면, 가
족 전체의 명예가 된다)"라는 표어를 모방한 것이다. "少生孩子多
种樹, 少養孩子多養猪(아이 낳지 말고 나무를 심자, 아이를 돌보지
말고 돼지를 돌보자)"처럼, 인간과 가축을 동일시하는 발상에 근거
한 '걸작'도 있다. '한 자녀 정책'을 지키지 않는 부부는 강제낙태
를 포함한 엄벌에 처해진다는 것에서, "宁可血流成河, 不准超生一
个(피의 강을 만들더라도, 한 사람도 더 낳지 않게 한다)"나 "該扎
不扎, 房倒屋塌 ; 該流不流, 扒房牽牛(단종 수술을 거부한다면 재
산을 거덜 내자. 낙태를 거부한다면 소를 몰수하라)" 등 난폭한 협
박의 문구도 많이 보인다.33) 이러한 표어는 자못 즉흥적이며 함축
된 의미도 깊이도 없다. 어느 정도 효과가 있었는지 알 길은 없지
만, 농민 사이에 한 자녀 정책에 대한 심한 알레르기가 있다는 것
을 잘 이해할 수 있다.

　민중의 '관(官)'에 대한 신뢰가 완전히 실추된 요즈음, 선전활동
을 보이는 것은 역효과를 가져올 수도 있다. 그 역효과의 대표적인

---

32) 마키노 다케후미. 2008. 『길거리 슬로건에서 본 중국인민의 상식』 3. 도쿄: 인포레스트.

33) 世紀嬰兒. 2009. 『中國社會的一千個細節』 197. 州: 河南文芸出版.

예를 몇 가지 들어보자. 사회주의 진영이 된 후 "只有社會主義才能救中國(사회주의만이 중국을 구한다)"라고 주장하는 당국에 대해, 서민들은 "只有中國才能救社會主義(중국만이 사회주의를 구한다)"라고 바꿔 말하며 꼬집었다. 정말 잘 표현하였다. 지도부는 언제나 "与中央保持高度的一致(무조건 중앙의 지시를 따르라)"며 지방에 압력을 가하지만, 지방의 관리들도 "上有政策, 下有對策(상부에 정책이 있다면, 하부에도 대책이 있다)"이라는 처세술로 응하고 있다. 2007년 3월 원자바오는 전국 정치협상회의에서, 어느 대학교 교수로부터 "建設社會主義新農村(사회주의 신농촌 건설)" 캠페인을 풍자한 가요를 들었다. "村騙鄉、 鄉騙縣、 一直騙到國務院。 國務院下文件, 一層一層往下念, 念完文件進飯店, 文件根本不兌現(마을은 읍을 속이고, 읍은 현을 속이고, 그대로 국무원까지 속인다. 국무원이 문서를 발행하면, 차례차례로 하부조직에 전해지지만, 관리는 대충 읽고 술집으로 직행하니, 실행될 희망조차 없다)"라는 것이었다.[34] 관료부패에 대한 농민들의 원한이 그대로 드러난 노래로, 어조가 좋아서, 음운도 박자 맞추어 읽기 쉽다. 쓴웃음의 이면에는 비판정신이 살아 있어서, 억압된 시대일수록 풍자문학의 수작이 나오는 것을 여실히 보여주고 있다.

신형 폐렴 SARS가 기승을 부리던 2003년 5월 6일, 베이징의 번화가에 "党和政府領導人民一定能够打贏非典(당과 정부는 인민을 이끌고 반드시 SARS를 극복할 수 있다)"라고 대서특필한 거대한 간판이 설치되었다.[35] 출범한 지 얼마 안 된 후진타오 정권의 위신

---

34) 何忠洲. 2007. "中國: 嶄新的民生政治 路線図". 『중국신문주간』. 10月 22日. 27.

35) "SARS 중국 내륙 확산". 『아사히신문』. 2003년 5월 7일.

을 나타내는 슬로건이지만, 부두에서는 다음과 같은 장난기 있는 노래가 유행했다. "跟着老毛學會喊口号, 跟着老鄧學會數鈔票, 跟着老江學會炒股票, 跟着小胡學會戴口罩" "戴口罩"(마오쩌둥에게 슬로건을 외치는 것을 배웠다. 덩샤오핑에게 돈다발을 세는 법을 배웠다. 장쩌민에게 주식을 매매하는 법을 배웠다. 장쩌민에게 마스크 쓰는 법을 배웠다). 이 또한 기교한 표현을 사용하여 권력자를 조롱하는 걸작 중 하나이다.

올림픽 폐막 직후에는, 분유에 멜라민 혼합 등 식품오염 사건이 잇따라 발각되어, 악덕업자나 관리의 무책임함을 풍자한 이야기가 인터넷에 등장했다. 즉, "外國人喝牛奶結實, 中國人喝牛奶結石(외국인은 우유를 마시고 튼튼해지고, 중국인들은 우유를 마시고 결석이 생긴다)", "日本人口号: 一天一杯牛奶振興一个民族。 中國人口号: 一天一杯牛奶震惊一个民族(일본인이 말한다; 하루 한 잔의 우유는 국민을 살찌운다. 중국인이 말한다; 하루 한 잔의 우유는 국민을 부들부들 떨게 한다)."36) 중국어에는 "結實(jieshe)"와 "結石(jieshe)"가 동음이고, "振興(zhenxing)"과 "震惊(zhenjing)"도 발음은 비슷하지만 의미는 정반대이다. 일종의 블랙유머이지만, 서민의 유머 속에 깊은 슬픔도 느껴진다.

이번에도 올림픽을 예찬하는 보도가 홍수처럼 쏟아져 나와 애국무드로 일색이었지만, 당국의 의도와는 달리 일반 시민의 속마음은 의외로 냉정했다. 사실, 베이징 시민의 올림픽에 대한 관심은, 스포츠 자체를 향한 것이 아니라, 건설과 해체에 관한 것이 압도적으로

---

36)　雜誌編集部. 2008. 「中國人在食品中完成化學掃盲」. 『爭鳴』 10月号. 85.

많았다. 주민으로부터 공사에 따른 소음이나 교통통제에 대한 불만과 함께, 지하철이나 도로정비를 앞당겨 끝내 달라고 하는 요청이 베이징 시에 잇따랐다. 경계태세의 엄중함이 지겨웠던 베이징 토박이는 "避運(hiyun)"이라는 익살스러운 말을 유행시켰다. "避孕(피임)"과 동음으로, '올림픽으로부터 피난한다'라는 의미이다.37) 실제로 불편함이나 혼란을 피하려고 여행이나 친척방문이라는 이유로 지방으로 가는 시민도 많았다.

지진발생 이후, 서민들 사이에서는 하나의 소문이 퍼져 나갔다. '쓰촨대지진을 비롯하여, 티베트소란이나 대 한파 등 국내의 잇따라 일어나는 재난은 모두 베이징올림픽과 관계가 있다'라고 하는 것이다. 당국은 '8'이라는 숫자에 집착하여, 개회식 시간을 2008년 8월 8일 오후 8시 8분으로 설정했다. 그런데 지진발생일인 5월 12일의 숫자를 더하면 '8'이 된다. 공교롭게도 1월 25일에 시작된 화남지방의 한파나, 3월 14일에 일어난 티베트소란도 발생일 숫자를 더하면 '8'이 되며, 게다가 산동열차 충돌사고가 4월 28일에 일어났기 때문에, 다시 두 개의 '8'이 된다.38)광둥어에는 '8'은 "發財(재해를 부른다)"가 연상되는 '發'과 발음이 유사하여 재수가 좋다고 하지만, 세 개를 초과하면 그야말로 '지나침은 미치지 못한 것과 같다'가 된다. 더욱이 이야기는 몸통 5개 세트인 마스코트 '福娃'에 이른다. 이것은 각각 물고기·판다·성화·티베트 산양·머리에 연을 올린 제비가 모티브가 되었지만, 3월에는 티베트소란이 일어났고, 4월에는 성화봉송이 해외에서 방해를 받았다. 같은 달에,

---

37) 北海閑人. 2008. 「奧運會奧運監及衆生相」. 『爭鳴』 9月号. 23.
38) 林保華. 2008. 「政治感応與天人感応」. 『爭鳴』 6月号. 34-36.

연으로 유명한 산둥 성에서 열차 충돌사고가 있었고, 5월에는 판다로 유명한 쓰촨 성에서 지진이 발생했다. 이미 네 번의 재난을 당했다.[39] 물론, 모두 우연의 일치에 불과하겠지만, 소문이 퍼진 것 자체가 서민이 가진 불안이나 올림픽에 대한 불만의 표현이었다고 해석하는 것이 자연스러울 것이다.

8. 끝으로

'새의 둥지'에서 성화가 꺼지면서 베이징올림픽에 중국이 열광한 2년 전이 먼 과거로 느껴진다. 올림픽에 관련된 슬로건이나 표어가 베이징의 거리에서 완전히 사라지고 지금은 흔적도 없다. 후세에 전해질 이번 대회는, 경기 그 자체의 기록이나 명장면 이상으로, 티베트폭동이나 쓰촨대지진, 또는 성화봉송의 소동과 결부되어 버릴지도 모른다. 베이징올림픽은 중국의 거대한 파워와 존재감을 세계에 과시한 한편, 중국이 안고 있는 위기의 심각성도 부각시켰다. 어느 나라에도 '빛'과 '그림자'의 부분은 있다. '메달러시', '수려한 시설', '자원봉사'가 빛의 부분이라고 한다면, '빈부격차', '인권침해', '정보조작', '민족분쟁' 등도, 또한 중국이해에 필수적인 '그림자의 진실'이라고 말할 수 있지 않을까.

옛 도읍인 베이징은, 자금성(고궁)을 중심으로 한 남북의 세로축을 따라 거리가 생겼다. 황제 권력의 절대성을 나타내는 중축선이

---

39) 林保華. 2008. 「京奧如臨深淵草木皆兵」. 『爭鳴』 8月号. 22-24.

다. 이 선이 북쪽으로 뻗은 곳에 '새의 둥지'가 자리 잡고 있다. '중화부흥'을 상징하는 기념물이 될 것인가, 아니면 난세(亂世)에 들어가는 분수령이 될 것인가. '새의 둥지'의 위용을 바라보면서 문득 '누란(累卵)'의 고사가 머리를 스쳐 지나간다.

The Slogans of the 2008 Beijing Olympic Games and the Social Problems in China

I Han

The aim of this paper is to uncover hidden intentions in the official propaganda campaign of the 2008 Beijing Olympic Games, and the reactive attitudes of the Chinese public, by analyzing the media discourse including the slogans, mottos and blogs from sociolinguistic perspectives.

"One World, One Dream"-the theme slogan of the 2008 Beijing Olympic Games presented by the China Olympic Committee was the most popular one in China in 2008. Throughout the Olympic period, diverse propaganda slogans and mottos consumed the Chinese people. The messages seemed to advocate the idealistic national state, as expressed through the use of Olympic ideals. However, at the same time, when we looked at the actual situation in political and social affairs, various problems which China had on its hands caught our attention. For example, internationally, a lot of troubles happened in sacred torch relay. Domestically, many activists for human rights, and Tibetan or Uighur people, who took protest against China, suffered official oppression at that time. Along with Chinese disgraceful domestic affairs such as air pollution, enforceed removal and news censorship, China's qualification of hosting the Olympics was once questioned. China's response was that 'sports and the Olympics should not be politicized', and the spokespersons of the Chinese government defended China's position when asked about its Tibet policy. In reality, the Olympics, politics and ideologies are inseparable from each other. In fact, in claiming "Increase the national prestige!", "For the honor of our mother country!" and so on, the government was stirring up nationalism.

Thus this paper tries to analyze the hidden intentions of the government behind the flowery words used in official slogans. The true feelings of the ordinary public who suffered from the government's human rights violation is reflected in popular satirical songs and jokes, which are also dealt with in this paper.

五輪スローガンに見る中国社会の光と影

班偉

本稿では、北京オリンピック関連のスローガンや標語に対する分析を通じて、今日の中国が抱えている様々な社会問題の深刻さ、並びに社会危機の背景を体系的に解明したいと考えている。研究手法として、開催期間中のメディア・広告・ポスター・ネット記事などに登場していたスローガンや標語、キャッチフレーズの用例をなるべく多く採集し、素材として整理と分類を加える。その上、国内外のマスコミや現地調査、口コミ情報から得られた関連事例と照合することによって、北京五輪にまつわる社会現象の歪みを浮き彫りにしていく。例えば①「五輪招致」「聖火リレー」で煽られたナショナリズムの高揚②ステートアマチュアという「挙国体制」の実態や、中国人選手の本音と苦悩③ボランティアたちの活躍とマナー向上キャンペーンの諸相④人権活動家や少数民族への取り締まり、立ち退きなどを強制された市民や、北京市街から追い出された出稼ぎ労働者たちの不満⑤北京五輪や党幹部を揶揄する風刺歌謡・洒落・風説の数々——。最後に、現代中国における政治的なスローガンの系譜として、各時代に生まれた色々のスローガンを分類、整理した上、今日でもイデオロギー支配の体質を引き摺っている一党支配体制の連続性と特異性を分析する。要するに社会言語学の視点から、五輪関連スローガンを切り口に、現代中国における社会的病理の総合研究を試みる。

从北京奥运会口号透视中国的社会问题

班瑋

本文试图通过对北京奥运会相关的标语、口号所作的个案分析，系统地阐明中国社会目前所面临的各种困境，以及造成社会危机的背景。作为研究方法，首先从各种报刊、书籍、标语牌、广告、博客上广泛搜集用例，并加以分类，解说。然后，参照有关奥运会的国内外媒体的报道，以及笔者的实地调查结果，从中归纳出若干与奥运会有关的奇异现象。例如，一、在"申奥"、"圣火接力"的过程中，受官方舆论所煽动而形成的民族主义情绪。二、在以"为国争光"为目标的举国体制之下，中国体育界在训练管理方面所存在的一些问题、以及中国运动员所面临的各种烦恼。三、奥运会期间的志愿者活动、以及促进社会公德的各种宣传活动。四、当局对维权人士以及少数民族的监视、迫害。被迫拆迁的市民、被警方赶出北京的农民工对奥运会的不满情绪。五、流行于民间的各种歌谣、笑话、风闻等等，其内容大都是对奥运会或官方口号的讥讽。最后，把中华人民共和国建国60年来所使用过的主要标语、口号，按时代进行分类，解说，进一步解剖一党专制体制与意识形态统治的基本特征。总之，本文是以奥运会的标语口号作为分析例证，尝试对中国的各种社会问题进行一番综合考察。

저자 약력

야마네 치에(Yamane-Yoshinaga Chie)

일본 산요가쿠엔대학교 교수
일본 오카야마대학교 문학박사

『日本語の談話におけるフィラー』(2002)
「高校生の日本文化のとらえ方と異文化適応度－韓国・オーストラリア・日本の調査結果をもとに－」(2007, 공저)
『談話分析のアプローチ－理論と実践－』(2008, 공저)
『オリンピックの言語学』(2011, 공저)

박진희(Park-Craig Jinny)

일본 오카야마대학교 강사
오카야마대학교대학원 박사후기과정 재학 중(언어학)

「現代日本語における並立助詞『と』『や』」(2006)
『オリンピックの言語学』(2011, 공저)
「『するには』に関する一考察」(2012)
『初級テキスト　みんなで話そう！韓国語Ⅰ』(2012)

서윤순(Suh Yoon Soon)

일본 도시샤대학교 준교수
한국 중앙대학교 문학박사

『人文科学と日本語の接点 総論編』(2012)
『人文科学と日本語の接点 各論編』(2012)
「日韓の応援・激励のことばに関する一考察 2008北京オリンピックでの報道を中心に」(2012)
『다문화공생 지향의 재일 한조선인 개정판(多文化共生志向の在日韓朝鮮人 改訂版』(2012, 번역)

오쿠야마 요코(Okuyama Yoko)

한국 동덕여자대학교 부교수
한국 중앙대학교 문학박사

『한국인과 일본인 첫 만남의 대화』(2004)

「高校生の日本文化のとらえ方と異文化理解度－韓国・オーストラリア・日本の調査結果をもとに－」(2007, 공저)
「韓日の「自国」と「自己」を表す表現に関する一考察－2008年北京オリンピックのテレビニュース報道を中心に－」(2009, 공저)
「北京オリンピック韓日選手のインタビュー談話比較分析」(2010, 공저)

오하시 준(Ohashi Jun)

호주 멜버른대학교 Senior Lecturer
멜버른대학교 언어학박사

「Balancing obligations: Bowing and linguistic features in thanking in Japanese」(2010)
『オリンピックの言語学』(2011, 공저)
「感謝の下位概念としてのお礼の談話：互酬性、ポライトネスからの一考察」(2011)
'Thanking and Politeness in Japanese: Balancing Acts in Interaction', Basingstoke: Palgrave Macmillan. (Forthcoming)

한이(Han I)

일본 산요가쿠엔대학교 교수
일본 오사카대학교 문학석사

「清末の"東学"をめぐる日本観の対立」(1999)
「梁啓超的日本観」(2004)
「Images of Japan in Singapore's Textbooks」(2006)
『オリンピックの言語学』(2011, 공저)

역자 약력

박진희(Park-Craig Jinny)

일본 오카야마대학교 강사
오카야마대학교대학원 박사후기과정 재학 중(언어학)

「現代日本語における並立助詞『と』『や』」(2006)
『オリンピックの言語学』(2011, 공저)
「『するには』に関する一考察」(2012)
『初級テキスト　みんなで話そう！韓国語Ⅰ』(2012)

올림픽의
언어를
읽다

초판인쇄 | 2013년 2월 25일
초판발행 | 2013년 2월 25일

지 은 이 | 야마네 치에, 박진희, 서윤순, 오쿠야마 요코, 오하시 준, 한이
옮 긴 이 | 박진희
펴 낸 이 | 채종준
펴 낸 곳 | 한국학술정보㈜
주   소 | 경기도 파주시 문발동 파주출판문화정보산업단지 513-5
전   화 | 031) 908-3181(대표)
팩   스 | 031) 908-3189
홈 페 이 지 | http://ebook.kstudy.com
E-mail | 출판사업부 publish@kstudy.com
등   록 | 제일산-115호(2000. 6. 19)

ISBN   978-89-268-4198-3 93700 (Paper Book)
            978-89-268-4199-0 95700 (e-Book)